萧县城市变迁

主　编　李茂祥

中国人民大学出版社
·北京·

图书在版编目（CIP）数据

萧县城市变迁 / 李茂祥主编. —北京：中国人民大学出版社，2019.9
ISBN 978-7-300-27366-2

Ⅰ. ①萧… Ⅱ. ①李… Ⅲ. ①城市史—萧县 Ⅳ. ① K295.44

中国版本图书馆 CIP 数据核字（2019）第 180947 号

萧县城市变迁

主　编　李茂祥
Xiaoxian Chengshi Bianqian

出版发行	中国人民大学出版社		
社　　址	北京中关村大街 31 号	邮政编码	100080
电　　话	010-62511242（总编室）		010-62511770（质管部）
	010-82501766（邮购部）		010-62514148（门市部）
	010-62515195（发行公司）		010-62515275（盗版举报）
网　　址	http://www.crup.com.cn		
经　　销	新华书店		
印　　刷	北京联兴盛业印刷股份有限公司		
规　　格	155mm × 230mm　16 开本	版　　次	2019 年 9 月第 1 版
印　　张	22　插页 2	印　　次	2022 年 9 月第 4 次印刷
字　　数	236 000	定　　价	98.00 元

萧籍名人读后感

《萧县城市变迁》一书，历经多年筹划、“打捞”、编纂，终于在2019年中国共产党成立98周年、中华人民共和国成立70周年之际完成，样书分送各地部分萧籍知名人士审阅赐教。他们先后采取不同形式发来读后感言，现辑录五则：

王克，萧县圣泉镇小李庄人。中央军委原委员、中国人民解放军原总后勤部部长，上将军衔。

萧县历史悠久，文史厚重；依水傍山，人杰地灵；园林城市，安居乐业。萧县，家乡美！

王　克　于北京

邓伟志，萧县龙城镇刘行村人。中国著名社会学家，上海大学终身教授。

人以史为师。萧人以萧史为师。感谢修史的萧国“司马迁”们，为萧修了这部史料丰富精准的史书，写了这本传世之作。我会做忠实读者，读了再读，并盼望与萧国的兄弟姐妹们共享。

邓伟志　于德国

董宜胜，萧县杨楼镇花庄村人。中国人民解放军原总后勤部副政委，中将军衔。

这部书，回望历史，放眼未来；脚踏故土，心系乡亲，令人爱不释手。读史恋史，读史悟史，深情于史，感悟于史。弘扬传统，开辟未来。

董宜胜　于北京

李明金，萧县新庄镇刘口村人。青海省委原常委、组织部原部长，青海省人大常委会原副主任。

书稿收阅，感到内容、结构、文字都挺好。谢谢你们为萧县和萧县人民做出的又一重大贡献！

李明金　于西宁

丁林，萧县酒店乡丁庄村人。地质学家，中国科学院院士。

仔细拜读书稿，感觉很好，是家乡难得的一本历史和风土人情之作！

丁　林　于北京

《萧县城市变迁》编辑委员会

前言

习近平总书记指出："历史文化是城市的灵魂，要像爱惜自己的生命一样保护好城市历史文化遗产。"

一个城市，一个地域，能经久不衰的原因，就在于它有着深厚的文化积淀，又与时俱进地提高自己的文化品位，去引领时代新的潮流。该书呈现给读者的主要是一种历史的思考，让历史展示出本来面目。今天重温往事，能更好地帮助我们了解萧县社会发展的轨迹，找回我们消失在快速城市化浪潮里的文明。

《国语》是左丘明的名著，在这部著作里有篇题为"单子知陈必亡"的文章，说的是周朝的大臣单子到陈国访问，回来向周定王禀报："陈国一定会亡！"周定王问其原因，单子说："陈国城市很乱，首都没有旅舍，小城没有客栈，路边没有行道树，天亮了道路也没有打扫完毕，礼宾司也没有派人到边境迎宾。"单子从陈国的城市建设与管理中的症结、疏漏得出陈国必亡的结论。

历史是人类最好的老师。2 000 多年过去了，这篇文章至今仍然对我们有所启发。昨天的城市文化就是今天的城市经济，一切的竞争，归根到底是文化的竞争。文化是什么？《现代汉语词典》这样解释，文化是人类在社会历史发展过程中所创造的物质财富和精神财富的总和。探索、挖掘、整合、开发、利用往日萧县的城市历史文化遗产，必将成为萧县经济社会发展的新动力。

该书记述了 2 700 多年来萧国[①]城市的历史变迁。近代以来萧城遭到外力冲击，经受军阀混战、外敌入侵，在新中国成立后凤凰涅槃，最终走向新生的道路，渐次展现园林城市的多彩画卷。萧县城市的变迁牵涉政治、经济、政党、社会等多个领域，包括文化、人物、事件诸多方面，揭示了中国共产党功盖千秋的伟大真理，记载了萧县人民从古至今创造历史的伟大实践，展示了萧县古往今来涌现的伟大人物及小人物实现伟大人格的风采，弘扬了中华民族数千年的文化经典，传承了萧县城市历史文化的珍贵遗产。

该书探究了萧县城市的起源、演进、变迁，但没有将此书写成一部变迁史，而是深究了城市变迁的经济、政治、社会背景及原因，概括叙述了萧籍人在城市变迁后的历史感悟。萧县城市文化是中华民族历史文化的一部分，因此，该书在附录

① 公元前 681 年，萧邑升为萧国，历史悠久，文化兴盛，至秦时置萧县，并沿用至今。2 700 多年来，萧县历经沧桑巨变。为弘扬萧县历史文化传统，落实区域发展战略，2017 年 4 月萧县启动申请撤县设市程序，初步定名为萧国市，此为所述萧国的缘起。

中还精选了若干历史经典名言，这些不朽的思想在萧县城市历史变迁过程中产生了积极影响。该书也未写成学术性的著作，那样会限制更多人的阅读鉴赏。该书以乡音楚楚的故事，试图追根溯源、深入浅出，为读者捧上一桌“土得掉渣”的乡土饭菜，这股“乡土味”让我们品出了家乡的味道与感觉，让我们勾起了对故土的思念与回忆。

萧县城市文化是历史文明的积淀，是萧籍人共同的文化基因和语言，是我们赖以安身立命的精神支柱，是灵魂，是根，是文明的传承载体。作为一个萧籍人，生于兹土，长于兹土，勠力贡献于兹土，而不了解其历史文化传统，未认识其山川风土人物，虽不可谓有数典忘祖之嫌，但不可不谓是一大遗憾！

人类生命的一半是物质，一半是精神，读书是对精神那一半生命的能量补充。让我们在闲暇时读一读这部记载了发生在我们身边的精彩故事的书，它对于我们了解历史、熟悉地情、加强人性修养，以史为鉴，对于今日之社会经济文化的发展，都不无裨益。当您打开此书，您会为萧国的兴盛与灭亡而震撼；您会为萧城的四迁而感慨；您会为萧城走上新生道路而欣喜；您会为萧城穿越凤山回归再建而自豪；您会为萧城当代的发展、大美辉煌而喝彩！看着这一个个故事、一段段历史，会霎时感到萧籍人的骄傲与自豪，仿佛给我们注入了活力，让我们有了使命，心中荡起依恋家乡、建设家乡的涟漪……

该书第一次系统梳理了萧县城市上自上古、下至 21 世纪的变化发展脉络，史论结合，宏微相济，既是一部系统性、专业性较强的述史作品，又是一本兼具知识性、可读性的大众读物。我们期望通过阅读这些从过去岁月中“打捞”出的经典故事，能引起读者的兴趣并由此享受文学的美感，能使读者读有所获，并为萧县感到骄傲。此次加印，我们根据各方面反馈，对部分内容进行修订完善。

目录

第一章　春秋萧国的兴亡

春秋早期萧邑为宋国之一邑，位于宋国的东部，与彭城邑为邻。公元前681年萧邑受封萧国，城池在今圣泉镇的北城集。斗转星移，沧海桑田，人事更迭，城市变迁，2 700年后的萧国城已经成为大美辉煌的园林城市。多么令人振奋，多么令人惊讶，又多么令人好奇……那么，就让我们暂离现实，一同走进萧国城历史的端点吧！

第一节　萧国诞生的历史背景

任何历史事件的发生，都受诸多因素的影响。要了解萧国的诞生，有必要先了解萧国建立时的地理环境、经济状况、思想文化及宋国（萧归属于宋）面临的军事政治形势。

区位泽国，水路畅通

据清乾隆《徐州府志》记载："旧城在今治西北十里，在古萧国春秋时有黄杨城，亦谓北辰。宋时河决又于南半里筑建，亦谓之南城，北连旧城。"公元前 682 年这里为萧邑，萧邑之前为一聚族而居的群落。公元前 681 年萧国建立，城池仍在北辰（即黄杨城），又称北辰集。构筑南城后，由于南北二城相应，人们又习惯地将北辰集称北城集，即现在萧县圣泉镇的北城集。

春秋早期的萧邑，地处泽国水乡，地理环境特殊。据苗永立所著的《周代宋国史研究》，位于亳（今商丘北）的孟渚泽[①]是"中国九大古泽"之一[②]，起源于此的丹水[③]流经北城

① 又作孟诸、望诸、明都。《左传》《国礼》《史记》《汉书》均有记载。
② 明张岱所著《夜航船》中有"上古九泽"之说，即大陆泽、雷夏泽、大野泽、鄱阳湖、洞庭湖、太湖、菏泽、孟渚泽、荥泽。
③ 秦汉时期丹水称谷水，三国时期称获水，西晋至隋朝称为汴水，唐至北宋称为古汴水，南宋金时期为黄河所夺。（王健．徐州简史．北京：商务印书馆，2015．）

集，至彭城（今徐州）与泗水交汇后入淮水。丹水河道在北城集绕了一个弯，萧邑就坐落在丹水河道北岸，它的南、东、西三面被水环绕，仅有北面为辽阔的绿野。北魏地理学家郦道元在其《水经注》中叙述："余尝经萧邑，……城东、西及南三面临侧获水。"古萧邑三面环水，一面为一望无际的绿原，实属一方风水宝地，《同治徐州府志》载，此处"世传萧世子避暑处"。难怪宋国国君宋桓公封公族亲信萧叔大心来此任大夫，主政萧邑。

经济文化，颇有影响

萧邑位于宋都（今商丘）东部，水路约有 320 里，距离虽远，但水路交通便利。宋国继承"殷人重贾"的传统[①]，在春秋早期商业已经较发达，宋都城内"市""肆"林立，郊有商业店铺，并且"悬帜甚高"的"酤酒者"店铺也是随处可见。由于宋国都城人口流动大，物流、信息流传递快，因此带动了萧邑的发展。

萧邑的有利地理位置和便利的交通等条件也促进了商品的交换与流通，人流、物流的增多带动了这里"市"的繁荣兴旺，物物兑换、货币交换热闹非凡，一派欣欣向荣的景象，萧邑的经济有了一定的发展。当时，萧邑已是宋都东部较有影响的城池。

萧邑的区域文化，属于中原文化圈[②]，沿袭了宋国早期即

① 苗永立. 周代宋国史研究. 长春：吉林大学，2008: 93.
② 晁福林. 霸权迭兴——春秋霸王论. 北京：三联书店，1992: 49.

殷商文化的主要内容及特征，还汲取了周文化的某些文化内涵，形成了多样性、复杂性和特殊性的区域特点。人们奉行“仁”的思想，“修善行仁，以义自持。”（《史记·宋微子世家》）萧地民风淳朴，善良仁义在中原是有名气的。萧人受统治阶级影响和对自然界认知所限，敬天尊神，重巫术、好占卜，凡事皆以鬼神为征，缺少人事变通；崇尚阴柔，表现出以退为进、以柔克刚的谦谦君子性格。上述地域文化，一定程度上支配着萧人的思想行为。

据研究史料记载，以宋都为中心的主要城邑有62个，其中萧邑排第三位，彭城（今徐州）排第四位，引用《左传》《史记》《春秋》等史料综合记述萧邑的文字达378个，而排第一、第二的两城邑合计叙述文字为276个。[①] 由此可见萧邑当时在宋国的地位和影响了。

战争不断[②]，动荡不安

进入春秋时期，周王室名存实亡，诸侯国各自为政，彼此之间的联合与斗争成为天下主流。

宋国西部是新兴的郑国，与宋国长期处于敌对态势。宋国西北为卫国，卫国和宋国长期处于“铁哥们”状态。当然，这两国相互把对方拉下水的时候也不少。卫国东部是鲁国，西部是春秋的一大强国——晋国。宋国东北是大名鼎鼎的鲁国，北部就是另一个一流强国齐国。在宋国南边则是陈国、蔡国，

① 苗永立．周代宋国史研究．长春：吉林大学，2008: 44.
② 杨益．宋国的故事．天津：天津人民出版社，2012: 25-27.

国力弱于宋，与宋关系颇为密切。陈、蔡南边就是春秋时期的超级大国——楚国。由此可见，沿宋国一周，当时天下的主要诸侯国都包括进去了，宋国差不多位于天下的中心，居东西南北各个国家的要冲。这种地理位置，在和平发展时代，是很强的优势；但在战乱年代，则又很容易变成大家攻击的对象——因为谁强大了都可以打你，这个国打那个国，都要先经过你，可谓“四战之地”，前后左右都不讨好。纪丹阳《西周至春秋时期宋国史料辑考》载：“春秋以来，王室衰微，诸侯争霸，为争夺土地、霸权不断挑起战事，……各诸侯国为了自身的利益，不断地与别国结盟，外交活动十分频繁，这一时期史书的记载也很丰富，例如《左传》当中就多次记载了诸侯国间的会盟。宋国也是多次参加会盟活动，从中可以窥见其邦交思想的特点。”[①] 从宋戴公到宋桓公（委命萧国君主的宋国君主）的百年间，宋国在中原诸侯国中颇有影响，然国内政局多舛[②]，尤其是与郑国的关系可谓错综复杂。据顾栋高《春秋大事表·春秋宋郑交兵表　卷三十七》载，这一时期交兵凡十七次。[③] 宋、郑皆号称中原大国，且两国相邻，国势最相当，经常为争夺中间隙地而战争不断，由此，黄河下游两个互相对立的军事政治集团便正式形成。郑国与齐国结成稳固同盟，宋国欲与鲁国结盟，但鲁国态度不坚决，时有变化，摇摆不定，宋又与卫、陈、蔡等小国联合。宋国与郑国交兵，以郑国获胜为

① 纪丹阳．西周至春秋时期宋国史料辑考．合肥：安徽大学，2012: 6.
② 晁福林．试论宋国的政治发展及其历史特征．史学学刊，1989（6）.
③ 顾栋高．春秋大事表：春秋宋郑交兵表　卷三十七．北京：中华书局，1993: 2129.

多，即使宋国获胜，亦未重创郑国。战争给社会以创伤，也给萧地带来灾难。

宋国政局不稳，内乱不断

春秋时宋国的贵族中，公族占 12 家，非公族仅占 4 家，国政主要被公族所把持，公族势力占据绝对优势。《诗经·毛传》曰："公族，公同祖也。"公族是与国君有着密切血缘关系的亲属称谓。君主赋予公族较高的政治地位和较大的政治权力，进而成为与国家政治融为一体的特权贵族阶层。公族权力的不断膨胀直接削弱了公室（指皇室）的统治，权力斗争使公室与公族间的矛盾日益激化，宋国发生内乱就是由公族争权而起，多起杀君事件也与此有关。公元前 719 年，卫国公子州吁杀死自己的哥哥卫桓公，篡位为君。这是春秋史上第一起杀君篡位，后又演变成为点燃中原地区火药桶的导火索，也给宋国埋下了"祸害"的种子。

宋殇公十年（公元前 710 年）发生了"商丘暴动"[①]。宋国太宰华督和大司马孔父嘉都是宗室成员。孔父嘉（孔子的祖先）是宋闵公太子弗父柯的后人，华督则是宋戴公的孙子、宋殇公的堂叔。孔父嘉的妻子非常美貌，有一天被华督见到，他顿起邪念，遂散布谣言：孔父嘉撺掇君主十年打了十一场战争，是"战争狂人"。他以锄奸救国为名组织国人暴动，杀死孔父嘉，把孔父嘉的妻子占为己有。宋殇公闻后大怒，准备派兵惩办，结果华督把国君宋殇公也杀了。后华督去郑国把宋殇

① 杨益. 宋国的故事. 天津：天津人民出版社，2012: 37.

公的堂弟公子冯接回，立为君主，即宋庄公。宋国的内部斗争还能列举数例，特别是萧国建立以后，杀君内乱事件更是频繁发生。宋国的这种公族政治，让多个强宗大族有机会交替擅权，在政治上形成因循守旧和相对保守的风气，最终造成宋国在春秋时期的诸侯国中渐渐势弱，难以发展图强。

第二节　萧国诞生的经过

萧国的诞生与宋闵（湣）公、南宫万这对冤家对头有直接关系，南宫万杀宋闵公后起兵造反，宋国第十一任君主戴公的后裔、萧邑大夫萧叔大心[①] 率众平乱有功，其领地萧邑受封为萧国。

宋闵公与南宫万结怨

宋闵公是宋国国君，南宫万是宋国大夫、大力士、领军主帅。他们又是怎样成为“死敌”的呢？据《史记·宋微子世家》记载，鲁庄公十年，即宋闵公八年（公元前 684 年），“宋伐鲁，战于乘丘，鲁生虏宋南宫万，宋人请万，万归宋。”

公元前 684 年，鲁军主力出击，迎战宋军，两军在乘丘（今山东省济宁市兖州区西北）对战。那时打仗以战车为主力，鲁军巧施计谋，给一些战马蒙上老虎皮，宋军的战马看见迎面来了一群“老虎”，吓得乱叫、乱窜，这样一来，宋军阵势大乱，鲁庄公乘机驱兵掩杀，宋军顿时溃败。虽然战败，宋军主帅南宫万仍奋力在阵前搏斗，接连杀死了很多鲁兵。亲自

① 马媛媛. 商丘古国志. 郑州：大象出版社，2018: 117.

督阵的鲁庄公见敌将如此勇猛，便张弓搭箭，“噌”的一声正中南宫万的右肩，伤深于骨，南宫万用手拔箭，鲁庄公的护驾颛孙生乘其手慢，尽力一戟，刺透其左股，南宫万倒地，却仍奋力挣扎，众军一拥而上将其擒住。宋军领军副帅猛获见主帅被擒，弃车而逃。南宫万被俘，鲁庄公鸣金收兵。

那时的战争是解决争端的手段之一，宋国和鲁国之间并没有深仇大恨。鲁国是礼仪之邦，鲁国对被俘的南宫万好吃好喝地招待着，没让他受委屈，后来两国关系缓和后，鲁国应宋国要求，就把南宫万等一批俘虏都放回了宋国。

谁知在战俘回国的欢迎仪式上，却闹出很大的不愉快。当天宋闵公看着身形魁梧的南宫万，在俘虏队伍中特别显眼，顿时回想起宋国连年被鲁国“痛扁”的屈辱，再仔细打量，南宫万还蛮神气地左顾右盼，宋闵公的火气一下就起来了。等南宫万走到他面前，宋闵公就傲慢地说：“过去呢，我敬仰你是一位英雄好汉，可如今，你居然成了鲁国的囚徒，我再也不尊敬你了！”（《左传・庄公十一年》）当着那么多人受辱，南宫万的脸色“唰”的变了。他咬了咬牙，强忍着没有发作，但心里因此恨上了宋闵公。

南宫万宫中造反[①]

公元前 682 年秋天，宋闵公和南宫万在宫中的后花园下棋，旁边还有几位贵妇，大家玩得高兴，不知不觉就谈到天下诸侯的风度上，宋闵公自视甚高，忍不住自我吹嘘了几句，旁

① 杨益．宋国的故事．天津：天津人民出版社，2012: 55-57.

边的贵妇也随口奉承。南宫万心直口快，他说："要讲风度，我看还是鲁侯（鲁庄公），天下的诸侯中，最配得上当君主的，就数鲁侯了！"这话宋闵公实在不爱听，尤其是自己前不久刚败给鲁国两次，正对鲁国满怀怨气，听不得别人说鲁国的好话。更可气的是，这个当初伐鲁被俘的败军之将南宫万，居然还去吹捧鲁庄公，再加上两个人在下棋的时候都在竭力争胜，原本就容易上火。于是他指着南宫万，对旁边的人们说："这家伙是个当俘虏的饭桶，别听他瞎说！"又用眼瞥着南宫万道："你这个俘虏，是不是鲁侯把你俘虏了又放回来了，所以你就玩命地拍人家马屁？"

常言道，说话别说绝，伤人别伤心。你得给人家留点余地。堂堂的勇士，就算曾经兵败被俘，宋闵公也不该这样侮辱他。这时，南宫万火冒三丈地跳起来，伸手抓起棋盘，往宋闵公的脑袋上横扫过去。南宫万是个力大无穷的勇士，将这棋盘带着满腔怒气拍在宋闵公的脑袋上，顿时宋闵公脑袋崩裂，血流满地，很快断气了。在周围人的尖叫声中，南宫万茫然地站起来，扔下棋盘就往宫门口走去。

刚到宫门口，宋国大夫仇牧已听到消息赶来，面对杀害君主的凶手，仇牧手提宝剑拦住去路吼道："贼子，哪里走！"南宫万想："国君都被我杀了，不差你一个！"他就赤手空拳，迎着仇牧闯过去，仇牧举剑就刺，南宫万轻轻一挡，仇牧的剑就飞出去老远。南宫万双手揪住仇牧的脑袋，往宫门上一磕，杀死了他。

南宫万出宫后没走几步，迎面又看见宋国太宰华督乘坐战车，带着一队士兵过来追捕凶手。此时，南宫万已经杀红了眼，迎着士兵冲上去，劈手夺过一支长戟，左右横扫了几下，就把华督的士兵逼得纷纷后退，接着南宫万抢到华督的车前，抬手扬戟。华督虽足智多谋，手握宋国大权，可是遇上南宫万这种勇夫，却什么计谋也使不出来。当即，他就被南宫万一戟从前胸刺透后背，倒下车来死了。

南宫万杀了一个国君、一个太宰、一个大夫，闯下了弥天大祸。反正也是死罪，干脆自己打天下吧，他一不做二不休，带领一队兵马，占领了国都商丘，立公子游为新君主。宋闵公的弟弟御说闻讯狼狈地逃到萧邑（今安徽萧县），南宫万又派自己的弟弟南宫牛和大将猛获带兵围攻萧邑。

萧叔大心率众平乱[①]

用这样的手段搞政变注定是要失败的。按照当时宋国的体制，国君一族的公族宗亲们都有各自的封地和势力，以及各自的军队，他们对于共同的宗室地位还是很看重的。南宫万竟然在国都内造反，杀死君主，这就激起了他们的公愤，他们纷纷起兵讨伐。

公元前 682 年冬，萧叔大心率戴公、武公、宣公、穆公、庄公五族之众，从各自的封地集结兵力赶来，又请求借调了曹国的军队，一起围攻南宫万和猛获。南宫万虽勇猛无敌，但在潮水般四面涌来的公族部队面前，难免寡不敌众，顾此失彼，接连吃了败仗。他立的新君公子游也被杀了，大将猛获逃到卫国去了。

① 事见《左传·庄公十二年》。

车马飞奔

孤掌难鸣的南宫万，依仗一身武艺杀开一条血路，用一辆车载着七八十岁的老母亲，往陈国逃难。陈国都城淮阳距宋国都城商丘有二百多里路，据《左传》记载，他们只用一天一夜就跑到了。

与此同时，公子御说被立为新的宋国君主，就是宋桓公。他派人到卫、陈两国，要求把猛获和南宫万都交出来。卫、陈两国长期和宋国保持睦邻友好关系，自然犯不着为了两个叛臣得罪盟友。卫国先把猛获送了回来。而陈国害怕南宫万勇猛无敌，就先派几个美女去和南宫万喝酒，孤身亡命的南宫万借酒消愁，不由大醉，陈国人这才把他捆绑起来，又用犀牛皮制的袋子紧紧捆住，然后用车辆把他运回宋国。半途酒醒的南宫万在囚车中发出惨厉的咆哮，奋力挣扎，等囚车到达宋国时，他已经把犀牛皮戳破了好几个洞，手脚都露了出来。

宋桓公把南宫万和猛获都以酷刑“醢”（hǎi）处死，就是乱刀砍成肉酱。南宫万的母亲也被杀了。

萧邑升格萧国[①]

萧叔大心，原来是宋国萧邑的大夫，萧邑当时是宋国的公邑，也就是宋国国君的直属领地，萧叔大心就是当时宋国国

① 参见孔颖达《春秋左传正义》庄公十一年的注文。

君派驻萧邑的主政人。萧叔大心的萧是指萧地，叔是他的名，大心是他的字，既然大心是宋国公族，当然他就和宋国国君同为子姓，他的全名应该是子叔，字大心。

萧叔大心

宋桓公元年（公元前681年）一月，因萧叔大心平乱有功，新任国君宋桓公将萧邑报周王室升格为“萧国”，萧叔大心为第一位萧国国君。周天子念其平乱功高，将萧国列封二等爵位——侯爵[①]，国小而位高，为宋之附庸。

是年春，齐、宋、陈、蔡、邾等各国国君在北杏[②]会盟，旨在协力平息宋国内部争夺君位的叛乱。齐国首开以诸侯身份主持会盟的纪录，齐桓公的威望在诸侯国中开始提高。齐国会盟前曾邀遂国入盟，遭到遂国的拒绝。“北杏会盟”后，齐国于当年夏天吞灭遂国。

① 《左传》：“王及公、侯、伯、子、男、甸、采、卫、大夫各居其列。”
② 北杏，古地名，今山东省东阿县北部。

第三节　萧国的发展与消亡

萧国于公元前681年建立，公元前597年灭亡，生存发展共84年。萧叔大心为萧国的君主，在位46年①（享年88岁），他为政甚善，使萧国在当时的诸侯国中产生了较大影响。

萧国在宋国的地位

《诗经·周南·麟之趾》云："麟之角，振振公族，于嗟麟兮。"宋国的公族政治是建立在"亲亲"基础上所表现出"尊尊"等级的周礼法规上的，特权贵族阶层世代把持国政，萧叔大心是与宋国国君有着密切血缘关系的亲属，加之他平息宋国的宫廷内讧，立下汗马功劳，又因萧国地理区位、经济文化发展之优势，因此宋国格外器重萧国、青睐萧国。在宋国所属的60多个城邑中，萧国超越其他城邑，上升为仅次于宋国的国体政权。公元前596年夏天，"楚庄王攻打宋国，因为宋国救助萧"②。宋国在政治、军事、经济等诸多方面"偏爱"萧国的政策，为萧国的社会经济发展奠定了基础。

① 吴孝桐. 萧县史话. 内部资料，2016: 74.
② 左传. 郭丹，等，译注. 北京：中华书局，2017: 829.

萧国在诸侯国中的影响

公元前681年春天，齐国邀请各国国君在北杏举行会盟，使萧叔大心及萧国的声望大振。因为春秋时期诸侯国的内乱迭起，内讧杀君暴乱不断，各国君主十分震惊和惧怕，而宋国的杀君叛乱被一举平息，所以各国君主赞扬萧叔大心的胆略与气魄，支持宋国平息暴乱，对新建立的附庸萧国高看三分。

萧叔大心就任国君后，积极开展外交，与周边的诸侯国交际往来，重大节日走访朝拜，并以萧地的“萧茅”、陶器、丝织品等相送，争取和平的生存环境。对大国的外交，萧叔大心也想方设法攻坚，如公元前672年夏“萧叔朝公”（《左传·庄公二十三年》）就是典型一例。萧叔大心升为萧国君主之后，对原曾附庸的宗主国鲁国不愿再俯首称臣，鲁国对此耿耿于怀。为了继续彰显宗主国的地位，鲁庄公要求萧叔大心赴鲁朝见。大心为不失宋国宗主国的面子，又要满足鲁庄公急于重立鲁国是萧国宗主国的心理，提议将齐国的谷（今山东省东阿县）作为会见地点，鲁庄公同意了。因会见是在齐国的谷，萧国因而避免了附庸朝拜的嫌疑，二等爵的萧国国君和一等爵的鲁国国君平等地在第三国会见，萧国地位自然提升了，一举多得，这彰显萧叔大心不凡的外交能力。因此，萧国在诸侯国中的影响力不断提升。

另外，萧国还开展了“婚姻外交”。萧国第三代国君和公有女儿名叫萧同叔子，也就是萧国公主。萧国和公把她嫁给了齐国齐惠公做夫人，其子后成为齐顷公。这桩“婚姻外交”也在诸侯中产生了很大影响。

萧国的经济状况

春秋时期是我国古代生产力发展的重要阶段，由青铜器时代开始逐步进入铁器时代。[①]冶铁手工业的出现，使生产力发生革命性的变革，开始改变社会经济的面貌。农业中开始出现铁农具，加上耕牛在农田中的应用，农业有了明显进步。此时的物产主要有五谷，即黍、稷、菽、麦、稻。除农作物外，还种植桑、麻等经济作物。但传统的畜牧业（六畜：马、牛、羊、豕、犬、鸡）、渔猎业、采集业仍在经济生活中占有重要地位。它们相辅相成地构成了萧国农业生产的物质基础。

农业的发展促进了手工业的发展。[②]萧国城邑的手工业发展较快，主要有编织工、篱笆工、马具工、制陶工、酿酒工、纺织工、玉器工。其中萧国境内的丝麻纺织历史悠久，玉器加工业、制陶业是萧国的传统工业项目，制作工艺已相当先进。青铜铸造业也有较高的水平，20 世纪 80 年代在萧县境内就曾出土春秋时期的青铜剑。

由于农业、手工业的发展，商业随之兴起。“农不出则乏其食，工不出则乏其事，商不出则三宝绝。”（《史记·货殖列传》）随着商业交往的密切，交换的频繁，春秋时萧国已出现了正式的金属货币。作为商品交易的场所——市已经出现，市为手工业者、农产品生产者的产品买卖提供场所。由于农业、手工业、商业的发展，作为萧国政治、经济中心和军事要地的城邑北城集也逐步兴盛起来。

---

① 顾德融，朱顺龙．春秋史．上海：上海人民出版社，2003: 164.
② 苗永立．周代宋国史研究．长春：吉林大学，2008: 99.

萧国的消亡

宋国南边是陈国、蔡国（今河南省南部），陈、蔡往南就是春秋时期的超级大国——楚国（今湖北省北部）。它的国力虽然在春秋时数一数二，但它一直被中原各国（特别是宋国）瞧不起，又为中原各国所畏惧。因为按照周天子分封的爵位，宋是公爵，齐、陈、蔡等都是侯爵，而楚只是子爵。宋国与楚国于公元前 638 年冬天在商丘附近泓水一带交战，宋惨遭失败。公元前 597 年冬，楚庄王因萧国是宋国的附庸，又率大军讨伐萧国。

楚军申公巫臣①认为：时值冬天，天气寒冷，士兵衣着单薄，“师人多寒”，不利于战。楚庄王决心攻克萧国，为鼓舞士兵士气，他率臣检阅巡视军队，抚慰勉励士兵，为军队加油打气，军中将士受到激励，军心稳定，士气大振，于是，楚军快速逼近萧国城邑。

宋国获悉楚军进军萧国，速派华椒②率领蔡国人（距离近）救援萧国。萧国第四代国君桂公依仗外援军队和坚固的萧国城池工事，面对强大的敌人毫不畏惧。战争开始不久，萧国人俘虏了楚国熊相宜僚（熊相为姓氏，宜僚为名）和公子丙（楚宗室）。楚庄王传话：“不要杀他们，我退兵。”但萧国人士气正旺，又认为楚国是一个不讲仁义的国家，会言而无信，因此仍杀死了他们。楚庄王十分愤怒，传令围城并猛攻萧

---

① 申公巫臣，芈姓，屈氏，名巫，一名巫臣，字子灵，楚国申县（今河南省南阳市北部）县尹。
② 华椒，子姓，华氏，名椒，是华督的孙子，宋国卿。

古萧国城邑[1]

国。萧国人虽经一天多时间的苦战抵抗，但在强大的楚军面前，最终还是溃败了。

《左传》宣公十二年记载：“楚子伐萧，宋华椒以蔡人救萧，……萧溃”，灭为楚邑。从此宋与楚以此为界，宋楚间时而发生战争，宋曾一度夺回萧。杜预注：“萧，宋邑。”由于当时楚在东北方的势力还不强大，虽灭萧，但不能牢固占有，一度萧仍为宋所得，公元前 286 年宋灭亡后归属楚国。

① 黄世华．古萧城邑探赜．萧县文献，2013，12（1）：23.

第四节 萧国（古）城记忆

萧茅

萧茅[1]**何物、何用**？在生活中，有一个细节您曾记得？那就是每年的农历五月初五“端午节”，家中父辈或祖辈会从集市上买来一些艾枝（棵）插在家中大门两侧。插艾枝，一般年轻人认为是一种旧的习俗，但不知其“根由”。这艾枝就是古代所谓的萧茅，是多年生草本植物，古时候又称菁茅、荻蒿、灵茅、艾蒿。萧茅一茅三脊，叶呈羽状分裂，背面有白色绒毛，秋季开花，多者数十茎。相传萧茅盛产于萧地，大多生长在萧县东南部倒流河畔，以永堌寨周围的萧茅最有名。闻一闻萧茅有沁人心脾的清香，可入药，还用于祭典。《周礼·天官》中说：“祭祀，供萧茅，供野果，瓜之荐。”萧茅是古时酋长、大祭司用的神圣香草，它通天礼地，“萧茅祭祖”“萧茅缩酒”“端午插艾”，都是王祭、民祭的重要习俗。人们把萧茅看做有灵气的物种，传说它还有避邪功能。据《左传》记载：萧国与相城（今萧县祖楼镇相山庙村）毗邻，相土东征，

① 参考苏肇平，黄世华. 萧县文献，2013，12（1）：38.

萧国归顺于商，每年都要向商进贡萧茅，所以又有“萧国进贡，必进萧茅”之说。

萧茅的故事称奇。据《管子》一书记载：齐桓公曾问计管仲说：“周天子财用不足，凡下令向各国征收，都不得诸侯响应，要解决这个问题你有办法吗？”管仲回答说：“长江、淮河之间，生长着一种三条脊梗贯到根部的茅草，叫做菁茅。请使周天子的官吏把茅草产地的四周封禁并看守起来。天子总是要在泰山祭天，在梁父山祭地的，你就向天下诸侯下令说，凡欲随天子祭天祭地者都必须携带一捆菁茅作为祭祀用的垫席，不按照命令行事的不得随从前往。”天子命令一下，诸侯们便都载运着黄金争先恐后地奔走求购菁茅。于是，萧地一带的菁茅价格上涨十倍，一捆竟可以卖到百金。所以周天子在朝中仅仅三天，天下的黄金就从四面八方像流水一样聚来，这就是中国古代经济三十六计中著名的“菁茅之谋”的效应。

艾蒿

萧地因盛产艾蒿而得名为“萧”。“萧”在《说文解字》和《古代汉语大词典》中被称为艾蒿。当代中国著名学者王竹溪考证：“萧，草名，《说文》艾蒿也，从艸肃声。”据《路史·小昊纪》记载：“启封孟亏作土于萧，是为萧孟亏”。所谓“作土于萧”，亦即后来史书所说：“斩其蓬蒿、藜藿而处之”，在此建立古萧国，因其地多萧茅（艾萧、艾蒿、艾草、蓬蒿），故国号为萧。《路史·国名记》又说：“萧，孟亏封徐之萧，汉故县，属沛。”毫无疑问，汉代沛郡之“萧”，理所当然的就是今天的萧县喽！

萧国四世君主

萧国建立于公元前 681 年，亡于公元前 597 年，存续 84 年，历任四世国君。[①]

一世。大心公（萧叔大心），字讳叔，号正义。其父忠公，为宋国公族子弟。系宋微子启第十三世孙，黄帝第四十五世孙。公元前 681 年被宋封为萧国第一任国君，受封在萧地（今安徽萧县西北 10 公里），萧国作为宋国的附庸国，称大心为萧叔。84 年后（公元前 597 年），萧国被楚国所灭，子子孙孙以国为氏，即萧氏。萧叔大心生于公元前 722 年，卒于公元前 634 年，寿 89 岁，葬于萧国城南（今圣泉镇北城集南部区域）。妻子秦氏，系燕侯之女，生于公元前 721 年，卒于公元前 641 年，寿 81 岁，葬于萧国城南，生有二子，长子曰玉，次子曰璞。

二世。萧叔大心长子玉公，字琢成，公元前 634 年任萧国国君，生于公元前 692 年，卒于公元前 608 年，寿 84 岁。葬于萧国城南。妻子薛氏，生于公元前 690 年，卒于公元前 607 年，葬于萧国城南，生二子，长子曰和，次子曰平。

① 中华萧氏总编湖南卷·湖南萧氏穆林公宗谱首卷：第二篇，第一章，第二节，大心公至和公世系。

三世。玉长子和公（萧叔大心孙子），字鸣谦，公元前608年任萧国国君，生于公元前661年，卒于公元前585年，寿76岁。葬于萧国城东，生二子一女，长子曰桂，次子曰栏，一女于宋文公年间（公元前609年—公元前599年）嫁于齐惠公为后。

四世。和长子桂公（萧叔大心重孙），字芬芳，第四任萧国国君。生于公元前632年，卒于公元前545年，寿87岁。葬于萧国城东。妻子姬氏，生于公元前631年，卒于公元前559年，寿72岁。生一子，曰锦。（和公、桂公共执政11年）公元前597年，萧国被楚国所灭。

齐国太后萧同叔子

萧同叔子[①]，据《中华萧氏总谱湖南卷·湖南穆林公宗谱首卷》记载：她是萧国三世君主和公之女（萧叔大心重孙女）。萧同叔子于宋文公年间（公元前609年—公元前599年）嫁齐惠公为后，是齐桓公的儿媳、齐顷公生母。齐桓公是“春秋五霸”之一，萧国能与齐国结下这桩姻缘，一是萧国君主有宋国公族背景，地位非同一般；二来萧同叔子身材、容颜超群非凡。当时萧齐之姻在各国中也产生了一定影响。

齐惠公十年（公元前599年）夏，惠公卒。太后萧同叔子，日夜悲泣，齐国君顷公堪为孝子，想方设法安抚体贴母亲，经常把外面听到的一些奇闻笑谈说给母亲听，以此引她

① 《左传》作萧同叔子，《史记·齐太公世家》作萧桐叔子，意为萧同叔之女。

开怀。

晋景公八年（公元前592年），晋国大夫郤克、鲁国大夫季孙行父、卫国大夫孙良夫、曹国大夫公子首结伴出访齐国，一同来到齐都临淄（今山东省淄博市）。说来也巧，这四位使臣都有残疾。郤克是独眼龙，季孙行父是秃子，孙良夫是瘸子，公孙首是驼背（也称罗锅）。齐顷公见了差点没忍住笑出声来，心想，人生有病疾，五行四体，不全者皆有之，但四国使臣各占一疾，又同时来访共聚一堂，真是好笑。当晚顷公和母亲聊天时说起这巧合之事，太后闻到此事好奇心顿生，非要一睹为快。顷公答应了母亲，为讨得母亲欢心，童心大起的顷公还策划了一计。他命人在国内找了一个独眼、一个秃子、一个瘸子、一个罗锅，分别对号入座为四位使臣驾车，又安排第二天宴请路过时让母亲在楼台上的帷幕后面观看。

第二天，当四位使臣在四位齐国仆人的陪同下经过太后居住的楼台时，太后见到此情此景，忍俊不禁，而宫女听到太后的笑声，也一起哄堂大笑。这一笑，四国使臣感到受到莫大侮辱，席后回到馆舍，四人歃血为盟，对天起誓"所不此报，无能涉河"（《左传》），意思是说，这次受辱之仇不报，我们再也不过黄河！表明四国辱仇必报的决心。

郤克等四大夫各自回国后，日思夜想，急盼报仇。三年以后雪耻的时机终于成熟。郤克从大夫升到执政大臣，掌握了晋国的大权；季孙行父升为正卿，在鲁国执政当权；孙良夫升为卫国大将。在几人的促使下，晋、鲁、卫、曹四国结成同盟，伺机讨伐齐国。鲁成公二年（公元前589年），齐顷公听闻鲁晋合谋欲攻打齐国，于是先发制人，亲自率兵讨伐鲁国和卫国。孙良夫和鲁国司寇臧宣叔向晋国景公求救，景公派出八百辆战车，出兵伐齐。郤克为中军主帅，士燮以上军佐的身份率领上军，栾书为下军主帅，韩厥为司马，去救鲁、卫两国（《左传·成公二年》）。大军在主帅郤克的带领下，与鲁、卫、曹三国军汇合，于六月十六日，到达靡笄山（在今山东省济南市）下。

六月十七日，历史闻名的鞌（今山东省济南市东北）之战拉开大幕。解张为郤克驾车，郑丘缓为车右。邴夏为齐顷公驾车，逢丑父为车右。双方交战不久，郤克中箭，但他咬牙坚持，擂动战鼓，鼓舞将士，英勇向前，奋戈杀敌，齐军大败，四处逃散，齐顷公向东跑至华不注山（今山东省济南市东北）下，晋军紧追不舍，在此紧要关头，逢丑父与其更衣换位，自己坐到顷公的位置，冒充主帅，并佯命换衣后的顷公到山脚“华泉”取水，齐顷公才侥幸逃脱。

晋军乘胜追赶。齐顷公被逼无奈，派遣国佐宾媚人送去礼物，请求议和，郤克不答应，提出“必以萧同叔子为质”。宾媚人说：“萧同叔子不是别人，是齐顷公的母亲，齐君的母亲与晋君的母亲具有同等的地位，您怎么处置她？而且您是以正义之师攻伐齐国，却以暴虐无礼结束，怎么可以呢？您如果再不答应，齐国将集中兵将，与晋最后决战。”再加上鲁、卫国的劝说，郤克答应了齐国的请求，只让齐国归还侵占的土地。至此，齐顷公为搏母亲一笑导演的恶作剧引发的一场战争落下帷幕。七月，晋国与齐国冰释前嫌，结为同盟。齐顷公自此也低调内敛，对诸侯以礼相待，国内实行轻徭薄赋，周济穷人，照顾鳏寡，颇得民心，后来也算一代有为的君主了。

鞭打芦花

《鞭打芦花》为安徽省非物质文化遗产。据《萧县资源集》载："闵子骞少年时丧母，父继娶姚氏，生二子（闵革、闵蒙），继母偏爱已生"，虐待闵子骞。有一年农历小年刚过，第二天的腊月廿四日，闵子骞同两弟随父去外婆家（闵子骞生母的娘家）拜年。闵子骞驾车，当车行至萧县城西南象山脚下杜村时，天气骤变，朔风怒吼，雪花纷飞，寒气刺骨，闵子骞禁不住风寒，浑身直打颤，缩作一团，因手指被冻僵，牛绳、牛鞭皆滑落于地，牛车失去驾驭，倾于山坡，翻倒于雪地。

然闵子骞之弟闵革、闵蒙却未怕冷，身无寒意。其父见状十分气恼："你这个孩子，真是个没有出息的东西！"随着一声呵斥，举鞭向闵子骞抽去。鞭打之处，棉袄绽开，芦花飞扬，其父一时惊呆了，看似厚厚实实的棉袄，原来里面全是芦花。其父撕开闵革、闵蒙的棉袄一看，里面尽是崭新丝绒。目睹眼前这一切，其父方才恍然大悟，这分明是后妻虐待继子。激怒的父亲二话没说，当即调转车头，返回家中，匆匆磨墨展纸，写下了休书，决心要将后妻赶出家门。

闵子骞求父：母在一子寒，母去三子单

看到父亲的举动，眼见这个家就要破裂，闵子骞不计前嫌，扑通一声跪倒在父亲面前说："母在一子寒，母去三子单。"哭着苦苦哀求父亲看在他弟兄三人的分上，留住继母，保全这个家。继母看到此情此景，深受感动，悔恨莫及，羞愧难当。其父听了儿子的一番话，觉得言之有理，更知儿子深明大义、孝行可嘉。再看后妻确也痛彻悔悟，于是也就罢了休妻之念。从此以后，继母洗心革面，痛改前非，悔而向善，把闵子骞当作亲儿子一样看待，爱护备至，一家人过上了幸福美满的生活。

闵子骞（前536—前487)，名损，字子骞，被尊称闵子，孔子高徒，为七十二贤之一。一说今安徽省宿州市曹村镇闵祠村人，亦说是出生于春秋末期鲁国曲阜，祖避战乱迁到棠邑（今山东省济宁市鱼台县张黄镇大闵村）。

闵子骞比孔子小15岁，生母早年去世，为家境所迫，他很小就随父驾车从事体力劳动，生活十分清苦。后拜师孔子，以孝行名闻天下，终生不愿出任官职。

闵子骞为人所称道的主要是他的孝，作为二十四孝子之一，孔子称赞说："孝哉，闵子骞！人不间于其父母昆弟之言。"元朝编撰的《二十四孝图》中，闵子骞排在第三位，是中华民族先贤人物。

后人为了纪念闵子骞的孝行，将鞭打芦花这个山坡上的杜村更名为"鞭打芦花车牛返村"，这是目前中国最长的村庄名称。鞭打芦花车牛返村位于安徽省萧县县城西南约10千米处，在五洞山的南麓，隶属杜楼镇孟窑行政村。全村共有姓氏23个，人口不足千人。据统计，到目前为止，村内现存历史文物遗址遗迹20多处，百年古井2口、古石桥2座、闵子骞覆车古道1处、四贤祠遗址1处、千佛寺古庙1座、古泉3处、百年柿子林10余亩、名木古树30余棵。当地百姓流传一首民谣：鞭打芦花车牛返，仁义道德最为先。夫休后妻儿救母，子骞美名世代传。

当地人把每年的农历腊月廿四日定为古会，在“鞭打芦花处”逢会三天，引来方圆几十里的群众，人山人海，热闹非凡。

黄桑峪

萧县的皇藏峪原名黄桑峪。秦朝末年，刘邦与项羽之间发生了四年的楚汉战争。公元前 205 年，刘邦偷袭项羽的郡城彭城，被打败，只身藏在附近的黄桑峪中避难。因他爱护百姓，将士为他出谋划策，抓了天时、地利、人和的战机，躲过了项羽的追杀。后来，刘邦知人善用，经过几年的浴血奋战，战胜了项羽，统一中原，当了皇帝。从此，“黄桑峪”更名为“皇藏峪”，为安徽省非物质文化遗产。

皇藏峪的著名景点有：

瑞云寺，梁武帝大同年间（535—546 年）始建，初名望云寺，因汉高祖曾藏于此，宋端拱二年（989 年）更名为瑞云寺。

寺院共有殿宇九十九间，三进院，石级相连。前院是藏经楼，楼为斋堂，楼上藏经，原有经藏、律藏、论藏 4 000 多卷。中院是正殿，宽大平正，有大雄宝殿五间。原有释迦牟尼、药师、南无阿弥陀佛、十八罗汉等金身佛像。后院为方丈室，明三暗五，高大轩敞，左右楼阁，廓腰迂回，飞檐钩天。室前腊梅掩映，黄杨相衬，左侧有一株千年以上银杏树，主干下生有二枝，一大一小，枝叶繁茂，犹如“携子抱孙”，为一奇景。右侧是一株挺拔的古松，树高数十米，树龄与银杏相仿。再前有老柱两株，一名金柱，一名银柱，合称姊妹树。当年香火隆盛时，院内终日香烟缭绕，松枝在飘缈的雾霜中时隐时现，故有“虬须佛气”之称。

清末，寺院颓败，经书、塑像荡然无存，殿宇大多毁坏。1978年后，政府拨款修葺，部分建筑恢复原貌。寺院现有三名和尚，住持僧为善一方丈。

皇藏洞，位于瑞云寺西南数百米的悬崖下，洞深6米，一巨石正挡洞口，非近前不能发现山洞。古传因刘邦曾藏于此得名。又传说洞口原无巨石，刘邦藏于洞后，忽飞来一石，立于洞口。所以，洞口巨石名“飞来石”。

拔剑泉，亦名六和泉，形似剑，在寺院东南，相距20多米，有一天然井，深数丈，泉水数尺。传说刘邦避难时久寻水而不得，怒挥宝剑穿石，剑拔水出，故名。

仙人床，由寺庙向东，穿林越谷200米，登青云路，北侧有一天然巨石，其形似床，可卧一人。传说度遇和尚常年睡于石上，最后长眠于此，寿一百一十岁成仙，人称此为仙人床。

洗钵池，瑞云寺西北角300米处有一天然石盆，原名滴水盆，盆内水清见底，常年不竭，大涝涨而不溢，久旱浅而不涸，夏秋之间，数股瀑布绕前而过，池水仍保持憩静之态，瑞云寺开堂传戒之日僧众多，斋后皆来此洗钵，故名洗钵池。

美人洞，位于皇藏洞西北角700米处，其洞可容五六人。地势险峻，使人望而生畏，每当日出日落之际，洞口隐约现发插鲜花的妙龄少女，故名。

观景峰，寺西北，群峰之中，独出一峰立其巅可总瞰峪中全景，故名观景峰。

九龙窝，寺南北纵贯九条土丘，伸向东北山口，汇集于锁龙桥。丘上林木高耸，郁郁葱葱，微风吹拂，树枝轻摇，犹如九龙相戏，故名。

朱陈村

1997 年 12 月 17 日，朱德群荣幸地当选为法兰西学院艺术学院院士。1999 年 2 月 2 日，该艺术学院在为朱德群举行院士就职典礼的仪式上，艺术学院前主席、著名雕塑家、艺术学院院士让·卡尔多曾这样说：“1920 年，您出生于江苏萧县（1920 年萧县为江苏省所辖）白土镇一个文人家庭，您在这样的家庭中度过了一个温馨、平静的童年，如同 9 世纪的诗人白居易在他一首诗中描绘的一样，诗人所描绘的朱陈村距离您的家不远。”接着，卡尔多便吟诵了白居易的《朱陈村》全诗。

《朱陈村嫁娶图》

只是这样一首闻名于世的五言诗，由于作者记忆上的错位或走笔上的失误，开头两句便是“徐州古丰县，有村曰朱陈。”这样一来，“朱陈村”从明代至今多有争议，并引起三地县属的争议。不过，事实胜于雄辩，而今已经确认朱陈村就在安徽省萧县白土镇朱圩子。

白居易（772—846 年），祖籍太原，生于河南省新郑市。在古代素有“诗魔”和“诗王”之称。官至刑部尚书。846 年，白居易在洛阳逝世，葬于香山。

白居易 9 岁时与家人一起由荥阳逃难，“随（父）任寄寓徐”，居符离。不久被父亲送至江南苏州、杭州避乱。16 岁时回徐州符离。19 岁重返苏州，20 岁又折返符离。据《萧县文献》记载：贞元九年（793 年），22 岁的白居易由符离出游朱陈村，路行几十里山路，翻越贡山、张山、小观山、白土山、瓷山等多座大山。所以他在诗中说：“山深人俗淳。”一路上见到的是“桑麻青氛氲”，崎岖道上“牛驴走纭纭”，听到道旁山村里“机梭声札札”。当时朱陈村距古县城（北城）较远，村子偏僻、闭塞，所以说“县远官事少”。白居易的朱陈村之行，一路上的见闻给他留下了深刻印象。也是在这一年，他的父亲由徐州别驾调任湖北襄州别驾，白居易随父迁湖北。

光阴荏苒，白居易作《朱陈村》诗的时间是 30 多年以后，又经回忆而写，记不清朱陈村的隶属也就不奇怪了。

元丰三年（1080 年）正月，苏东坡赴黄州途中经过歧亭（今湖北省麻城市），在挚友陈季常家逗留五天。期间，陈季常将所收藏的五代著名画家赵德元根据白居易所写朱陈村嫁娶为题材画的一幅画拿给苏东坡欣赏，并请他题诗以作收藏留念。苏东坡观画，浮想联翩，感慨不已，自己刚去徐州萧县朱陈村、杏花村劝农不久，眼前再观《朱陈村嫁娶图》，世事怎么这样奇妙？只是他敬佩的诗人白居易张冠李戴，无意中弄错了朱陈村的县属，这将给后人留下疑团。想到此处，他既要满足友人题诗的请求，又要为白居易做个更正，特在该图上题诗两首。

其一，

何年顾陆丹青手，画作朱陈嫁娶图。
闻道一村唯两姓，不将门户买崔卢。

其二，

我是朱陈旧使君（朱陈村，在徐州萧县），劝农曾入杏花村。
而今风物那堪画，县吏催租夜打门。

第一首诗是苏东坡赞《朱陈村嫁娶图》中所体现的淳朴民风。第二首诗开门见山地说他当过徐州知州，劝农曾入杏花村，因朱陈村与杏花村相邻，他对那里了如指掌；第三、四句是说从唐代到宋代的变化，惋惜景象不同了。

唐宪宗元和十年（815 年）七月间发生宰相武元衡被刺事件，白居易向宪宗上疏，请愿捕贼，哪知此举冲撞了朝中某些重臣的忌讳，权臣们诬他越职言事，遭到排挤，被逐出京城，贬为江州司马，从此沦落江湖。白居易在《琵琶行》中有句诗“同是天涯沦落人，相逢何必曾相识”，道出了他当时的心境。后来虽几次被召回朝，但都是些闲职，冷落不再被重用。

唐文宗大和三年（829 年）白居易以疾病为由回到东都洛阳，此时的他已是白发苍苍的老人了。他哀叹自己一生坎坷，总在困苦潦倒中苟延残喘。他对官场那套尔虞我诈的腐败景象十分厌倦，很羡慕陶渊明挂冠还乡，享受田园宁静的生活。就是在这种心态的驱使下，勾起他对昔日朱陈村的向往和回忆，并潜心创作了《朱陈村》五言诗。白居易把久积心头的郁结愤慨全都在该诗中倾吐出来。《朱陈村》的后半部分全是叙述白居易大半生的不幸经历，这是他的“借题发挥”，诉说自己胸中的郁结。诗的前半部分，他把朱陈村描绘成远离官场、避世脱俗、优游快乐的仙境。人们生于斯，长于斯，婚于斯，繁衍于斯，没有战乱，没有豪夺，没有苛捐杂税，自给自足，怡然自乐，俨然一个“世外桃源”！白居易十分倾慕这座村落，认为只有朱陈村才是他的好去处，才是自己理想的归宿。白居易笔下的“朱陈村”与陶渊明的“桃花源”如出一辙。

朱陈村是秦代之前就已存在的一个古老的村落，它坐落于萧县白土山区倒流河岸边。朱陈村是朱村和陈村的合称，两个村子紧紧相连，“一村唯两姓，世世为婚姻”，所以两村犹如一村，世人习惯将两村合称为“朱陈村”。明朝时，一次山洪暴发，给朱陈村人带来重大灾难，许多房屋被冲倒，良田被淹没，朱陈村的人们就在村周围用石头垒坝筑成圩子，从此朱陈村就习惯被称为朱圩子。

现在的朱陈村已是连霍、京台高速公路在萧县境内的交接处出入口，即朱圩子。真可谓“朱陈本无名，诗成天下知”。

朱陈村

唐・白居易

徐州古丰县，有村曰朱陈。去县百馀里，桑麻青氛氲。
机梭声札札，牛驴走纭纭。女汲涧中水，男采山上薪。
县远官事少，山深人俗淳。有财不行商，有丁不入军。
家家守村业，头白不出门。生为村之民，死为村之尘。
田中老与幼，相见何欣欣。一村唯两姓，世世为婚姻。
亲疏居有族，少长游有群。黄鸡与白酒，欢会不隔旬。
生者不远别，嫁娶先近邻。死者不远葬，坟墓多绕村。
既安生与死，不苦形与神。所以多寿考，往往见玄孙。
我生礼义乡，少小孤且贫。徒学辨是非，只自取辛勤。
世法贵名教，士人重冠婚。以此自桎梏，信为大谬人。
十岁解读书，十五能属文。二十举秀才，三十为谏臣。
下有妻子累，上有君亲恩。承家与事国，望此不肖身。
忆昨旅游初，迨今十五春。孤舟三适楚，羸马四经秦。
昼行有饥色，夜寝无安魂。东西不暂住，来往若浮云。
离乱失故乡，骨肉多散分。江南与江北，各有平生亲。
平生终日别，逝者隔年闻。朝忧卧至暮，夕哭坐达晨。
悲火烧心曲，愁霜侵鬓根。一生苦如此，长羡村中民。

（《白居易诗选》）

第二章　北宋萧城第一次变迁

潘镕，清嘉庆年间两任徐州府萧县知县，他在纂修的嘉庆《萧县志·城池》篇中记述：『萧城凡三迁，每迁愈南，自明万历五年徙今治而后，河声奔吼远在数十里外，获免吞噬陷垫之忧。』《萧县志》中清楚明了地指出，萧城一共迁徙三次，每次都是向南迁，第三次（明万历年间）迁徙至凤山之阳后，滚滚的黄河已被抛在数十里外，波涛的吼声已听不清，萧地人民摆脱了水患的威胁。

公元前597年冬，萧国被楚国灭亡后为其邑，后复归于宋；公元前286年宋亡后属楚国。公元前221年秦统一六国，废萧邑，建制萧县。历史是条长河，光阴之梭穿至北宋嘉祐六年（1061年），萧县治所迁移至古萧国城南半里的南城。宋熙宁十年（1077年），徐州遭遇特大洪水，殃及萧县，古萧国城被废弃，全城人迁徙至南城。

第一节　萧城一迁的社会背景

据陈振所著的《宋史》研究，北宋建立后，削平割据，社会稳定，经过近百年的发展，进入鼎盛时期，北宋的萧县也走进有史以来最繁荣昌盛的时代。

行政区划及设置[①]

公元 960 年，后周大将赵匡胤黄袍加身，建立宋朝，定都开封。宋初，徐州辖 7 县，982 年割出下邳、宿迁组建淮阳，徐州遂辖 5 县，萧县在其中。县设知县一人、主簿一人、典史一人。宋以前，萧县下辖 17 个乡，宋初辖 6 个乡，到宋神宗时辖 4 乡 2 镇，总户数 20 783 户。特别值得一提的是，在北宋政府的强权政治掌控下，乡级政权机构数量不断减少，而同期因商业经济繁荣，徐州新设 5 个镇级建制，其中萧县就设了 2 个。据《宋史》记载：县以下的乡村经济中心设镇，镇设监镇，监镇负责本镇治安兼税收，经济繁荣的大镇（如白土镇），除设监镇之外，另派驻其他官员及武装力量。监镇是中央任命的最低级地方官，是北宋前期为适应社会经济的发展，

① 王健．徐州简史．北京：商务印书馆，2015: 68.

尤其是乡村经济繁荣而设置的新官职。低于镇的经济中心，称为“市”，由县或镇派员收税。萧县新设 2 个镇说明了当时萧县经济发展的地位与影响。

随着社会变迁，县以下的乡镇建制在宋代有了较大的调整。宋以前、宋初、宋神宗时的徐州地区各县乡镇数比较如下。

徐州地区各县乡镇数比较

时代	彭城县	沛县	滕县	萧县	丰县
宋以前	18乡	16乡	18乡	17乡	18乡
宋初	6乡	6乡	4乡	6乡	8乡
宋神宗时期	5乡 2镇	5乡 1镇	4乡	4乡 2镇	2乡

经济发展加快

兴盛的农业。宋太祖、宋太宗号召人民垦荒种地，改进耕作技术，规定“所垦田即为永业，官不取其租”(《宋史·食货上一》)。自耕农大量增加，农业生产显著进步，这一时期，人均占有粮食 1 000 斤左右。[①] 萧县是一个富庶之地，是汴水交通要道、商品转输之地，又土肥水足，农作物种类可以南北兼有。据《徐州简史》记载，徐州地区少见水稻，而萧县盛产嶂山（今丁里镇）米，色泽白，品质好，成为贡品。小麦和豆类生产更为突出，苏轼对此大加称赞：“地宜菽麦，一熟而饱数岁。”（《苏轼集·卷五十二·徐州上皇帝书》）当地拥有适宜小麦、豆类生产的土地和生产技术，一年丰收，

① 范文澜．论中国封建社会长期延续的原因．北京：大众书店，1950.

居然可供数年食用。萧县物产主要有：黍、稷、菽、麦（含大麦）、豆、稻等。

牲畜是古代最主要的生产工具，在耕作、运输方面其功效远胜于人力。牲畜主要有牛、马、驴、骡等，萧县水草丰盛，人民养殖技术和经验丰富，牛、马繁殖量较高，当地民谚有“十马九驹，十牛九犊”之说，“言宜畜牧也”（《古今风谣》）。萧县农民多用牛车，“诸乡纳粟秆草，牛车阗塞道路，车尾相衔，数千万量（辆）不绝”（《东京梦华录·卷一·外诸司》）。

经济作物主要有桑、麻，林果有梨、桃、杏、李、樱桃、黄柿、山楂等。

畜牧业、渔业。畜牧业尤以马、驴、骡、羊等占绝对优势，特别是养羊的历史悠久，小白山羊品质好、量大，是一般农户家庭经济收入的一个组成部分。另外，养狗、鸡、鸭、鹅甚多。渔业方面，萧县位于汴水河畔，县内水资源充足，以捕捞业为主。

发达的手工业。由于萧县有优越的自然地理环境、较好的农业基础、优良的市场导向、传统的生产经验和技术，其手工业得到空前的发展。

煤炭开采业。1077 年，苏轼到徐州任知州。在他赴任不久，连降暴雨，黄河在澶州（今河南省濮阳市）决口。灾后粮食歉收，薪柴奇缺。苏轼亲率人马到萧县视察民情兼寻薪柴。经过一年的勘察，在萧县白土镇发现可燃的煤炭，随之组织开采，为萧县带来很大的经济社会效益。

陶瓷业。《辞源》释：“白土寨——又名白土镇，现属安徽萧县，以产白土而得名，隋朝时因寿州窑缺乏胎土原料，作坊迁移至此，烧造白瓷。”萧县陶瓷业是古代传统萧窑的延续和发展。萧县白土镇是一处有规模、有独特工艺的重要陶瓷业基地，陶瓷业相当发达，所产陶瓷以白瓷为特色。① 白器窑户总首邹师孟，兖州人，技艺高强，掌握有30多口窑，窑匠几百人。

白土镇已有陶瓷及新兴的煤炭开采两大产业，使当时萧县经济非常繁荣，商税也逐年增加。

宋神宗熙宁十年（1077年），徐州商税务增加到9处②，各商税务及其税额如下：

彭　城：1 620贯793文	利国监：6 144贯800文
丰　县：1 667贯000文	沛　县：6 488贯693文
滕　县：7 328贯780文	萧　县：2 823贯912文
卞塘镇：3 239贯504文	留城镇：215贯618文
白土镇：1 271贯173文	

其他产业如金属制造业、纺织印染业、酿酒业、制矾业、造纸业、建筑业、造船业、漆器业等，依靠传统的技术力量，在当时社会政治经济条件的作用下，也取得了较突出的发展。

繁荣的商业及物资流通。北宋时期的萧县，物资流通有

① 参见洪迈《夷坚志·三志己卷四·萧县陶匠》。
② 程民生．宋代徐州述略．中国古都研究，2001，8（17）：146.

商业性的和非商业性的。非商业性的主要是官方因政治、军事环境和地位决定调配的。官方调配物资主要有粮食、油料、牲畜肉、匹帛。白土镇煤炭由州府调配，但地方可以得到一部分税收分成。

商业的兴衰是农业、手工业兴衰的晴雨表，农业的发展、手工业的发达带来萧县市场的繁荣。最大市场是白土镇的白瓷市场，产品行销国内外，后又有了煤炭开采，白土镇的市场更为繁荣，生意兴旺，形成地区性商业中心。其次是北城集的市场，因古为萧国，加之政治、人脉、地理环境的因素，各类农资丰富，购销两旺，市场活跃，成为经济发达的另一个中心。各乡村也有“商贾所聚”。据《宋会要辑稿·食货十五》之五记载：宋仁宗嘉祐年间徐州共设 7 处商税务，其中萧县有 2 处，收税额（1077 年）除利国监外，排居第三位。

思想的革新与科举教育

北宋时期，新儒学“宋学”形成[①]，萧地也掀起浓厚的“儒学”风。

孔子的弟子颛孙子张（公元前 503—？），陈国人，十岁拜孔子习礼，居于鲁，深受孔子器重。公元前 484 年 19 岁的子张与闵子骞、子贡等诸贤跟从孔子经芒砀山过萧县，又经闵子骞鞭打芦花车牛返处，顺古道翻山，行至象山南坡，子张为这里的青山密林所吸引，在此小憩片刻，留下美好印象，继而随孔子东行登游天门（寺）山。

① 陈振．宋史．上海：上海人民出版社，2003: 385.

孔子周游列国

公元前 479 年四月，孔子卒，子张移居陈国，陈国被楚国灭后，他想起象山的秀美、当地民风的淳朴，便毅然于公元前 477 年举家迁至萧县，居于象山之阳的密林中。子张来萧，一面收徒传播儒学，一面整理孔子遗存的资料，研究孔学，全面总结、继承和发展儒学思想，历时八年，著作百卷，为孔子儒学思想体系的研究做出巨大贡献，受到萧人的敬重。在他的宣传、影响下，萧县人注重德行修养，“尊孔”“敬贤”“崇善”，具有良好风尚。

北宋统治者为了统治需要，确立了“兴文教”“以文化成天下”“以文治国”的国策。传说宋真宗写有一首《劝学诗》：“富家不用买良田，书中自有千钟粟。安居不用架高堂，书中自有黄金屋。出门莫恨无人随，书中车马多如簇。娶妻莫恨无良媒，书中自有颜如玉。男儿欲遂平生志，六经勤向窗前读。”这首诗竭力宣扬读书学文的名利好处，读书逐渐成为社会风尚，这对萧地人们的思想行为产生了悠远的影响。

宋代学校类型繁多，教育兴旺发达，有官立学校，有私立学校，还有特有的教育机构——书院。社会风气不仅重视学校的教育，而且重视家庭和社会的教育。人们重视知识，尊重读书人。政府推行科举考试，大力选拔人才充实各级政府机构。萧县当时不仅有县学，而且配备有县学官，教育影响之大，为周边地区所不及。晁端中的《萧县移文宣王庙记》[1]中有这样一句话："自皇祐逮今，登进士第才数人"。皇祐是宋仁宗的年号，皇祐元年为公元 1049 年。按这句话的意思，从皇祐元年到撰写《萧县移文宣王庙记》，在四十多年的时间里，萧县就出了数位进士，这说明，北宋前期萧县的教育是很发达的。

社会民俗和民间信仰

北宋早期的宗教是用歪曲虚幻的形式反映客观事物，把人们引向虚无缥缈的世界，消弭人们的反抗意志，化解人们的对立情绪，这在一定程度上起到了社会调控的作用。北宋王朝实行儒、佛、道并存的政策，北宋中叶，高僧释契嵩不仅将佛教不杀生、不偷盗、不邪淫、不饮酒、不妄语的五戒，与儒学的仁、义、礼、智、信相配，还提出修行五戒即是孝道，将儒学思想融入佛学。佛教的盛行，对萧县也产生了深远的影响，萧县的佛教以禅宗和净土宗最为普遍，建有多处佛寺禅院。

民间信仰的多功能性是民间信仰动机与行为目的的显著特点。[2] 历朝历代百姓是天灾人祸的主要受害者，一旦遭受灾

---

① 收入明正统《彭城志》.
② 乌丙安. 中国民间信仰. 上海：上海人民出版社，1996: 7.

祸，而人力无法消灾弭祸以保障自身利益时，人们就会把希望寄托在供奉的各路鬼神身上，祈求神灵帮助，希望通过对它们的祭祀获得神异力量，以达到赐福禳灾、祛病降吉的目的。

天神。人们在生活中遇到重大灾难时，常常家族多代排队下跪祈祷天神消灾降福。如家中有病人病至膏肓，四处求医无用，族中长者这时就会令家族成员下跪敬天，由族中长者端上半碗清水，请求上苍赐给神药，然后给病人喝下，期盼起死回生。其实没有丝毫作用，世上何来天神？！

水神。水是人们生产、生活中不可缺少的重要因素，天上久不降雨，禾苗枯死，人畜饮用缺水，百姓这时就会结伙“求雨”，于是形成了一种求水神的信仰。熙宁十年（1077年）京东提刑使李清臣曾“成功求雨”，并作诗寄苏轼，苏轼和诗曰：“半年不雨坐龙慵，共怨天公不怨龙。今来一雨聊自赎，龙神社鬼各言功。”求水神得雨只是一种巧合，在当时是一种民间信仰，而世上根本不存在水神。

俗人神。民间信仰中的人物崇拜是一种信仰习俗。如萧县建造供奉的孔庙、将军庙、禹王庙、闵子祠、四贤堂祠院等，都说明萧地人民对先贤和历代名臣的崇拜祭祀，实质上也反映出萧地人民对现实世界美好幸福生活的真实追求。又如，有不满周岁的小孩子在夜里好哭，家中的人就会在红纸条上写：“天皇皇，地皇皇，我家有个夜啼郎，行路君子念一遍，一觉睡到大天亮”，然后村里、村外、墙上、树上贴得到处都是，给行路人念。他们认为，念的人多，小孩就不会哭了！这反映了当时人们的一种迷信思想。

对农民起义实行高压政策

古代农民起义就是农民阶级发动武装暴动，反抗当时的社会秩序。大多数农民起义，是由于统治阶层的剥削压迫，农民的生活无法获得保障、生存受到威胁而引起的，统治阶层称起义的农民为“盗贼”，“盗贼”或为农民武装斗争的代名词。[①]

宋代中期以前，虽然没有发生大规模的农民战争，但阶级矛盾仍然尖锐复杂，政府则以重法惩治“盗贼”。权知开封府包拯提出：“京东素是出强贼处，不可不即时诛灭，若令结成群党，藏伏山林，则为害不细”（《包拯集校注·卷一·再请差京东安抚》），“应有盗贼，不以多少远近，并须捕捉净尽”，并建议仁宗要“重行朝典”（《包拯集校注·卷一·请速除京东盗贼》）。

由于统治阶层的高压政策，加之萧县的经济繁荣，农民生活相对稳定，尽管萧县属于包拯所言的“京东”区域，但农民武装起义并没有形成大的气候。

① 弓守奇. 北宋京东路经略研究. 兰州：西北师范大学，2013: 35.

第二节　萧城一迁的原因、位置及时间

从古至今，有关萧城的第一次变迁多有存疑，本书经多方考证，提出以下观点。

迁移的原因

政治环境稳定的因素。北宋中期前的较长阶段消除了战乱，社会相对稳定。王安石变法开始后，青苗法、水利法、税赋法等的颁布，调动了劳动者的生产积极性，为萧县经济社会的发展创造了有利环境。

经济实力增强的因素。由于劳动工具得到不断改进，兴修水利，耕地面积增加，加上风调雨顺，连年丰收，农业的发展，促进了萧县手工业的发展，各业兴旺发达，特别是白土镇的白瓷，行销四方。1077 年，白土镇商税务的年度税收额为 1 271 贯 173 文，萧县商税务的年度税收额为 2 823 贯 912 文，而与萧县平级的彭城的年度税收额仅为 1 620 贯 793 文。[①] 可见白瓷为县政创造了大量财富。农业、手工业的发展又带动了商业、物流快速增长。萧县凭借优越的地理位置，已成为区

① 程民生. 宋代徐州述略. 中国古都研究，2001，8（17）: 146.

域的贸易中心，无论是从贸易品种数量上，还是从管理制度完备上，都是周边县域无法比拟的。萧县的贸易出现前所未有的繁荣盛况，萧县的经济实力不断增强。

古城功能蜕变的因素。萧国古城已有1 700多年的历史，由于古代建筑材料质量低劣，建筑工艺落后，漫长岁月的消蚀使城市功能逐年弱化；无数次的战乱破坏，使古城遍体鳞伤，残破不堪；更为致命的是水患，北宋京东路黄河水患就有27次之多，高发期在夏秋两季，水灾造成人口死亡，家园毁坏。[①]

社会发展、人口增加的因素。这也是一个重要因素。

北宋前期的萧县社会稳定，县政实力增强，城市人口逐年增加，古城功能日趋退化，已不能适应经济社会发展，另辟新址构筑新城是必然的。

迁移的位置

据明正统《彭城志·古迹》记载："萧子国古城在北半里，周九里三十步，门四：东曰安仁，西曰达义，南之名不传，北曰冀冀。古汴通舟楫，东南绕城有隍，而北无隍，自宋以前县治在城之内，至宋则水灾，其城仍筑南城以从治焉。"根据以上记载，新建的萧城（南城）在古萧国城南半里（约250米），依然位于汴水河北岸。南城周长四里，规模比旧城缩小一半之多，新城北门对应旧城南门。古城东、西、北三门都有名字，而南门的名字没有流传下来。新城南北二城城门均不设名称。

① 弓守奇. 北宋京东路经略研究. 兰州：西北师范大学，2013: 43.

南城、古城紧密融合，似为一城，从这里可以验证：（1）南城、古萧国城都在北城集；（2）南北二城虽然相距仅半里，但毕竟治所发生了变迁，应当称之为“一迁”；（3）南城的构筑、治所的迁址均在熙宁十年（1077 年）洪水之前。

人们不禁要问，古萧国城因水患迁址，新城仅往南迁移 250 米，临汴河，新城的选址不会被淹吗？隋大业初年，隋朝大运河的重要一段——通济渠开通，由洛阳经今开封市、杞县、睢县、宁陵县、商丘市、夏邑县、永城市，再向东南，穿过安徽宿州埇桥、灵璧、泗县以及江苏的泗洪县，于盱眙县注入淮水。上游黄河来水，东流至永城后，不再沿汴河河道经萧县到徐州、汇入泗水、再入淮水，对城市的威胁降低。汴河以黄河水为源，河水含沙量高，极易导致淤塞，严重时 1 立方河水就含 36 公斤沙[①]。至北宋皇祐三年（1051 年），因河涸舟不通，汴河仅春开秋闭，“终岁漕运，止得半载”（《续资治

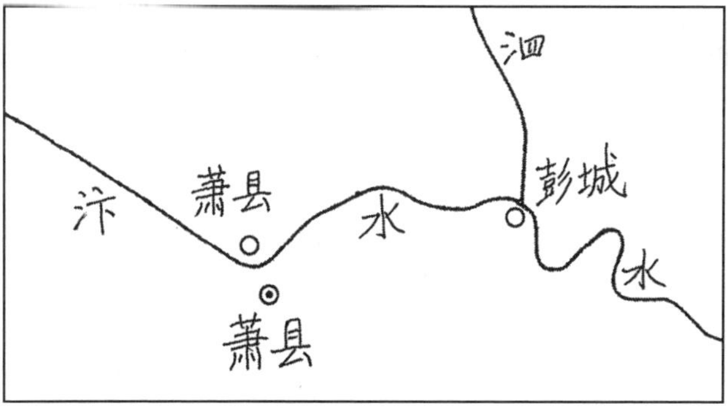

西汉末年汴水示意图
注：○古地名，⊙今地名

① 井红波，杨钰侠．唐宋汴河的变迁及其对生态环境的影响．河南科技大学学报（社会科学版），2012，3（28）．

通鉴长编》）。虽年年疏浚，河道仍不免年年增高，此时的汴河河底皆高出堤外平地一丈，成为悬河。如无客水，仅汴河之水对萧城已构不成威胁。再者，越靠近汴河河岸，河滩地势越高，因而新建萧城时决定迁址向南，靠近汴河。

昔日的获水即现在的岱河河道，原获水北流入汴，黄河夺汴后，此处支流消失或变道，岱河取代获水后向南流。

迁移的时间

明正统《彭城志》卷三记载："萧县县治在城东隅，宋以前在旧城，即古萧国，至宋没于水徙今地，嘉祐年间，县令梅逸于治东建清心亭。"以上记载已清楚阐明，萧县治所在萧城东头，梅逸在治所东面建清心亭。据《清心亭记》所载，嘉祐六年（1061 年），知县梅逸先后多次去请"唐宋八大家"之一的曾巩为清心亭作记，但曾巩因故都未作，直到次年（1062 年）曾巩才有暇为清心亭作记，落款为"十一月五日，南丰曾巩记"。以上说明，萧城治所第一次迁址的时间是在嘉祐六年即 1061 年以前。

熙宁十年（1077 年）七月，"河决澶州（今河南省濮阳市）曹村，南溢于徐州城"（清康熙《徐州志》）。洪水平地三米，汪洋千余里，淹没官衙民房，老弱病残被洪流冲走溺死，身体强壮者攀树登高逃命，不久许多人也因缺粮而饿死。距州府数十里的萧县未能幸免，灾害严重，古老的萧国城因洪水冲击浸泡，坍塌严重，人员伤亡无数，幸免者迁徙半里入南城。如果说萧县治所 1061 年以前迁址，那么至 1077 年所有人便都迁移至南城。晁端中在《萧县移文宣王庙记》中述："然官民居庐皆聚于故垒之南，而其北独佛宇神祠、乔木数处而已。宣圣庙犹在西北无人之地，众不乐居，虽存犹废也。”（明正统《彭城志》）根据这段记载可知，宋代萧城此次迁移后，官衙民居都已经搬迁到新城，老城也就是古萧国城（北城集）只剩下孔庙、祠堂和一些树木，已经很少有人到此。

第三节 萧城一次变迁记忆

文化名人颂萧县

萧县这块丰腴的文化沃土，不仅诞生了众多的文化名人，也吸引许多外地诗人来萧。北宋萧城从第一次迁移至第二次迁移的 30 多年间，一批才子或在萧为宦，或来此地访友，或讴歌山川名胜，或发思古之幽情，为后人留下了数量可观的名篇佳作，让人读后犹如身临其境，既亲切感人，又回味无穷。虽然时过千年，这些宝贵的文化遗产至今仍在传诵，也为今天的萧县增添了绚丽的光彩。

嘉祐六年（1061 年），“唐宋八大家”之一的曾巩撰《清心亭记》，文中阐明了为官要清心防邪，修德其身，才可治理国家的道理。

宋神宗熙宁四年（1071 年），“苏门六学士”之一、北宋著名文学家、书法家黄庭坚撰写《送陈萧县》，书怀他与萧县知县陈某的情谊，颂扬陈知县为萧县人民谋福利的事迹功德。

元丰元年（1078 年）十二月，大文豪苏东坡作《石炭歌》记述了白土镇发现煤矿时“根苗一发浩无际，万人鼓舞千人看”的欢欣场景。

元丰三年（1080 年）正月，苏东坡作《陈季常所蓄朱陈村嫁娶图二首》诗，传诵度很高。诗中对朱陈村归属萧县而非他县的注解，为世人解惑，给萧县正名。

绍圣二年（1095 年），“苏门六学士”之一的晁补之撰写《拱翠堂记》[①]，记述了萧县圣泉寺拱翠堂落成的盛况。文章融叙事、写景、议论于一体，运用避实就虚或移花接木 之术，将山泉美景描写得生动活现，犹如身临其境。

绍圣三年（1096 年），“苏门六学士”之一的陈师道撰《汳水新渠记》[②]，记述了萧县人民以坚强的毅力，开挖新渠，疏流减溺，抗拒洪水灾害的事迹，讴歌了萧县人民重建家园的豪迈气概。

绍圣五年（1098 年），沈邱县知县晁端中撰写《萧县移文宣王庙记》（又名《萧县儒学碑记》[③]），描述了萧地灾后新筑孔庙，兴建学堂，掀起“儒学热”的史实。

…………

文人的不朽诗文，铸就了萧县这座历史文化名城；体味风韵作品，定能领略萧县古代文化意境。

曾巩《清心亭记》[④]

明正统《彭城志》记载：嘉祐年间，县令梅逸在一迁后治所东建造清心亭，嘉祐六年（1061 年）先后三次请南丰曾巩为其作记，直到次年（1062 年）十一月，曾巩才为清心亭作

①②③ 全文收录在清嘉庆《萧县志・卷十五・艺文一》。
④ 引自曾巩《元丰类稿・卷十八》（四库全书）。

记。他阐明，要想修身治家齐国平天下，既要心神专一清净圣明，更要去除杂念摒弃乖谬不端。千年过后，曾巩的《清心亭记》为我们留下珍贵的历史文化遗产。今天，《清心亭记》巨幅书法作品就悬挂在县委常委会议室墙上，供后人学习鉴赏。

原文：

嘉祐六年，尚书虞部员外郎梅君，为徐之萧县，改作其治所之东亭，以为燕息之所，而名之曰清心之亭。是岁秋冬，来请记于京师，属余有亡妹殇女之悲，不果为。明年春，又来请，属余有悼亡之悲，又不果为，而其请犹不止。至冬乃为之记曰：

夫人之所以神明其德，与天地同其变化者，夫岂远哉？生于心而已矣。若夫极天下之知，以穷天下之理，于夫性之在我者，能尽之，命之在彼者，能安之，则万物之自外至者，安能累我哉？此君子之所以虚其心也，万物不能累我矣。而应乎万物，与民同其吉凶者，亦未尝废也。于是有法诫之设，邪僻之防，此君子之所以斋其心也。虚其心者，极乎精微，所以入神也。斋其心者，由乎中庸，所以致用也。然则君子之欲修其身，治其国家天下者，可知矣。

今梅君之为是亭，曰不敢以为游观之美，盖所以推本为治之意，而且将清心于此，其所存者，亦可谓能知其要矣。乃为之记，而道予之所闻者焉。

十一月五日，南丰曾巩记

释文：

嘉祐六年，尚书虞部员外郎梅君担任徐州府萧县令，改建他的治所的东亭，把它作为休憩的地方，并命名为清心亭。这一年秋冬之交，他到京师来请求我给清心亭作记，我推脱有亡妹殇女的悲恸，不能够作记。第二年春，又来请求我作记，（我）继续推脱有悼亡的悲恸，又不能作记。但他的请求犹且不止。到了冬季于是作了记，记曰：

人使他的德行圣明，随天地共同变化的方法，岂能远远地在我们之外呢？都是从（我们自己的）内心产生罢了。用尽天下的智慧，来穷究天下的道理，对于命运在我的，我能尽享它，命运在他方的，我能安然顺应它，那么自外界而来的纷乱万物，怎能拘累牵缚我呢？这就是德高神明的君子使他们的内心虚静，使万千纷乱外物不能够拘累自己的方法啊！但是顺应万千外物，与民同吉凶（共命运）的事，也不曾废止过。于是有了法令戒律（法诫：《周礼》设法诫，类似于法令戒律）的设立和对品行不端乖缪的防范，这是君子祛除杂念摒弃不端的方法啊。使其心虚静清明的，能穷究内心的微妙，所以能入心神，虚静凝寂而无物无累；摒弃杂念的，沿着从内心根本出发追本溯源融会贯通，所以能够经世致用。这样，君子想修身齐国治天下的，就可以知道了（既要心神专一清静圣明，更要祛除杂念摒弃乖缪不端）。

现在梅君建造这个亭子，说：不希望把它当做游玩观赏的美景，大约就有用来寻究本心以图治世间太平之用的心意，并且将要在此清净身心。亭的存在，也可以说能让人了解它的要义了，于是我为它写了记，并阐述了我的见解。

嘉祐七年十一月五日，江西南丰县曾巩记

曾巩（1019—1083年），字子固，汉族，建昌军南丰（今江西省南丰县）人，后居临川，北宋散文家、史学家、政治家。

出身儒学世家，祖父曾致尧、父亲曾易占皆为北宋名臣。嘉祐二年（1057年），进士及第，任太平州司法参军，以明习律令、量刑适当而闻名。熙宁二年（1069年），任《宋英宗实录》检讨，不久被外放越州通判。熙宁五年（1072年）后，历任齐州、襄州、洪州、福州、明州、亳州、沧州等知州。元丰四年（1081年），以史学才能被委任史官修撰，管勾编修院，判太常寺兼礼仪事。元丰五年（1082年），卒于江宁府（今江苏南京），追谥为“文定”。

曾巩为政廉洁奉公，勤于政事，关心民生疾苦，与曾肇、曾布、曾纡、曾纮、曾协、曾敦并称“南丰七曾”。其文“古雅、平正、冲和”，唐宋八大家之一，世称“南丰先生”。

白土山发现“黑金”矿

清嘉庆《萧县志》载：“白土山在县东南五十里（以山北旧城而言），下有镇，有桥，并以白土名。白土山南二里产石炭。”

白土镇是隋代兴起的重要陶瓷生产基地，北宋元丰元年（1078 年），白土窑匠工在挖掘火泥（陶土）时无意中发现大量黑色的煤炭，经火点能燃，火焰特旺，且耐烧。这一喜讯传开，徐州知州苏东坡于元丰元年十二月带人马赶到白土镇考察，果真发现可燃的煤源，遂写下《石炭歌》，记述其“万人鼓舞千人看”的盛况。

白土山石炭歌

宋·苏轼

彭城旧无石炭，元丰元年十二月，始遣人访获于城之西南白土镇之北。以冶铁，犀利胜常云。

君不见，前年雨雪行人断。城中居民风裂骭。
湿薪半束抱衾裯，日暮敲门无处换。
岂料山中有遗宝，磊落如磐万车炭。
流膏迸髓无人知，阵阵腥风自吹散。
根苗一发浩无际，万人鼓舞千人看。
投泥泼水愈光明，烁石流金见精悍。
南山栗林渐可息，北山顽矿何劳锻？
为君铸作百炼刀，要斩长鲸为万段。

（清嘉庆《萧县志·艺文三》）

萧县白土镇发现和开采煤矿，带来了冶炼革命。以煤炭炼铁，提高了铁炉温度，加速了冶炼过程，产量增加，质量提高，一举改变了千百年以来以木炭为燃料的传统冶炼工艺。冶炼革命，加速了兵器制造的革新，增强了军队的战斗力；加速了农具等器物制造的革新，提高了生产效率，促进了生产力发展；以煤炭作燃料，节约了大量木材，保护了生态环境。萧县白土镇煤炭的开采，为都、府、县创造了财富，带来了重大经济社会效益。州府专门在白土镇设置商税务[①]，管理煤炭的税收。

千年古刹圣泉寺

千百年来，圣泉水的可贵对萧县人来说，几乎无人不知、无人不晓。人们出入县城途经这里，总要喝上一口圣泉水，甘甜、消暑、解渴。“圣泉寺的水——喝一梆子”就是一句广为流传的民谚。古往今来，周边的村民常提着陶罐专门来取圣泉水，回去给家中的病人煎药。据说，同样的药，用圣泉水熬，药汤清，成色好，疗效更好。如今圣泉水更是“抢手货”。

清晨，天色刚亮，成群的老人，用一根竹制的扁担，挑着两桶泉水，悠悠地接踵下山，一来健身，二来满足泡茶饮水之需。傍晚，不同年龄段的人，左右手各拎一个装满泉水的塑料桶，热热闹闹、兴高采烈地回家做饭。特别是盛夏，顽皮的孩子挤坐在泉边，人手一个汽水瓶，灌满瓶后，两人一碰，仰

① 程民生．宋代徐州述略．中国古都研究，2001，8（17）：146.

头一气就干，再接第二瓶……

圣泉寺，又名龙泉禅院，位于距安徽省萧县龙城 1.5 千米凤凰山北麓，是一座建筑风格独特的千年古刹，为萧县八景之一。因圣泉寺坐落在凤凰山脉阴处（指北面），左侧林莽森森，山半腰有洞，昔人夜过这里，往往闻读书声出至林嶂间，朗朗可听，由此而成古萧八景之一：贤洞书声。山右侧，有石凳三仙台，可为广坐，昔有入山者，闻棋声丁丁，不知其处，循声迹之，见二人坐石头上，落子方酣，一人袖手作局外观。近即之，遂不复见，由此而成另一古萧八景：仙台棋势。圣泉寺周边峰峦奇伟，林麓静幽，引来凤鸟阵阵，山前泉水潺湲，飞溅一块巨石之下，这就是圣泉，石头上镌“菩萨泉”三字，也不知是哪位文人题写的。

圣泉寺始建于北宋年间，才富五车的乡贤窦沔喜爱此处的山色风光，筑庐数间，长邀文人骚客雅聚。群贤至此，或诗，或文，或书，或画，或棋，或作诗对答，饮酒曲水流觞。窦沔曾隐居于此。窦沔卒后，其子窦明远继承遗志，捐家财，兴土木，在山间建起雕梁画栋、石墙黛瓦的一片院落，四周有层峦、修竹、松柏相拥拱卫，取名为拱翠堂。“苏门六君子”之一的陈师道有诗记之：

千年茅竹蔽幽奇，一日堂成四海知。
便有文公来作记，尚须吾辈与题诗。
至人但有经行处，宝盖仍存朽老枝。
能事向来非促迫，经年安得便嫌迟。

北宋灭亡，江山易主。金明昌三年（1192 年）拱翠堂改名为龙泉禅寺，始为佛教寺院。明初，改称为圣泉寺，后寺庙倾塌。明嘉靖十九年（1540 年），知县孙重光又于泉旁建“虚谷堂”，1558 年毁于大风。明隆庆二年（1568 年），满聪和尚化缘重修。清朝后期，开始败落，古殿宇大部坍塌，仅存遗址。

20 世纪后期，恢复圣泉寺为佛教活动场所。出生在萧县的美籍华人、美国青年佛教协会副会长乐渡法师，中国天台山慈恩寺主持智渡法师多次出资塑三尊金身佛像，并新建山门。2006 年，达妙和尚受宗教组织派遣，来圣泉寺任常住。近几年，在当地政府及各界人士的帮助下，新建了天王殿、龙王殿、放生池和两层楼的东西厢房，改建念佛堂，修复三圣殿。在寺和尚已有多人，朝拜者络绎不绝，香火不断。

神奇的《枯木竹石图》

《枯木竹石图》又称《木石图》，作者苏东坡，作画时间是在北宋元丰元年（1078 年），地点在萧县圣泉寺。近千年后，这幅画再现且有着神秘的故事。

1078 年，时负盛名的徐州知州苏轼来萧县圣泉寺与众文人欢聚一堂，借酒酣面热之时，欣然挥笔画了一幅《枯木竹石图》。

后来，苏轼将这幅画作为礼物送给了他的友人，这位友人邀请著名画家兼书法大师、与苏轼同为“宋代四大书法名家”的米芾为其题跋。这幅画作在明朝时裱成手卷，整幅手卷上另有 41 枚鉴藏印，分别来自南宋、元、明的收藏家。这幅画在清代没有出现文献记载。

《枯木竹石图》

据媒体报道，这幅《枯木竹石图》的流传颇为神秘。约在1937年，这件作品被日本人以超过万金的价格购藏，后证实进入阿部房次郎籁馆，但80多年来，再没有任何实物图片资料出现。

2018年11月26日晚，在香港"不凡——宋代美学一千年"拍卖会上，苏轼的绘画作品《枯木竹石图》最终以4.636亿港元（约合4.117亿元人民币）落槌，创下中国古代绘画作品拍卖纪录。

时过上千年，在此之前，苏轼的真迹流传仅有两件，一件是《潇湘竹石图》（藏于中国美术馆），另一件是《苏轼枯木竹石·文同墨竹合卷》（藏于上海博物馆），但此两幅画作的真赝仍存争议。而这幅《枯木竹石图》上还有书法名家米芾的题跋，使得这幅画显得格外珍贵。美哉！传奇《枯木竹石图》，壮哉！神秘的圣泉寺。

萧县剪纸

萧县剪纸[①]是祖辈遗存下来的精美而厚重的民间艺术。剪纸大都出自农村妇女之手。古时人们为了表达心中的向往与期盼，为美化生活、环境，增添祥和、喜庆、欢乐的气氛而创造了这种艺术形式。它满足了人们的精神需求，也体现了较高的艺术价值。

萧县剪纸的渊源可以上溯到春秋战国时期。萧县出土的春秋礼器、生活器皿以及汉代墓葬中的画像石上的装饰纹样、花鸟鱼虫、人物故事等刻绘，是萧县剪纸的先声。至唐代，树皮纸传入民间，由于婚丧嫁娶、室内装点与拜佛祈福器物等需求，剪纸在萧地民间很快传开。经宋朝、元朝，萧县剪纸已日臻成熟。

萧县剪纸既注重线条的质感与均衡，又注重色调的淳厚与协调，把线面结合与点色、染色、填色等传统技法推向炉火纯青的水平。萧县剪纸无论是题材、技法还是效果，都有自己的风格和鲜明特色。萧县剪纸内容丰富，婚嫁喜事类的有围花、角花；辟邪的有钟馗、葫芦；祝寿的有五福捧寿；贺喜的有麒麟同寿、鲤鱼跃龙门、福娃等；年节喜庆的有“年年有余”“五谷丰登”等。动物、民间传说、历史故事、英雄豪杰，均可被剪纸艺人用手中的剪刀生动地表现出来。

由于人民生活习惯和审美观念的改变，以及外来艺术的冲击等多种原因，目前萧县剪纸艺术日趋衰微。古时作品、纹样、资料大量流失、损毁，只在农村妇女中以老传幼、母传

① 刘光，陈曙光. 文旅大观宿州. 合肥：安徽人民版社，2017: 88-89.

女、邻里互学的形式和口传心授方式传承下来。目前县里已经采取抢救措施加以扶植、保护与传承。

当代剪纸艺人刘淑华是永堌镇北泉村人，其祖辈均为剪纸艺人，自幼跟母亲学剪纸与刺绣，10 岁那年，她的剪纸作品《嫦娥奔月》在市级书画展上获奖，从此刘淑华与剪纸结下了不解之缘。代表作有《福娃》《黛玉葬花》《昭君出塞》等。2008 年，萧县剪纸被列入第二批省级非物质文化遗产保护名录。2018 年，刘淑华被评为省级非遗项目代表传承人。

萧县民间剪纸艺术家刘淑华

第三章　北宋萧城第二次变迁

《同治徐州府志》记载：『黄河在县北，即汴河之故道也。』黄河，是我们的母亲河！母亲河曾馈赠给萧地人一方沃土，她磨砺了萧地人的斗争意志，她用充盈的乳汁哺育了一代又一代萧县儿女。母亲河也给萧县带来过沉重灾难。据统计，仅北宋时期黄河水患就有27次之多。每当黄河水泛滥，其惨厉的吼叫，即是萧地人一次又一次逃难的悲歌！

北宋绍圣三年（1096年）洪水再发，萧地人不得不告别故地，挥泪进行第二次迁徙，又一次筑起新的城池。

第一节　多灾多难的母亲河

汴河在萧县北部，古时名汳（biàn）渠，它自河南荥阳东北接黄河，流经开封南、商丘北、萧县北到徐州北入泗水。黄河是汴河引水的源头，历史上汴河经历了一个由盛转衰、废而复通、最终废弃的过程。汴河变迁的原因，包括自然与人为两方面，根本原因是黄河泥沙长期淤积，以及战乱时以水代兵，无人治理，加剧了淤塞的速度。从黄河引水的汴河，阻遏了黄河南泛，改变了萧县地貌，其淤泥可用于肥田改土，但黄河泛滥也曾给萧县带来沉重灾难。

黄河泛滥，深重灾难

黄河因泥沙淤积而水患频仍，其支流汴河也不可避免发生水患。灾害发生后伴随的是人员死亡、饥荒、流亡等问题，加之兵匪贪官肆虐，天灾人祸造成民不聊生，饥寒交迫的百姓拖儿带女，背井离乡，四处乞讨，寻求生路。有多少人贫病交加，死于风雨飘摇的途中……“奔走苦不暖”“路有冻死骨”成为萧县人民水灾之后悲惨命运的真实写照。

汴河断流使萧县北部失去优势

秦时的萧县漕运红火，昼夜不停，川流不息的货船为萧县创造了数不清的财富。隋代汴河改道，至唐朝后期，“安史之乱”使唐朝国力渐衰，统治者无暇修治汴河，致使某些河段泥沙淤积严重，八年不能通航。“东至郑（州）、汴（开封），达于徐（州）方，……人烟断绝，千里萧条。”（《旧唐书·郭子仪传》）唐穆宗长庆四年（824 年），白居易途经汴河时，因感慨眼前的凋敝萧条而赋诗曰：“汴河无景思，秋日又凄凄。地薄桑麻瘦，村贫屋舍低。早苗多间草，浊水半和泥。最是萧条处，茅城驿向西。”

北宋建隆二年（961 年）对汴河又加疏浚，并以郑州以西索、须等水加强水源。经此综合治理，汴河又成为漕运的主干道之一，与当时的金水河、惠敏河、五河合称漕运四渠。此后，北宋朝廷规定三至五年一浚，但因“汴水浑浊，易至填淤”，北宋中期汴河已淤积严重，漕运大受影响，虽年年疏浚，汴河仍不免淤高。沈括《梦溪笔谈》卷二十五记载：熙宁年间，汴河底皆高出堤外平地一丈二尺余。汴河已成悬河，原来依托汴河兴起的城市渐渐衰落，萧县北半部也由此失去发展的优势。

逐渐衰落，沦为贫困

黄河决口会导致土地沙化和盐碱化。因汴河河堤阻隔，黄河的每次决口还使汴河以北萧地大片原来肥沃的砂礓黑土变成潮土土壤，近河处较沙，远河处较黏，形成了“有雨则涝，无雨则旱”的状况。此外，河流改道后留下的枯河床和自然堤上的沙质沉积物，经长期风力作用，形成了许多断续沙丘，由此吞噬了大片农田、房屋，破坏了城市，使交通道路变成了荒地。因排水不畅引起的盐碱化给农民带来很大危害。据《萧县水利志》载：至 20 世纪 60 年代，萧县盐碱地 638 385.19 亩，占全县耕地面积的 35.17%。大风刮起，漫天雪花般的盐碱覆盖了大片农田，给后来的改造增加了很大的难度。

汴河的变化一定程度上打乱了天然河流的排水系统与规律，破坏了正常的水系。萧县北部平原一些小的支流被汴水所截，丧失了排水出路。由于汴河河底逐渐高出两岸，河岸支流不能排水，汴河两岸河堤潴积成许多陂塘，侵害农田，每逢雨季常常酿成涝灾，使土壤渐趋碱化，以致萧县北部沦为贫困地区，陷入困境，难以重振昔日雄风。

第二节　开挖支渠筑新城

汴河淤塞阻滞，黄河无休止的泛滥，一次又一次给萧县人民带来沉重的灾难。北宋绍圣三年（1096年），县官张惇率民众开挖汴河支渠，导滞援溺，规避水患，构筑新城，萧县人民跨过汴河第二次向南迁徙。

兴修支渠，导滞援溺

郦道元《水经注》中介绍：萧邑古为附庸国，城小住人少，又居于河边，每到涨水的时候，住在南城的居民都要迁移出去避水患，城内外的房屋都淹没了，这种情况每隔几年就发生一次，是当地民众的心病。

《行水金鉴·河防杂说》记载："砀、萧河南北两岸河身宽不过六七十丈，虽然新筑缕堤，然自河底垫高，束水至急，若不予上流稍留宣泄之地，则一逢异涨，势必淹城。"萧县南城位于汴水北岸近似半圆弧内，千百年的黄水泥沙在这个转弯处越积越多，河底越来越高，南城边的汴河成了阻挡黄河水的一大屏障，每当黄河泛滥，汴河南城处阻滞，黄河水必然溢出汴河两岸，北溢的洪流泥沙淹没南城，水退之后，泥沙将南城道路堵塞，民舍封堵；黄河水溢出南岸，使凤山北部一带汪洋一片。黄河屡泛，给汴河两岸人民的生产生活带来极大灾难。

绍圣三年（1096年），县官张惇组织民众在南城汴河南岸开挖新渠，新渠从南城西南至南城东南，等于外套一条半圆弧形的支渠。如果黄水泛滥，可引水避开汴河中的阻塞，从西绕道向东再入汴河东流，以此疏通滞水的障碍，免除了百姓溺水受灾的苦难。广大民众积极参与这个工程，“富者出财，壮者出力，日劝旬劳，既月而成”，工程仅一个月即告完成。陈师道曾作有《汳水新渠记》记此事：

自汉末河入于汳，灌注兖、豫，永平中，导汳自荥阳，别而东北，至千乘入于海，而河复于是，故渎在新渠之南。《注》所谓绝河而受索，自此始。隋开皇中，因汉之旧导河入汳。大业初，合河、索为通济渠，别而东南，入于淮，而故道竭。今始东都，受退水为臭河，于畿为白沟，于宋为长沙，于单为石梁，于徐为汳，而入于南清，南清故泗也。盖自王都而东，畿、宋、亳、宿、单、济之间，千里四来，而故道浅狭，春夏不胜舟，秋水大至，亦不能受也。萧故附庸之国，城小不足居民，又列肆于河外，每水至，南里之民皆徙避之，庐舍没焉。率数岁一逢，民以为病。绍圣三年，县令朝奉郎张惇始自河西，因故作新支为大渠，合于东河，以导滞而援溺。于是，富者出财，壮者出力，日劝旬劳，既月而成。邑人相与语曰：“渠议旧矣，更数令不决，而卒成于吾侯，孰有惠而不报者乎？”于是，不谋而同，欲纪于石，以属余。余谓张侯其居善守，行峻而言直，以成其名；其任善义，不畏不侮，以登于治。其可纪者多矣，而诸父兄独有见于此，何也？夫善为治者，人知其善而已，至其所善，盖莫得而言也。渠之兴作有迹，其效在今，此邑人之所欲书也。遂为之书。[①]

二迁的地理位置与城池

萧城的第二次变迁，在明嘉靖《徐州志》卷一、清嘉庆《萧县志》、清乾隆《徐州府志》中均有文字记载。

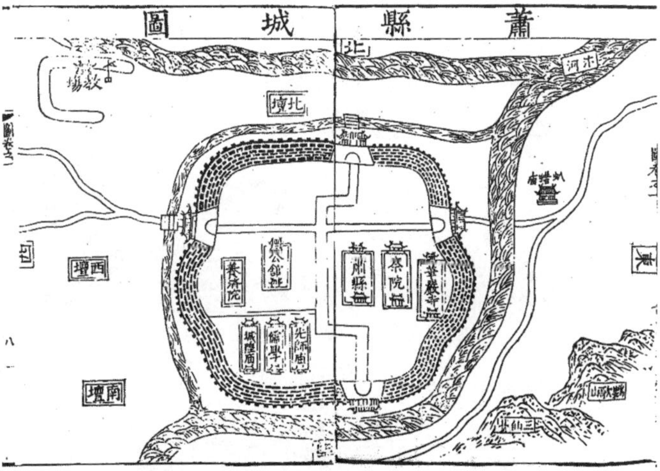

萧县城图（明嘉靖《徐州志》）

二迁后的城池环境优美，新城北部为汴河，东西南三面又为汴河支渠环绕。萧县南对山（即现在的凤山），世谓之萧

① 引自陈师道《后山集·卷十二》（四库全书本）。

城南山，其峰峦奇伟、林壑静幽、高耸朝阳、时来凤鸟。南山又有八景：仙台棋势、贤洞书声、汴河晓渡、眢井春耕、龙潭皎月、凤岭卿云、天枣奇芳、神钟怪迹，二迁后的萧城傍山依水，美不胜收。

此时的萧县位于“州城[①]正西，其东西广九十里，南北袤百五十里，东抵本州界二十里，西抵砀山县界七十里，南抵凤阳府宿州界同，北抵沛县界八十里，东南二百里界凤阳府灵璧县，西南百五十里界河南永城县，东北百四十里界沛县，西北百四十里界丰县同”（清顺治《徐州志·疆域》卷一）。

二迁后萧城的位置在三台山（三仙台）以北、盛村以西（即现在岱湖南半部）。城北部有北坛（祭祀处），城西北远处有教场（练兵场），城西部有西坛，城西南有南坛，城东北越过汴河有虮蜡庙。

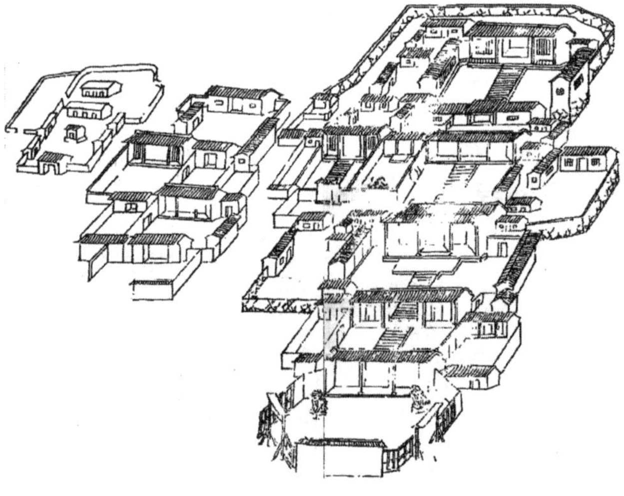

萧县县署图（清嘉庆《萧县志》）

① 州城指徐州城。

此时的萧城城池周长约五里，周围筑有坚固高大的城墙，城墙设东、西、南、北四座带有高门楼的大门。城池内建有东西向、南北向两条主道，多条次道。其中南北城门之间的主道成“(”形，东西城门之间的主道似“←”形，两条主道交叉成“↢”形，像是一把上弦的弓箭指向西方。城池内，县治所位于城中央偏东位置，东边相邻为察院、华严寺（庙），城中西部是公馆，东邻为养济院，西南部有先师庙、县学、城隍庙。

萧城历经朝代更迭，受风削雨蚀，但尚属坚固。据可查史料记载，多任知县都对萧城进行了修复，使城门、城楼逐渐完整，城市功能日趋完备。明正德十一年（1516年），知县王隆修整萧城，“增筑甃石，周四里许，城外浚濠，更为四门”。这次大规模修城的过程在《王侯重修萧城碑记》中有详细记载：“既筑而高之，乃甃石于表。宏则下之以翼坚也，锐则垒之以成高也。灰之，涂之，借属于石，惟多益善，罔或靳也。乃用砖于末，以为雉堞，翼然栉比；乃为四门，砌以石，包以铁，周城为池，深半城，阔视深。其高则三丈，其厚则二丈，其周则五里有奇。”从记载看，王隆此次修城，在城墙外以山上开采的石料加以包砌，城墙上方以砖砌垛口，增强了防御能力。近年岱湖城建工地曾挖出一块嘉靖时期的萧县修城记石碑，说明正德之后的嘉靖年间萧城还在继续修筑或者维修。

明代后期，萧城遭受水灾的破坏非常严重。从嘉靖二十七年（1548年）至万历五年（1577年）的近30年间，志书记载的大水灾就有18次之多。据明万历《徐州志》记载：“历隆庆，每年水浸城渐就倾，至万历二年水更大涨，城南隅为巨窟而大溃，知县宋炜于时塞决口，俟水涸复大加修葺而益崇之，遂言言可恃焉。”大水灾使民生日益困苦，财力匮乏，更进一步削弱了明代萧城抵御洪水的能力，加剧了萧县人民的贫困。

萧城二迁故址的佐证

1930 年，王公玙为萧县县长，他为消除岱湖水患疏浚岱河，当时曾在凤山北麓三仙台（北）山脚下的河底深处，挖出旧萧城的城墙遗迹，证实了县城曾湮没于地下。而在岱湖未开发前的庄稼地里，每逢秋季，仍可见一个清晰的早熟圈，这就是萧城二迁的旧址。

2018 年 5 月，在人工岱湖东南部分的施工现场，曾挖出一块刻有《重建城隍庙铭》的残碑，石碑立于癸巳年，落款是“知直隶徐州萧县事横州闭悌撰文”。明代闭悌任萧县知县的癸巳年，即明成化九年（1473 年）；明初萧县城隍庙位于县城的西南角，也就是在这个位置，出土了重建城隍庙的石碑。

2018 年下半年，人工岱湖开挖进展到湖心位置，距离现地面约 4 米的湖底，可以看到暴露出的明代黑色渣土层，里面遍布各类器皿的陶片瓷片、残砖断瓦、房屋的石头基础、结成硬块的草木灰、小树桩、禽兽骨头、贝壳等各类遗物。

以上足以说明人工岱湖南部就叠压在明代萧城的城址之上。

第三节　萧城二次变迁记忆

文庙

文庙即孔庙，或称圣庙、学宫，俗称黉学，是封建时代祭祀孔子的地方，又是全县的最高学府。在科举时代，文庙是秀才深造的学府和全县教育事业的核心。

文庙位于民治街，坐北朝南，建筑古朴壮观。据考证，大成殿始建于北宋绍圣元年（1094 年），殿址在北城集萧国古城南半里萧城（又称南城）。北宋绍圣三年（1096 年）萧城因水患南迁（今岱湖南部区域），曾经出任光泽主簿的萧县乡绅窦沔，请于县令孙文，愿意出资迁建，绍圣五年（1098 年）三月破土动工至七月完工。儒学建成后，窦沔遣侄子窦敦礼请晁端中作记。儒学后因水灾频繁、元末战乱、岁月销蚀，屡修屡毁。曾于元代至元十四年（1277 年）、大德年间（1297—1307 年），明洪武二十九年（1396 年）、永乐十六年（1418 年）数次扩建重修。正德年间（1506—1521 年）又迁徙建于城西南。万历五年（1577 年）萧城被洪水淹没，迁城于凤山之南（龙城），儒学随之迁徙，先建于县衙东（老东门附近）。万历四十六年（1618 年）又迁至县衙以西，即今天的孔庙。[①]

清顺治《萧县志》对其建筑布局作了如下描述："中为先师庙，东西两厢。前为庙门，门外东为名宦西为乡贤二祠。前为泮池，跨以石桥，又前为棂星门，门之前为屏墙，棂星门西为儒学大门，由大门直北，东向为仪门。先师庙后为明伦堂，堂东为崇德斋，西为广业斋，东北为启圣祠，堂西北为敬一箴亭。"清雍正、乾隆年间相继修葺。文庙正门石坊上书"太和元气"四字（现石坊犹存，四字俱在）。两侧设署，东设教育署，西设训导署，前为教育领导机构，后为管教秀才之所。石坊前有棂星门，新中国成立前已被破坏，而今幸存者唯大成殿，其仍保持着我国古代木质结构、大屋顶、宫殿式建筑艺术的特点，不失古朴雄伟的气势。又考：大成殿原名"宣圣殿"，北宋崇宁三年（1104年），徽宗赐名"大成殿"，取孔子为大成至圣先师之意。此后，各郡县皆改称之。大成殿五大间，高15米，长20米，宽10米，殿基200平方米。东西廊厅各5间，二道门9间，崇圣祠3间。后院"明伦堂"在"文化大革命"期间被拆除，如今面貌已非。新中国成立后，县人民政府两次拨款维修，已基本上恢复了原貌，1980年公布为县级文物保护单位。2003年安徽省人民政府公布为省级重点文物保护单位。现为萧县博物馆馆址。

嶂山白贡米

北宋中后期，徐州虽然很少种稻，但萧县产嶂山米，品

① 引自儒学沿革与石刻。

质甚好[①]，名满徐淮，被作为贡品送往都城开封。

嶂山米好源于水好。据《四库全书·江南通志》卷六十二河渠志之徐州府记载："白米堰（又称岱西堰）在萧县东南三十里（今丁里镇嶂山村）。"清乾隆《徐州府志》又载：在县东南五十里（今庄里乡）有白米山，白米山下有白米泉，白米泉北部龙驹嘴六里有双龙泉，白米山东为獐鹿山，有雾潴泉、五眼泉。白米泉与周边诸泉地下为一水系，泉源涌沸，源源不断的泉水流向西北，经都仁、仁智（白土镇境内）、里仁三乡流入岱西堰。嶂山乡民用白米山的泉水引以灌溉稻田，清乾隆《徐州府志》记："可十五六顷[②]得以灌溉得米。"用泉水浇灌收获的稻米极白，有"嶂山米"之美名。

嶂山米品质好，得益于乡民的深耕细作，又得益于日照时间长，宋末戴侗《六书故》中载："稻性宜水，南方自六月种至九月获，北方地寒，十月乃获"，所以嶂山米为贡品。

萧地童谣三首[③]

（一）

小八八，你在家里看家罢！我向家后黄郎家，黄郎的媳妇走娘家，大长烟袋花荷包；木底小鞋插梅花；元宝簪，向后张；银耳挖子一杆枪。

---

① 王健. 徐州简史. 北京：商务印书馆，2015: 73.

② 古时 1 顷为 100 亩。

③ 萧籍人吴纬武整理了一组童谣（六首），于 1922 年刊登于上海《少年杂志》。［王智科，欧阳磊. 萧国故事杂记（萧县文苑史资料丛刊）. 2012: 295. ］

（二）

小针花，插梅花，亲家婆，来到家，搬箇（个）板凳你坐下；我向家后逮鸡杀。那鸡说：“白日犯蛋咯咯嗒，您怎不杀那箇（个）鸭？”那鸭说：“俺的脖子长，您怎不杀那箇（个）羊？”那羊说：“四条腿往前走，您怎不杀那箇（个）狗？”那狗说：“夜来咬人喉咙哑，您怎不杀那箇（个）马？”那马说：“备齐鞍子向前游，您怎不杀那箇（个）牛？”那牛说：“白昼耕地夜淘（倒）沫，您怎不杀那个驴？”那驴说：“早晨给您推套磨，响午给您溥套麸（指拉磨），您怎不杀那箇（个）猪？”那猪说：“吃您的菜，吞您的糠，拏过刀来见阎王。”

（三）

（甲）大姐大姐等着我！

（乙）不得闲！

（甲）做什么？

（乙）烙馍擀汤都是我。

（整理者注：该童谣由儿童在月光下做游戏时对唱。其玩法为：由六七个儿童围成一圆圈，分别选择两人做甲、乙，乙围圆圈而跑，甲则在乙后面紧跑追赶，彼此问答相唱。若甲抓着乙，便另觅一人充当乙；甲则以疲乏为止。）

萧县渔鼓道情

国家非物质文化遗产——渔鼓道情，是萧县古老的曲种。因以渔鼓为主要乐器，故名“渔鼓道情”。它于明代渔鼓

渔鼓道情

起源，清代风靡盛行，近代弘扬传承。

清道光五年（1825年），艺人被邀到县衙内宅，演唱寒腔渔鼓；萧县艺人薛本信在寒腔渔鼓的基础上，吸收当地曲种及民歌小调，创造出一种婉转优美的新腔，并使之成为一个独立的新曲种，这就是萧县渔鼓。经典曲目有《翻车段》《丝绒记》等，主要在皖北、豫东地区流行。新中国成立后，萧县渔鼓更名为萧县花腔渔鼓，后又定名为萧县渔鼓道情，其曲目内容贴近生活、贴近民众，具有浓郁的地方特色和很高的艺术价值，深受百姓喜爱。

芝麻李二举旗造反

元朝末年，统治者荒淫无道，政府黑暗，官僚极端腐败，残酷压迫人民；由于天灾人祸，民怨沸腾，纷纷组织义军（红巾军），奋起反元。在当地有首民谣："巍巍夹山寨，义军老营盘，为救生民者，奋起反过元。"

芝麻李二（原名失传），原邳县人，迁居永堌。家颇富，为人善，家存有一仓芝麻，均分给饥民，人尊称他芝麻李二。元至正十一年（1351年），芝麻李二和彭大、赵均用三人在关帝庙结拜，歃血盟誓，聚众十余万人起义，举旗反元。芝麻李二为元帅，彭、赵为副帅，率军攻破徐州，收复八县，更换县官。芝麻李二此举，震撼了元朝宫廷。次年，元顺帝请丞相脱脱率军二十万，攻破徐州，义军大败。

芝麻李二化装成和尚出走，后削发为僧。据《嘉庆·萧县志》记载：天下已定，李二游徐之永堌湖，留连亭畔，云：

忆昔曾为海上豪，胭脂马上赤连刀。
此日斩首陈总管，彼时斫断莫军曹。
因知今日由天定，方信当年漫白劳。
英雄每每无常在，战袍着尽又方袍。

李二题罢，投笔三叹。此时。有一翁以舟舣岸，见李二发叹，问其故。李二泣下曰："我萧县李二也，起兵时，自谓天下可得。今乃匿迹淄流，暂免锋镝，为可悲耳。"翁亦流涕，自言湘乡贼邓文元也，避难隐名，作渡于此。二人沽酒共酌，唏嘘不已。

郑恕率民捐躯护城

洪武三十一年（1398 年），明太祖朱元璋去世，其嫡长孙朱允炆即位为帝，改年号为建文，史称建文帝。为了加强中央集权，建文帝推行"削藩令"，受到削藩令威胁的燕王朱棣（建文帝的叔父）大为恼怒，以除"奸臣"、为国"靖难"为名起兵谋反，谋取帝位。

建文元年（1399 年）七月，燕王朱棣四处征伐，北方大部分土地被攻克，他声言要"清君侧"，向南京进发。建文四年（1402年）三月，燕军途经萧县，知县郑恕闻听燕王已到，忙整衣出城，跪倒在朱棣面前，洒泪苦谏："如今惠帝有旨，太祖初殁，政事不稳，禁止诸王去京奔丧闹事，沿途知县各守职位，不得擅自放关让行，燕王还是请回吧。"燕王大怒，郑恕见势不妙，立刻回头关闭城门，然后动员城内兵民奋力守城。

燕王见郑恕不服，命燕将王聪率大批将士强攻县城，郑恕率乡兵据城坚守，经过三天三夜的激战，守城乡兵伤亡惨重，血流满城，在强大的燕兵面前，最终萧城被破，郑恕被俘。郑恕被俘后宁死不屈，当年八月十七日被凌迟处死，终年五十六岁。郑恕妻彭氏、妾夏氏和两个女儿亦一同赴死。郑恕的传世遗篇《率萧县民城守谕》，文辞慷慨激昂，气势磅礴，令人感叹。

率萧县民城守谕

郑恕

天下事有非我臣民所可知者，气运也；有为我臣民所不可知者，职分也。天无二日，民无二主。建文皇帝，圣祖神孙，嗣位守文数年，深仁厚泽，磅礴中外。于今杀运未除，燕兵南指，昭阳出狩，未知驻跸之所，此正我民不惮征缮以待之时也。北兵四出，徐已见告矣，凡我士民，食土已久，束手待毙，毋乃不可乎？今愿与士民约：萧虽小邑，尚有城堞可守，城内粟米可支数月。区区欲与尔辈编什伍，张旗帜，鸣金鼓，效死自誓，以为不悖不叛之臣。料尔众庶不我弃也！祇惟以不敌为患耳。昔睢阳一邑，渔阳鼙鼓动天地，百计不能攻，至于旷日持久，俾唐室得预为备，收复两京，至今称功以睢阳为首。是故功不难创建，患无其志；有其志矣，患无其地；有其地矣，患无其人；有其人矣，何患而不为朝廷立一功？吾志决矣，尔民从我者为良，不从我者为叛，分在今日，明辰不为左袒者，为我驱而出之。军命如君命，无贷。

郑恕殉难后，萧县人民敬仰他的节操，将他安葬在三仙台东南白茅山之阳，敬称“郑公墓”。清代嘉庆十六年（1811年），知县潘镕为郑公墓建墓门，上题“丹心碧血”，两边书对联“不负君恩惟守土，克全臣节在捐躯”。每逢重阳节，在任知县都会带领县里士子百姓扫墓祭祀，相沿成习。明代以后，郑公墓成为萧县著名的古迹，也成为忠臣文士的象征，许多文人学士也在此留下了脍炙人口的诗篇。

1937年年初拍摄的郑公墓

第四章　明代后期萧城第三次变迁

北宋绍圣三年（1096年），萧城从汴水以北的南城（即北城集）迁徙至三仙台以北、盛村以西。光阴似箭，历史的脚步又走过481年，进入明万历五年（1577年），是年夏天，黄河在砀山崔家道口溃决，滔天的黄河水卷着泥沙吞噬了萧城，很快这座经营近500年的美丽城池被淹没，呈现了一幕『人或为鱼鳖』的惨景。黄土是母亲，家园是父亲，人们失去土地，失去家园，也失去了爹娘！挽歌悲壮，感天动地，悲歌吟罢，是新生活的开始。守望者总是抱着希望，希望之火不息，又总会创造出新的辉煌。幸存的人们翻越凤山，在凤山山麓以南（今贾巷）落脚，又开始筑起自己的家园——萧城（又称龙城）。

明末以来，萧城数次遭外力冲击，经受军阀混战、外敌入侵的灾难。直到1949年10月1日，毛泽东主席在天安门城楼上宣布：『中华人民共和国成立了！』血迹斑斑、遍体鳞伤的萧城才真正获得了新生。

第一节　萧城迁徙又建

万历五年萧城被淹

据《宿县地区志》记载：万历五年（1577年）夏，黄河于砀山崔家道口决口，滔滔洪水翻卷着泥沙向东南奔驰，夺取汴水后吞噬萧城，冲溃城墙，公廨民房沉于水底，萧城又一次毁于黄河水患。由于萧城淹没水下，大量泥沙淤积其上，造成地面逐渐抬高，天长日久萧城便成了“地下城”。

萧城被水淹后，凡未来得及逃亡者悉被淹死，幸存者扶老携幼，逃亡聚居在三台山高埠处，风餐露宿，野居度日，啼饥号寒，惨不忍睹。洪灾发生后，时任萧县知县伍维翰带领县衙官兵抢险在前，他昼夜不眠，四处奔走，安置百姓，赈济难民，指挥幸存的民众把物资转移到附近的三台山上。伍知县两个不满十八岁的儿子伍昊、伍旻（孪生兄弟）一次次抢救灾民于洪水之中，终因疲惫不堪，体力耗尽，不幸溺死。

凤山以南选新址

《行水金鉴》记载：“是年（万历五年）大水，城崩，知县伍维藩（翰）[1] 申请上疏，发帑迁新治于三台山之阳。”即伍维翰上书皇帝，在三台山之阳（即凤山以南）重建新城，获御批，且下拨帑金万两。萧城前两次迁移都未能彻底规避河溃而大水淹城的风险，百姓一次又一次遭受水灾，而这次把新址选在三台山之阳后，才有“河声奔吼远在数十里外，获免吞噬陷垫之忧”之感受。

新选址的萧城三面环山，东南方向是河流和湖泊，“萧城如环”“城池山环四报”（明崇祯《重修东岳庙记》），《江南通志》记载：萧处众山之中，号为深阻[2]，“南与湖水相通”（清嘉庆《萧县志》）。据以上史志记载，新选址的萧城位于山坡高地，依山傍水，风景秀丽，堪称“风水宝地”。

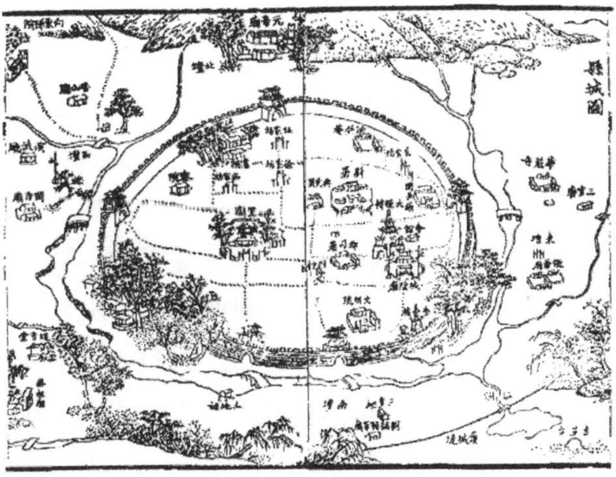

萧城图（清嘉庆《萧县志》）

① 《行水金鉴》中为“藩”，但《同治徐州府志》等地方志皆为“翰”，本书取“翰”。
② 深阻：路途偏远险阻。

萧城背靠白茅山、鹦哥山、香山，三座山并居县治所之后，宛若天然屏障。白茅山之前有一块面积较大的石台，称为三仙台，三仙台往南一里处有泉水山，再往南为丈山，往西不远处有帽山，往南为石牛山。由鹦哥山往东为簸箕山、萧关山、龟山。县东数里为栲栳山，东北部大多为烂石，山小，只有蒙山较大，蒙山与里仁山相连，与徐州楚王山（又称霸王山）相接，楚王山与大彭山南北相映。由香山向西为岱山，西南为明山，再向南十余里为升高山，升高山的东面为丁公山，再往西为罗里山。

城东南方向为太湖（今龙湖），远处是龟山西北的姬村湖，龟山东南为浮绥湖，浮绥湖向南为永堌湖，永堌湖往南为梧桐湖，梧桐湖以西为时村湖，时村湖向西南为土兴湖。“诸湖联络而浮沃潆洞[①]，颇称居薮[②]焉。”数湖相连成泽，湖水荡漾，水草丰茂，水产丰富。

萧县治所后二里为西彩凤山，东二里为龙山，西南二里为虎山。萧城真是龙盘虎踞，彩凤飞翔。城池东南，环绕半边的龙湖碧波荡漾，鸟语蒲香，是一块透着原始生态美的地方。

《大清一统志》载：“萧县城周四里，濠深七尺，南通湖水（龙湖），万历五年筑。”所迁新城用拳石砌筑城墙，环一周约四里，筑四门，曰：朝阳、望岁、向明、拱极，均建有城楼。新筑的“萧城如环”，规模更小，正如清代诗人陈泰庸所述：“山角倚孤城，冈峦面面迎。肩蔬成小市，拳石碍微

① 潆：水流环绕回旋的样子。洞：（水）深而阔。
② 薮：生长着很多草的湖泊。

行。”“城堞二三里，居民数百家。沙河连岁涸，茅屋枕溪斜。”万历十八年（1590 年），知县康炜组织民众在城墙外开挖护城河，城北山多石乱，难以开凿，便形成三面环水的护城河，水深处有七尺，并在东、西、南三处架桥。在护城河东南处开挖河道，与太湖相连，这样便可在旱时补足水位，在雨水丰沛的时节促进城中雨水排出，减轻内涝。

萧县在凤山山麓以南建造城池，规模颇为精致和齐整。衙署在城中心，中间为正堂，东西为吏舍，前面为箴石亭，亭前面是仪门，仪门外左边为预备仓，右边为囹圄，又左边为土地祠、寅宾馆，又右边为仓狱总铺，前面是大门，大门前为屏壁，左建有申明亭，右建有旌善亭，屏壁后为知县的住宅，左为县丞宅，县丞宅南为典史宅，典史宅南为东房科吏舍，右边为主簿宅，主簿宅南为西房科吏舍，衙署前面建造谯楼[①]，衙署的东部建造庙学，在东南隅建城隍庙。城内井然有序，城市功能一一具备。这就是萧城的第三次迁址。

萧城三迁始于万历五年（1577 年）秋天，因忙于赈济灾民，安置百姓，直到第二年才开始建造衙署，当年建造之碑原文如下：“大明万历六年二月初二兴工建造。知县伍维翰，县丞郑聘，主簿赵永福，典史张文林。宅基长三十五丈七，宽二十一丈一尺二寸五分，共占地二十四亩四分三厘七毫五丝。”衙署历时 7 个月建成，并在块石上镌刻“萧国”二字，款署万历六年（1578 年）九月，嵌于县衙门南影壁上。

① 谯楼：古代城门上建造的用以瞭望的楼。

萧城几度风雨

“流寇”践踏后的萧城。崇祯九年（1636 年）正月二十一日，一大批“流寇”突然攻击萧城，将城池团团围住。当时署理知县杨镃因为之前调理河工已经离开萧县，临时代理知县的教谕鲁汝亨带领百姓据城墙坚守。为防“流寇”攻破城门，百姓用砖石木桩把萧城四门全部堵死。由于萧城城墙残破，城堞不全，再加上城内士卒疲弱，经过两天多的顽强抵抗之后，众贼于正月二十三日凌晨从县城西北角破城，大队人马蜂拥而入。由于之前已经将四门封死，城内百姓无法逃出城去，“流寇”入城后杀人放火，官衙、民舍大部分被烧毁，逃不出城的官员、绅士、百姓几尽被害，《萧县志》之旧志对此的记载是：“乡民男女被难者以数千计。”据万历年间统计，萧县总人口共 66 651 人，萧城人口为 8 300 多人，这次死亡人数在一半以上。在死难者中，致仕在家（或解甲归田）的萧籍官员 16 人，秀才 51 人。另外，在被害者当中，几乎囊括了萧县当时比较有成就的文人、学者、书画家、收藏家，这次践踏杀戮，使萧县的文脉几乎断绝。据任亚龙《上怀宗皇帝疏》，此时的萧城“白日踪疏，深夜鬼泣”。至顺治四年（1647 年），萧城总人口还不足百户，“城门昼闭，樵汲外杳，不见有人踪”，一派萧条景象。

明末的萧城。明末的几年间，农民起义一浪高过一浪，李自成部先后两次攻破萧城，县城遭破坏惨重。崇祯十四年（1641 年），萧县农民程继孔、程继梦两兄弟高举义旗，在萧城、徐州一带起义，辗转两三年，多次攻破萧城，城中居民皆离故乡。随着明王朝的灭亡，萧城已是断壁残垣，瓦砾横堆，成为满目疮痍的废城。

清朝时期的萧城。1644 年，清王朝初定天下，中国历史进入最后一个封建王朝，国势又趋强盛。顺治五年（1648 年），知县祖永勋“招集百姓，修整废坠，补城筑隍，易东门曰龙城，西门曰杼秋，南门曰永固，括古制也，北门曰三台，从山名也”。康熙四年（1665 年），知县沈大观征集大量民役，采城外山石，大兴土木，翻修城墙，于原来颓垣断壁之上，重亘基址，周围砌以丈石，石缝间用石灰衅之，坚固异常，同时内覆女墙，外修城隍，城墙坚厚，并更四门，东门曰龙城，南门曰向离，北门曰锁钥，西门曰凤彩。此次扩建后，萧城已很坚固，往后的修复大都是在此基础上进行的。康熙五十年（1711 年），知县徐大生在城西南庙学处（今博物馆址）开小南门，名叫“大成门”，这样出入庙学更为便利。嘉庆十年（1805 年），知县王嵊上奏皇帝批准，领帑重修县城，修葺后新城东门曰龙昌，西门曰凤彩，南门曰向离，北门曰锁钥，城周 1 600 步，石墙垛口 863 个。嘉庆十四年（1809 年）冬，知县潘镕捐资 1 680 余两，又建县治大堂三间，东西吏舍十八间，大堂东承发室三间，大堂西外库房三间，左首民壮房三间，快班房三间，仪门三间，大门三间，照壁一座，旧石镌有“萧国”二字，宅门三间，二堂三间，西大库房三间，西小库房三间，东首门房三间，二堂东库房两间，东耳房三间，正房五间，厢房三间，大门内外围墙二道及新造客厅三间，厅右旁又造书房二间，在县署宅门内又建“瑞雪堂”客厅。咸丰六年（1856 年），因“墙身倾颓，矮堞坍塌，门楼瓦片脱落，檩柱朽坏，门圈蜇裂”，知县杨蕴绪劝谕各绅士富商捐钱24 500余串，修复县城。咸丰八年（1858年），知县赖以平又将西北面城垣砌高，并将三面城壕挑深，以备寇警。光绪年间知县黄载复又征集大量民役，完成在城墙夹壁中填土之浩大工程。[①]

民国前期的萧城。民国初年，萧城城围长三里，除东、西、南、北四门外，另有大成门，俗称小南门，是为孔庙而专辟的城门。每一个城门，上有楼房，俗称城门楼子，三面开窗，向城外开门，绿瓦飞檐，颇为壮观。县城城墙为石砌，高两丈余，宽一丈多，女墙高六七尺，女墙上有墙垛，垛中有孔，是为了观察和射击之用。除环城门楼外，还有碉堡数处，俗称炮楼，是城门楼守护部队的驻扎之处。1930年，县长侯绍龙的《萧县社会调查》在《江苏》杂志上公布，当年全县土地面积约有5 500方里，荒地面积约有1 850方里；人口89 663户，483 383口；全年财赋缴收总额计255 879元。据《萧县志》记载：“1933年，萧县城城垣狭小，商业不振，人口一万多。1935年，萧县县城居民千家，商业衰落，街道不洁。抗日战争之前，县城分两个镇，大同街以北为北城镇，辖13保，1 300多户，居民5 000余人；大同街以南为南城镇，辖18保，1 700多户，居民6 000多人，大多居住于城镇四周。1938年，萧城有居民住房4 000余间，建筑面积76 000平方米，县属机关公房665间，段书云、范乐田二家公馆及张大山、王乔、殷鹤岭、纵司循、陈宝山五家大院，有房屋200多

① 黄世华．古萧城邑探赜．萧县文献，2013，12（1）：38.

间，占地面积 30 多亩；尚有黉学（孔庙）、城隍庙、魁星楼、山西会馆等 100 多间。”

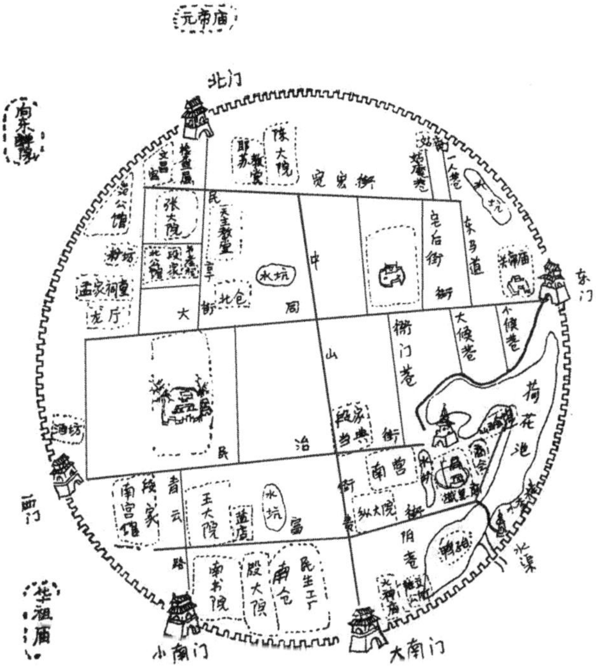

清末民初时期（1938 年前）萧城图[①]

被日寇炮火摧毁的萧城。1938 年 5 月 16 日，日军为报复台儿庄战役惨败，企图消灭周边的中国军队，在飞机、大炮和坦克的掩护下猛攻萧城。17 日，日寇占领制高点，将萧城炸成一片火海，防守工事几乎全部被摧毁。18 日，天刚破晓，日军以密集的炮火攻城，用坦克把北城门东侧的城墙打开缺

① 刘兵．萧县城建志．内部资料，1986.

口，攻入城内，见人就杀，连无辜百姓也不放过。萧城内血肉横飞，尸体遍地。日寇为报复萧城军民的抵抗，还在城东南牛眠村、房庄村制造大屠杀惨案，两村惨遭屠杀的无辜百姓达3 000多人！著名学者丁弘教授曾亲眼目睹了日寇的暴行，十几年后，他在给萧县领导的信中写道："那一次，留在城中的人，全部被杀光了，萧县城是彻底毁灭了……"

沐浴曙光的萧城。抗日战争胜利、新中国成立后，萧城百废待兴，直属机关只得在废墟上用石块、茅草建造简易窝棚，将就办公，而百姓也只能因陋就简，陆续搭建一些草屋茅庵，借以遮风挡雨。当时城区面积约1平方千米，城内有四纵四横八条街道，且都是用块石铺筑路面，给人以原始、荒凉、沧桑之感。但"雄鸡一唱天下白"，萧城迎来东方晨曦，终于获得新生。

第二节 明代后期的萧县社会经济状况

明末政治腐败，土地兼并严重，社会矛盾日益激化，封建剥削极其苛重，加之自然灾害频发，农民起义此起彼伏，整个萧县动荡不安。

政局跌宕起伏

土地兼并催生了政治腐败。明代后期，皇帝、王公、勋戚等封建贵族及宦官利用政治特权，以投献、请乞、夺买等手段，大量夺占农民的土地，随着土地私有制的发展，土地日益资本化，土地兼并加剧。萧县的地主豪强勾结官府，利用高利贷的方式侵占农民土地，并运用各种手段和关系逃避赋税。随着土地兼并的加剧，萧县大批自耕农破产成了流民，自耕农的数量越来越少。当时社会黑暗，贪污腐败现象严重，局势已失去控制。高官带头，上行下效，各级官吏多贪多占。随着商品经济的发展，上层社会更为奢侈，助长了地方上的奢靡之风，此风又使地方官员贪污成瘾，更加剧了封建社会后期的阶级矛盾。

行政区划设置

明万历年间，萧县隶属徐州，徐州属于南直隶，管辖丰县、沛县、萧县、砀山四县。[①]据明万历《徐州志》卷二载，萧县县衙设七品知县一员，八品县丞一员，九品主簿一员，典史一员，教谕一员，训导一员。

当时萧县有7个乡3个镇。7个乡分别是：乐善乡，在县城北；里仁乡，在县城东南；孝义乡，在县城西北；红亭乡，在县城西南；人寿乡，在县城西南；都仁乡，在县城东南；仁智乡，在县城东南。3个镇分别是：安民镇，在县西四十里；永固镇，在县东南四十里；永宁镇，在县西四十里。萧县店集有10个：暑兰店，在东南一百二十五里；梁郭店，在西北十里；朱珊店，在县西十五里；张山店，在东南一百四十里；孟城店，在县南三十五里；曲星店，在县西二十里；中明亭集，在西北六十里；赵家圈集，在县西五十里；姬家庄集，在西北七十里；锦川桥集，在西南六十里。（明万历《徐州志》卷一）全县共有5 689户，人口66 651人。（明万历《徐州志》卷三）

农民起义频发

万历五年（1577年），萧县遭受特大洪水灾害，上演了一幕“人或为鱼鳖”的悲剧。紧接着连续三年旱灾，贫苦农民在残酷的封建剥削下，经常吃草根、啃树皮，甚至吃白土和土粉，到处是饥荒和死亡。万历十五年（1587年），被统治者

① 胡梦飞. 明清时期徐州地区民间信仰的历史考察. 南昌师范学院学报，2014（3）: 97.

称为“饥民”“叛民”“山贼”“流寇”的破产农民，不断掀起聚众抗官的斗争。程继孔，字肖予，萧县梧桐村人，为人豪爽，素来喜欢结交四方豪士，又练有一身好功夫，当时在萧县东南一带颇有影响。崇祯八年（1635 年），他联络王道善、张方造等人率众攻破萧县县城，接着又焚掠徐州北关，一时间方圆数百里行人不通，人心惶惶，给徐州一带造成极大震动，指挥蔡应瑞、守备贾之禄也被程继孔所杀，接着永城人朱世安、燕青至萧地，自称“反天王”，和程继孔互为响应，造舟置筏（当时梧桐一带有梧桐、土型等几个大湖，易守难攻），因当时烽烟四起，州县官兵也拿他们无可奈何。崇祯九年（1636 年），李自成部袁时中率军攻破萧城，城中房舍再遭摧残。次年，该军再破萧城，县城遭受战争破坏更为惨重。崇祯十四年（1641 年），程继孔及其弟程继梦（字晓禹，外号小银鼠）在夹山寨（又称夹山套）举起义旗，聚众十万有余，数次攻陷萧县县城和徐州。崇祯十六年（1643 年）一月，程家两兄弟与袁时中合谋欲攻北京，意在推翻腐败的明王朝，建立新国家。起义军行至徐州，程继梦被外部策反的部下行刺身亡，程继孔继任义军首领，止步北上。是年，明督军马士英两次率军十余万人收复徐州、围攻夹山寨未果。据史载：崇祯十七年（1644 年）十一月二十二日，明军血战永堌镇夹山寨，生擒程继孔，于彭城杀之，其部下也全部被灭。

曲折发展的社会经济

农业。明代后期，农耕工具品种较前更多，农民在耕耘、选种、灌溉、施肥、园艺等方面积累了丰富的经验，技术水平有了新提高。

萧县主要农作物有稻、麦、稷、粱、菽、桑、麻和棉花等，从外引进的新农作物番薯、烟草等也有普遍种植。萧地棉花种植量大，产量高，促进了纺织业发展。

手工业。随着社会生产力的提高，手工业脱离农业独立发展的趋势更加明显。萧地农民中不少人专门从事桑、麻的种植，以供应丝织手工业的需要。染坊也兴盛起来，染坊专业染布，在萧县北部从业人员较多，产品销往大江南北。有的农民以织布为业，有的以弹花为业，有的以轧花为业，有的以染布为业，其他各业也有分工细化的趋势。另外，造纸业、矿冶业也有新的发展。

商品市场扩大。萧地的棉花、纸张、铁器、瓷器以及各种手工艺品，大部分成为在市场上广泛流通的商品，有的甚至销往少数民族地区及国外，有力地推进了自然经济向商品经济发展，逐步突破了封建地方性所造成的封闭状态。商品市场的扩大，货币经济的发展，亦促进了“雇工”“帮工”现象的出现。特别是商业资本投向手工业，以及劳动力成为商品，已经为资本主义萌芽的形成创造了温床。

集市贸易。所谓集市，沟通城市与乡村或乡村之间的经济往来，是商人买卖商品的基地，也是民间互通有无的场所。一般的集市都是定期进行，萧城则每日一集，乡镇每个月有两三个集日，也有逢单或逢双、逢五或逢十的集市。萧地有10个规模较大的店集，主要承载着民众各类日常生产生活物品的交易功能。另外，萧城十月古会、每年四月马井镇吴道口的庙会、杨楼镇郝集三月的拉耕（专业牲畜买卖）会等，也都为农产品商品化提供了广阔的市场。

萧城十月古会

集（市）是一种传统的民俗活动，是祖先所创造、享用和传承的生活文化的一个有机组成部分。它的产生、存在和演变，都与老百姓的生活息息相关，萧县各地传承至今的集会情况如下：

龙城天天逢集（农历十月二十七日古会正会），永堌农历单日逢集，白土农历单日逢集，庄里农历双日逢集，官桥农历一、三、六、八逢集，石林农历三、五、八、十逢集，黄口天天逢集，杨楼农历一、四、七逢集，新庄农历二、五、八、十逢集，张庄寨农历单日逢集，闫集农历单日逢集，刘套农历二、五、八、十逢集，圣泉农历双日逢集，马井天天逢集，杜楼农历双日逢小集，农历五、十、十五逢大集，酒店农历三、六、九逢集，青龙农历二、四、七、十逢集，祖楼农历三、五、九逢集，孙圩子天天逢集，王寨天天逢集，赵庄天天逢集，大屯天天逢集，丁里农历单日逢集，每月农历初九、十九、二十九逢大集（古会）。

社会风俗与习俗

重农轻商观念的改变。明代后期萧县的社会风俗，与前代相比有了明显变化。过去的萧县，当地民众“务稼穑，尚礼仪”，民风淳朴，从事手工业和商业的人较少，社会观念认为这是“不务正业”。至明代后期，由于商品经济的发展，萧县社会结构发生了重大变化，从事手工业及商业的人数逐步增多，加之外地商人的影响，萧县本地弃农经商者日渐增多，社会风气也发生重大变化。史书上说，“往往竞趋商贩而薄耕桑，野有惰农，士多游食，稍以糜风相扇，寝失其淳庞矣”。可见，萧地根深蒂固的重农轻商观念逐渐向重商观念转变。

穿衣戴帽均受限制。明时有明文规定，平民只准穿杂色盘领衣，不许用黄，男女衣服不得绣金，衣料不得用锦、纻、丝、绫罗，只能用绸纱绢布。商贾只许穿绢布，不许穿绸纱。规定庶人的帽不许用顶，帽珠用水晶或香木。农民戴斗笠或蒲笠，教坊司乐工则戴青“卍”字巾或绿头巾，以示贱人一等。禁止庶民穿靴子，允许穿皮札（革翁）。所谓“皮札（革翁）”是指穿时先将皮统缚于小腿，下面再穿鞋履。

房舍建筑规定严格。六品与九品县官规定厅堂限三间。地主、大庄户人家常常几代同居，房屋众多，形成独立的住宅群，院内尊卑分明，长辈住上房，晚辈住侧房，仆役住下房，妇女住院内，轻易不能出门。

节日风俗。至明代后期，节日习俗基本沿袭唐宋，但也有不少变化。春节盛行贴春联，据说上至朝堂下至庶民之家均要贴春联。春联是用大红纸写成，若庄户人家有老人去世，当年用紫色纸贴春联，次年用黄色纸贴春联，第三年才能恢复用红色纸贴春联，以示对老人的祭祀、悼念。

正月十五元宵节，又叫“上元节”，家家都吃“汤圆”，寓有团团圆圆之意，规定百官从正月十一日起放假10天以欢庆元宵节。

二月初二，早晨太阳未出来之前，家家要用草木灰在大门前绕成一圈又一圈的“圆圈”，叫“折子”，寓意圈起来盛粮食，祈祷来年丰收、粮食满仓。

清明节，明时扫墓踏青风俗盛行。

八月十五中秋节，拿月饼走亲串友。民间传说，明末民众在月饼中放纸条，利用走亲串友送月饼之机传信，聚众起反。

第三节　萧城三次变迁记事

万历年知县伍维翰

伍维翰，贵州籍，举人，万历四年（1576 年）为萧县县令。万历五年（1577 年），黄河在砀山崔家道口溃决，洪水淹没萧城，呈现“人或为鱼鳖”的惨烈情景。面对洪水灾难，伍知县身先士卒，抢救落水群众，将一批又一批幸存难民安置三仙台周围的山坡上，想尽办法安顿难民的生活，并鼓励他们齐心协力共渡难关。洪灾未过，他奏书朝廷在凤山之南重建萧城（今龙城），在新城修建过程中，他呕心沥血，夜以继日操劳……

伍维翰注重德行修养，在就任知县的第二年春天，专门前往鞭打芦花车牛返村，拜谒闵子骞，并为后人留下了一首诗：“从知德行孝为先，千载流传闵子骞。风起祠前寒彻骨，芦花如雪白漫天。”他还言传身教，劝学于子。他的两个儿子是孪生子，长子伍昊，次子伍旻，五岁入学，八岁能文，过目不忘，人称神童。二子不满十八岁已得取黉门，双中秀才（考秀才不限年限），二子更加勤奋攻读经书，立志进京应试。岂料洪难临头，二子在父亲伍维翰的嘱咐下，奋不顾身抢救落水的百姓，多次入水救人，终因体力耗尽，双双溺死。百姓将他们葬于影岱山（三仙台西小山头）以南，构筑“双骨坟”，并立碑勒石纪念。明清时期每逢寒食节（清明节前一天），当地知名人士和大批百姓都会前往扫墓凭吊。此墓于“文化大革命”中被毁。

明万历八年（1580 年），伍维翰因政绩佳、百姓口碑好，升任顺州（今越南广治省）知州。

乾隆南巡二过萧县

清高宗乾隆，名爱新觉罗·弘历，一生经历极其丰富，政治上也是一位有为的皇帝。

乾隆皇帝一生曾六次南巡，其中两次经过萧县，留下了巡视的足迹。1736 年萧县境内发生严重水灾，乾隆皇帝在下江南途中，亲自视察黄河水患及治理工程。在大臣的陪同下，他沿黄河迤逦而行，经数十里长途跋涉，来到萧县黄河岸边的管粥集。萧县知县早在此迎候，急忙跪叩禀报：“……怜念穷乡僻壤灾民，不仅蠲免了灾区皇粮赋税，还调来南方大米，在此青黄不接之际，百姓能够喝上这大米、小米、黄豆磨粉制的粥，渡过难关……”乾隆皇帝摆了下手说：可要好生护河赈民，义安百姓啊！

清嘉庆《萧县志》记有乾隆皇帝当年六月发的谕旨：“朕闻，本年四月，江南徐州府萧县地方，因上游祝家水口溃决，黄河漫溢，以致萧邑民田被淹。南北约长四十里，东西二十余里，二麦未收，秋禾亦被淹浸。穷民失业，朕心深为轸念。著该督抚委员确查，速行赈济，毋令灾民失所。其积水作何宣泄之处，会同河道总督、速议办理，毋得稽迟。”

1767 年， 乾隆皇帝又一次南下巡视，时经萧县，他专门来到鞭打芦花车牛返村拜谒闵子骞，并在萧县四贤祠（供奉闵子骞、颛孙子张、颜子柳、孟子）挥毫题写“孝道永弘”“惠我南黎”两块牌匾并颁有谕旨，圣谕碑现依然保存在该村。

乾隆皇帝“圣谕碑”

乾隆皇帝题词

黄翰林立旗杆[1]

黄翰林并非姓黄，黄（庄）乃村庄名，黄翰林是黄庄翰林的称谓。黄翰林本名张本化，萧县崔口乡黄盆窑村人。人们认为张本化被封为翰林，是黄庄的荣耀，所以都称他为“黄翰林”，其真实姓名反而很少有人知道了。

① 王子宜. 话说宿州. 合肥：安徽人民出版社，2006.

张本化家贫如洗，以教村塾为生。他好学不倦，学而不厌，虽饱读诗书，但科场不利，教的许多学生都早已飞黄腾达，自己却还是私塾先生一个。但他矢志不渝，逢考必赴，只是每次都名落孙山，年届七十。每次归来，仍在本村执教，且对薪俸多寡，从不计较。学馆设备，亦极简陋，他曾有自嘲七绝一首：“先生上学怎安排？三间牛屋两分开。隔着驴槽打地铺，麦穰底下铺棉柴。”

七十三岁那年，白发苍苍的张本化仍赴京赶考。到京之后，入场之时众人见其老态龙钟，惊为新闻，遍传京城，以至惊动了慈禧太后。慈禧太后在朝中问起此事，有几位官员都是张本化的学生，于是上前奏明情况，并盛赞老师的人品学问。慈禧太后赞许张本化持之以恒，便传懿旨，让张本化来殿前问话。

张本化拜见之后，慈禧太后随口说了一上联：“眉先生，须后生，后生倒比先生长。”意思是嘲笑他不如自己的学生。张本化自然明白，但要想对出的下联既不忤逆太后，又能保住自己的尊严，可不容易。所以想了半个时辰，仍未对出。慈禧太后已经不耐烦，转了一下眼珠看了看左右推荐张本化的臣子，认为他们吹捧老师有不实之词。正是慈禧太后这一转眼珠，给了张本化以启示，于是便上前奏道：“臣想了一联，请太后批评。”慈禧太后道：“讲来。”张本化一字一句念出：“先孔子，后朱子，珠子反在孔子上。”意为孔子和朱子都是儒家圣贤，朱子后来居上，发扬了儒家学说，并借用眼珠和鼻孔的位置巧妙比喻。慈禧太后听后大喜，认为他果然有真才实学，于是恩赐翰林。

从京城归来不久，皇报差官到村报喜，向翰林乞赏。翰林却因家中贫寒，尴尬至极，不得已向族人求助，方才打发差官离去。

中翰林，门前准立旗杆，光耀门庭。但翰林因家贫无力，想从简了事，但村中族人皆不同意，认为这是光宗耀祖的大事，马虎不得。正在为难之时，有本县赵安邦中武进士，匾额已悬挂，因嫌新备旗杆细，遣人另行购粗大者代之。听说黄翰林之事后，慨然将此旗杆赠张本化，并派人为其树立好，一时传为趣谈佳话。

龙城之“最”①

1. 最大的树是在黉学院内大殿门前约四十平方米范围内的三株松树，三人拉手才能围一周，树身高五米左右，据传说建庙前就有此树。

2. 最宽的巷是贾巷，位于民治街的中段，向北至大同宽街。宽 4 米，长 104 米。

3. 最窄的巷是阴巷，也叫一人巷，位于城隍庙街中段，路南至尽头有一水塘。巷宽 50 公分，长 60 ~ 70 米。

4. 最长的街是大同街，由东城门至西城墙根。全长 620 多米。

5. 最短的街是府前街，长 102 米。

6. 最高的建筑是大魁楼，共三层，高 18 米以上。日本入侵中国时，为缩小目标，防止日军空袭，拆除上两层。（龙城

① 周文祥编著《龙城旧貌》，记述 20 世纪 30 年代龙城之“最”。

旧貌就是魁楼的原貌）

7. 最好的井是北门城外的四眼井，它是半天然井口，往下 4 ~ 5 米处人工用青石垒成，井口用 50 公分厚的青石板开凿四个能放下水桶的“眼”，所以叫四眼井。井的下半截是天然形成的，从未涸竭过。

8. 最小的寨是北城门外的赵家寨，仅住赵姓一家，故得名。

9. 最大的庙是孔庙，大门前是民治街，后门是大同街，占地面积数十亩。

10. 最小的庙是小南门外的土地庙，面积不足十平方米。

11. 最大的石狮是城隍庙门两侧的青石狮，每个高三米许，重三吨左右。

12. 最小的石狮是大南门里王旗杆大门两旁的墨石石狮，高 60 ~ 70 厘米，重约 300 千克，世间罕见。

13. 最大的家族是东城门外的欧姓，俗称欧半城。

14. 最高的山是北城门外的凤凰山。

15. 最矮的山是无影山，它位于龙城镇东关祖庄自然村东北角。传说，“无影山，万丈高，不到龙山半截腰”。一外地人来看山，却找不到山，问一老者，老者说“你站在山上，还找山？”

萧县第一个中共党员

1926 年 11 月 25 日，中共徐州独立支部农运委员郭潜飞在完成萧铜两县农民运动的考察后向江浙区党委写的《徐州农民运动报告》中称：“该县东南乡永堌寨由刘亚民同志（我党的）办一平民学校，有 30 多人，……将来萧县农民运动，此处可为策源地。”

刘亚民（1898—1933 年，又名刘墅明），萧县永堌镇胜利村人，文献记载：其 1926 年为中共党员，具体入党时间应该更早，为萧县第一个中共党员，第一任中共萧县特别支部书记。①

1915 年刘亚民考入徐州中学，初中毕业后考取浙江省立第一师范。1919 年五四运动爆发，他积极参加声援活动。1920 年 10 月，他与 20 多位同学在南京清凉山下创办建业中学。次年返乡到永堌镇创办一所平民学校，教育农民学习文化，开展农民运动。1926 年春，刘亚民、丁毅忱等人在永堌镇成立“萧县知行学社”，印发宣言，动员民众组织起来，铲除封建势力，打倒帝国主义。同年北伐军占领武汉，刘亚民考入武汉中央政治军事学校。1927 年“七·一五”事件后，刘亚民被捕入狱，后由刘云昭保出，出狱后参加中共江苏省委直辖特别小组清凉山党小组。

1927 年 12 月，北伐军收复徐州，国民党在萧县建政。第二年，国民党恢复执监委员会，中共党员刘亚民任常委、县款产处主任、萧县师范学校校长。在他的推荐下，县里重要部门和区负责人半数以上都由中共党员担任。刘亚民在萧县师范学校积极发展党团员，先后建团支部、党支部，积极开展革命活动。他又与杜玉堂一起建立永堌党小组，通过举办农民夜校，

① 中共萧县委员会组织部．中国共产党安徽省萧县组织史资料．北京：中国人民大学出版社，1992: 1.

秘密组织农民协会，发展党员近百人、农协会员200多人，开展“罢更”斗争，迫使顽区长答应农友三项要求：（1）穷人不给富人打更看家；（2）要给穷人“更粮”；（3）穷人出入寨圩不得搜查盘问。他还组织学生自治会，出版《晓声》半月刊，使萧县师范学校成为革命策源地，为革命培养了一大批骨干力量。

1928年9月，根据中共江苏省委指示，所有在县区政权担任职务的共产党员一律撤出，转入地下开展工作。次年9月，刘亚民经宋绮云介绍去西北杨虎城部供职，任宣传科长。1932年春夏之交，经陈子坚（共产党员，《文化日报》社长）介绍，任陕北安定县（今子长县）县长，1933年农历二月初二在安定县奕家坪村牺牲，享年35岁。1981年安徽省民政厅追认他为革命烈士。

淮海决战在萧县

淮海战役是决定中国命运的大决战之一，在萧县留下了值得永远纪念的一段历史。

1948年12月15日夜，国民党黄维兵团被全歼，淮海战役第二阶段结束。毛泽东主席代表中央军委起草并致电粟裕，内容有二：“我包围杜聿明各部，可以十天左右休息调整，并集中华野全力，然后发起攻击。”“向杜、邱、李连续不断地进行政治攻势。请你们起草口语广播词……电告我们修改播发。”毛泽东主席还亲自为淮海前线司令部撰写《敦促杜聿明等投降书》。华野遵照中央军委的部署，围而不打，并申请休整了20天，集中精力对杜聿明集团军开展政治攻势。

1949年元旦，杜聿明陷于内无粮草、外无援兵的困境，天天挨炮，逢大雪纷飞的天气，只能靠飞机高空投送物资。杜聿明决定破釜沉舟，寻机突围。部下第二兵团邱清泉向南突围，第十三兵团李弥向东突围，第十六兵团孙元良向西突围。杜聿明总部向西北商丘方向突围。粟裕1月2日请示前委并经毛主席同意，于蔡洼下达了作战命令，趁敌人调整部署、兵马混乱之机，发起攻击。各部统一于1月6日下午3时30分打响战斗。我军经过休整，几十万大军像从天而降，如猛虎下山，枪炮声、冲杀声威震山河，敌军阵地浓烟火海一片。人吼马嘶，撼天动地。经过两天激战，李弥兵团于7日晚仓促放弃青龙集向邱清泉兵团靠拢，我军攻占青龙集，直逼杜聿明总部。杜聿明下令死守青龙集以西罗河两岸阵地。我军乘胜攻击，东、西、北三个集团军合围，最后突破了敌人用大炮、汽车、坦克排成的环形坚固工事阵地。1月10日天亮时分，敌人大部停止抵抗，坐地缴械。此战共歼灭国民党军55万余人。杜聿明企图逃跑，被萧县张庄寨镇张老庄村民段庆香发现生俘。邱清泉被击毙，葬于萧县赵庄镇（原王汉集乡）单庄村以北500米处。李弥、孙元良装扮成农民分别经青岛、河南信阳车站逃窜，后去台湾。

战役结束后，以萧县李石林为中心的战场周围四十里内，900多个村庄尽成废墟。萧县人民为淮海战役做出了巨大牺牲，也做出了重大贡献，历史不会忘记！

第五章　新中国萧城新的篇章

有信仰就有追求，有追求的路就是执着的旅程。走进萧城这片热土，人们会肃然起敬，它使您懂得：什么是沧桑厚重，什么是历史文明，什么是坚韧不拔！

萧县自春秋时期建城，历经封建社会、半殖民地半封建社会，直到1949年中华人民共和国成立，才获得新生。它从缓慢起步、曲折前行，到加快发展，又以全新的姿态进入社会主义建设和改革开放新时期，开始谱写萧城发展新的篇章。

第一节　萧城缓慢发展

1949 年 2 月，淮海战役的硝烟散去，中共萧县县委从赵庄镇任楼村迁入县城（现梆剧团院内门东旁小院），从此翻开了萧城发展的新篇章。当时摆在人民面前的是一个被战争多次损毁、受经济萧条长期影响的旧县城，城区规模仅 0.57 平方千米，人口仅 9 000 多人，建筑面积仅 24 600 平方米，商业仅 30 多家。1949 年，全县工农业总产值只有 9 233 万元，其中工业产值 355 万元，只有工农业总产值的 3.84%。县城的建设要从经济一穷二白、城市破败不堪的基础上起步，背负沉重历史包袱艰难前进。对新中国成立之初的萧县建设者们来说，可谓“巧妇要做无米之炊”。

经过艰辛努力，到 1958 年萧县的状况发生一些变化，但这些变化是缓慢的、微小的。为直观展现当时的萧城，我们设想从空中俯瞰勾画城市轮廓，记述城市要素，唤起对萧城建设的记忆。

城市街道

这一时期的城区主要道路为四纵四横，这八条街道是城市的骨架，1954 年曾对部分路段进行整修。当时的地标或变迁或消失，现在已无踪迹。为便于读者确定方位，本书以现街道名称和近期地标记述。

东西街自北向南依次为：

同庆街。位于县城最北端，东起龙湖路，经县中医院门前，向西至民享街，长 296 米，路面宽 5 米，由石板铺设。

大同街。全城最长的街，东起点位于县政府东约 200 米处（即今大同街与龙湖路的交叉口东约 100 米处，原东城门），西至大同街与健康路交叉口（原西城墙），长 620 多米，宽 6 米，石板路面。

民治街。东起今该街与龙湖路的交叉口西约 140 米处（原教育局北门），西至健康路（原西城门），宽约 7 米，长约 441 米，石板路面。

富贵街。东起今该街与龙湖路的交叉口西约 140 米处（原教育局南门），西至小南门街，长约 320 米，宽约 5 米。

四条南北向道路自东向西依次为：

府前街。北起大同街（县委大门前），南至民治街，宽约 6 米，长约 102 米。石块铺筑，是全城最短的街。今名治国巷。

中山街。北起同庆街（县中医院），南至淮海路（县工商行东十字路口），长约 610 米，宽约 6 米。北段为青石铺筑，两侧镶路牙石。南段淮海路到南高堤为土筑路面。今名中山路。

小南门街。北起孔庙，南至淮海路北约 30 米处，宽 6 米许，长约 150 米。

贾巷。县城最宽的巷，位于今电信局西侧，宽约 4 米，长约 104 米，北起大同街，西距民享街南端约 100 米，南至民治街孔庙东约 87 米处。据萧城朱氏世代相传，贾巷南端的边集与县政府北面的韩井是两个古老的居民居住点，在明朝建县城之前就有人居住。万历五年（1577 年），萧城由三仙台以北向凤山南迁徙时，就是从贾巷开始选址和拓展的。

20 世纪 50 年代的贾巷

除主要街道之外，还有一些行人小巷。

边集东巷。位于县剧场东侧，北起富贵街，南至民治街，长 110 米。

东马道。位于县政府东侧，南起大同街县司法局东侧，北至同庆街（韩井水井），长约 132 米，宽 4 米。

西马道。县委、县政府大院西侧的南北巷，南起大同街，北至同庆街，宽 4 米，长 82 米。

大侯巷。北起大同街（县政府东侧），南端是水塘，长约 50 米。

小侯巷。位于大侯巷东 20 米，南北长约 70 米。

一人巷。也叫阴巷，位于城隍庙街中段路南，南端是一水塘。巷宽约 50 厘米，长 60 ～ 70 米。

此外，城内还有城隍庙街、盐池街、鸡市街、龙厅巷等 10 多条街巷。

县政府东侧 300 米处有一棵槐树，有 200 多年的树龄。新中国成立前，它位于古城墙东门外的路南。新中国成立后，因扩展路面，现在显眼地立于道路中间。这棵槐树，看过沧海桑田，看尽滚滚红尘。远的不说，近的就看过日本鬼子灭绝人性的大屠杀，看过萧县军民联手保卫萧城，看到萧县人民踊跃参与淮海大决战，看到萧县全境解放。它的年轮里刻着一部萧县近代史，一部萧县发展史。

城外道路

萧铜路。从大同街出东门，经祖庄、魏楼、黄山头、毛庄至姚楼，东入铜山经马山头达徐州。这是萧城通往徐州的第一条公路，当时仅能通行牛马车、平板车、行人。

萧徐路。出南门沿中山街到南高堤，再沿堤向东经涵洞桥过龙河，从龙山东侧北去，接萧铜路到徐州。这是 1931 年县长王公屿以萧城南门至龙山子的一条牛车道为基础，令烟民习劳队（即吸大烟、贩毒品的劳改犯）修建的另一条通往徐州的汽车道。

萧桃路。从城东陈井涯至桃山，由民工义务修建。西接萧徐路、萧淮路，全部为粘结碎石路面，路面宽 3.5 米，路基宽 16 米（不包括 5 米的牛车道）。1958 年 9 月 18 日开工，10 月 31 日完工，仅用 44 天。发动民工 21.375 万人次，牛马车、平板车 437 辆。

萧濉路。这是萧濉徐线的一段，南起丁里桥至萧城经毛庄、姚楼入徐州界，1958 年前为土路面，遇雨淹没，汛期交通中断。1958 年 3 月 1 日—4 月 13 日，全面整修改建，铺成碎石路面，达到晴雨都可通车。其中南高堤至龙山路段南移，原公路桥涵废弃，1976 年在其南侧又新建跨龙河石拱中型桥一座。

萧瓦路。从民治街出西门，沿雄关街向西南，由城西马云桥经老宅子、徐山头、帽山店、张山头到瓦子口。新中国成立前多年失修，机动车不能通行。1954 年修复通车。

萧黄路。由西门经岱山口、曲里铺、吴老家、王堂到黄口，这是 1934 年修筑的一条土公路。1938 年萧县沦陷后，日寇抓壮丁修通了岱山口至南高堤的一段公路，以联通日伪据点，东接萧铜路，南接萧瓦路。

城市建筑

人类一切努力的目标都在于获得幸福。新中国成立前夕，萧城房屋建筑面积仅有 24 600 多平方米，与沦陷前相比减少约 5 000 平方米。新中国成立后，随着工商业恢复改造发展，人口增加，政府机构增设，新建房屋明显增加，但多为公共建筑。这一时期，与新建筑并存的，是明代后建的老建筑，有的尽管已历经 400 多年的风雨打磨，但其整体外观还保存着，并未随时间流逝而消失。让我们穿越时空，走进 20 世纪 50 年代，走近这些承载历史的建筑，一睹其特有的风貌。

县政府驻地。位于大同街中段偏东，从明万历五年（1577 年）建城到新中国成立前夕，此地均是县衙或县署治所。新中国成立前夕（1949 年 2 月 1 日）萧县人民政府迁至此，领导全县人民开始了社会主义建设。刚迁入时，县政府及办事机构沿用以前遗留的旧房，位置在今会议中心西北角，共有平房 2 排 20 间，每间长 5 米，宽 3.3 米，总面积约 340 平方米。墙体由石块黏土砌成，门窗边缘是一行城砖（条砖的一种），屋内地面由方砖（又称扒砖）铺设，仰合瓦屋面。今县委办公楼后为仓库，礼堂北是东跨院，由民政科、交通科使用，礼堂东是南跨院，由农会、建设科使用。1954 年，根据办公需要，在南跨院东新建平房 4 排 32 间，石头墙，杉木檩条，杉木屋面板，大块青色土瓦屋面。今司法局东的民房，由堂屋改为南屋，门朝北，用于居住。驻军在城河内榨油厂附近。

新地标：县委礼堂。县委礼堂位于县政府大院中间、县政府办公楼后，1953 年 2 月 18 日开始施工，1953 年 12 月竣工投入使用，建筑面积约 2 100 平方米，可容纳近千人，是新中国成立后萧县建设规模最大、建设时间最早的单体建筑。由县建造厂（县建筑公司的前身）施工，工人多为永堌镇王山窝的石匠。墙体所用之石取自附近的东城门北侧古城墙，梁、椽为钢木结构，室内无桌椅，开会人员全部席地而坐。南墙外侧东南角下方有建筑标记。后几经改造整修，县委礼堂现仍在使用，是萧县召开大型会议的主要场所之一。

南高堤的变迁。南高堤是萧县有很高知名度的地标，与明朝万历年间兴建的县城同龄，是用于堵挡来自铜山的客水、保护县城的堤坝。其始建高度、宽度无从考证。历经漫长岁月，到 20 世纪 50 年代初，南高堤被时间打磨成为萧城通往徐州的一段简易土公路，路面宽约 5 米，两侧栽有柳树，最高处高出路北水面约 3 米，最低处高出水面 1 米多。站在城南门安和桥隔水南望，一条弯月形龙湖之堤蜿蜒东去，颇为壮观。1958 年 3 月 1 日起开始修筑濉溪经萧城到徐州的公路，南高堤的命运发生彻底改变。至是年 4 月 13 日，44 天的时间里南高堤变成了一段路基宽 12 米（其中汽车道 7.5 米，牛车道 4.5 米）、路面宽 3.5 米的碎石公路，并且将龙山之南往西到南高堤村的弯道取直，南移 10 余米。自此，南高堤成为“北高堤”。随着堤南北两侧房屋的逐年增多，地势的不断抬高，高堤变得越来越矮，到 20 世纪 70 年代末高堤彻底消失，再也无处可觅，由一个地标完全演变成一个地名。1985 年南高堤村有居民 138 户，455 人。

光绪元年（1875 年）出土的石碑记载，道光十八年（1838 年），绅士张仁桀捐地 900 亩及城宅一所建成龙城书院

萧县实验小学复建。要说清萧县实验小学的历史，跨不过龙城书院这道槛。龙城书院建于清道光十八年（1838 年），北邻富贵街，西靠小南门街，南邻淮海路，有瓦房 49 间、草屋 2 间，1902 年改为龙城小学堂，后又改为萧县第一高等小学、萧县第一小学，1928 年春始称萧县实验小

学。日伪时期停办。1945 年 9 月，在城西门内段家南公馆复课，称龙城小学。1948 年龙城小学迁回原址重建，新建校舍 24 间，建筑面积约 410 平方米，1951 年 9 月恢复“萧县实验小学”校名，新建校舍 9 间。之后，学校规模不断扩大，于 2012 年 8 月迁至现址。萧籍名人王子云、王肇民、刘开渠、徐文雅、朱德群、陈文澜等均是该校毕业的学生。

萧城第一高楼。1958 年，萧县的工业生产也进入“大跃进”，萧县面粉厂应势而生。面粉厂生产楼位于淮海路西段北侧，建筑面积约 800 平方米，钢筋混凝土结构，楼高四层，总投资 40 万元。1958 年 8 月开工建设，1959 年 10 月竣工。它不仅是 20 世纪 50 年代萧城投资额最大、层数最多的建筑，直至 80 年代初，它仍是萧城第一高楼。

城隍庙的命运。城隍被古人认为是护城之神，城隍庙是古代祭祀城隍的庙宇。萧县城隍庙始建于明朝万历年间，位于民治街东段南侧，南邻富贵街，占地 7 326 平方米，南北长 120 米，东西宽 60 米，坐北朝南，三进院落。庙门两侧有青石狮子一对，东雄狮、西雌狮，每个高 3 米许、重 3 吨左右，雕琢精美，活灵活现。庙门是平房，庙门中央是通道，二道门之上是大戏楼，戏楼正门向北正对大殿，大殿东西长 18 米，南北宽 10 米，檐高约 5 米。大殿之内城隍像粉面锦身，正襟危坐，殿脊之上各种彩色屋兽栩栩如生。整个大殿规模宏大，结构精巧，雕工精美，是萧县古建筑之冠。史料显示，萧县沦陷时，该庙遭日寇炮击损毁。新中国成立之初，该庙占地约 5 亩，有房屋 26 间，大殿作为电影院，大门两侧的那对石狮子被移到孔庙守门。之后，该地全部交给县教育局使用，1970

年前拆除，现在已无处寻觅其踪迹。

魁星楼。魁星是古代神话传说中的神，主宰文运，魁星楼是祭祀魁星的场所。古时，各地都有魁星楼，读书人在魁星楼拜魁星，祈求在科举考试中榜上有名、一举夺魁。萧县魁星楼位于城隍庙西北角，两者前后相连。魁星楼始建于明天启二年（1622 年），《龙城旧貌》亦说建于清咸丰四年（1854 年），历经 3 年落成，占地约 144 平方米，高约 18 米，尖顶楼阁建筑，三层二檐，一层底座为一边长 12 米的正方形，高 8 米，用斧剁大方石砌成，四面有拱形门，门宽约 4 米，供行人过往。二层、三层为砖木结构，呈八角形，飞檐翘角，若飞举之势。二层是文昌祠，有泥塑文昌帝君一尊。三层是魁星木刻像，身高七尺，青面赤发，宛若鬼状，右手执笔，左手持墨斗，右脚下踩一只大乌龟的头部，左脚抬起，面朝南方。楼

魁星楼

顶最上端是一高 2 米、重 30 多斤的漆绘细腰葫芦，谐音“福禄”，寓意辟邪。魁星楼整个建筑宏伟典雅、气势壮观。

时间似流水，转眼来到 20 世纪 50 年代。高大的魁星楼已失往日风采，尽管二层、三层仍可供登高望远，但已残缺不全。至于楼顶的细腰葫芦更是不翼而飞，去向难觅。新中国成立之初，一层底座的行人通道被作为关押“反革命”分子的场所，东门、北门被堵，西门和南门由军人站岗把守。

基督教堂。基督教堂是基督教徒的活动场所。萧县基督教堂位于中山街与同庆街交叉口西北角，在县中医院对面。该教堂为 1930 年由美国人在同庆街中段买下陈家大院旧宅一处所建，新中国成立后为县医院、县水利局所用，1979 年根据国家政策退还。

古城墙消失。萧城城墙与县城同生，始建于明万历五年（1577 年）。在 400 多年时间的消磨下，其形依然清晰，但其体已伤痕遍布。城廓整体呈椭圆形，东西长，南北短。东、西、南、小南门四个城门及城门上方的门楼基本完整，拱券形门洞由条石、青砖砌成，四城门的门洞装有紫红色、双扇木质大门。北门是敞开的，呈“U”形，无门楼。南门位于县工商银行东的十字路口处（原县政府招待所大门附近），东门位于大同街县政府东约 200 米处，北门位于萧县师范附小北（民享街与同庆街交叉处北约 40 米处），西门位于民治街与健康路交叉处，四城门宽约 10 米、长 10 余米、高 3 米余。小南门位于小南门街南端、城管局院墙外（距淮海路约 30 米处），开于清康熙五十年（1711 年），向北正对孔庙，时称“大成门”。墙高 4 ~ 6 米，外檐墙用条石、内檐墙用石块包砌，内填泥土。墙顶面宽度为 60 ~ 70 厘米，泥土路面，可供行人。城墙外檐上筑有齿形垛口，内檐上筑有起护栏作用的女墙，四个角有垛子。新中国成立之初，由于物资匮乏，出于建设的需要，城墙的石头被陆续拆下用于建房。城墙一点一点、一段一段地倒塌，内填的泥土或被推至城河里，或被拉走他用，或整理为耕地。约在 1958 年至 1959 年，城门就看不到了。1972 年至 1973 年，城墙基本消失在人们的视线之中。

古城墙与萧城共生，历史上，它对于抵御外敌入侵、贼寇抢掠和防御水灾发挥了重要作用，假如能保存至今，很可能成为全国重点文物，可惜已遭到毁坏。究其原因有二：一是新中国成立，天下太平，萧城城墙的屏障作用已消失。二是经济困难，建设上出现了“拆东墙补西墙”的现象。1953 年 2 月，新中国成立后萧县最大的单体建筑项目——县委礼堂开工，建筑所用石料就是从东城门北侧的古城墙上拆下来的，这一做法产生了很大的“蝴蝶效应”。至 20 世纪 70 年代初，周长四里多的历史宏伟建筑——萧县古城墙已无踪影。

现在看来，萧县古城墙的消失太令人惋惜了，那时候如果有保护历史文化的观念，萧县城墙可能就像山西平遥古城那样完好保留下来了……

威武的法院。萧县人民法院于 1950 年设立，位于县政府西约 100 米（中山街与大同街交叉处西北角），是新中国成立之初全城除魁星楼之外唯一一栋楼房。大门上方有门楼，后楼是“明三暗五”的三层楼房，西侧有配房，主楼之后是看守所。

城市水系

水系由地形决定，自然形成，萧城亦如此。萧城依山而建，东、北、西三面被龙山、凤山、虎山环绕，地势北高南低、西高东低，形成了“一湖三河一坑一沟（丰收沟）”的独特水系。

龙湖之美。龙湖古又称太湖。位于县城东南，龙山以西，主要是汇集凤山东段的山上来水而形成。北边界大约在东门至大同街老槐树一线往南 200 米，东至龙山，南至涵洞桥、南高堤一线，西至南门到南高堤一线，湖水面积约 16 500 平方米。淮海路中段东端南侧的少年宫，新中国成立之初是湖底，常年水深在 3 米左右；东门外祖庄、韩井一带是一片汪洋，没有住户；从东门去烈士陵园，东关的水没过膝盖，东门有居民常年以打鱼为生。靠近小魁楼的一侧，夏秋时节，荷花映日，芦苇萋萋，蒲草青青，与龙山相映，恰似一幅山水图画，美不胜收。

穿城的龙河。龙河自北向南穿城而过。龙河与龙山、龙湖并列，是龙城三大标志之一。其原名龙山河，发源于龙山之西的龙湖，是县城往外排水的最主要通道。龙湖之水沿龙河南流，经郝店、许堂等地与岱河汇流入雷河。龙河长 13.8 千米，口宽 40 米，底宽 15 米，深 5 米，集水面积 83.6 平方千米，上游主要支流有三龙支河、丰收沟、虎山沟等。新中国成立后，1952 年 6 月，开挖下游疏导工程。1953 年继续治理，1954 年在郝店新建石拱桥一座，1957 年新建宽 7 米、横梁混合结构的郝店龙河桥，1958 年在丁里建节制闸一座，将上游来水截入一部分经运河（丁里至瓦子口）入萧濉新河。多项水利工程的建设，通畅了排水，减少了水灾隐患。

三龙支河之客水。三龙支河发源于江苏铜山县刘新庄，闸河岸以西的水经苗山东至涵洞桥汇入龙河，长 11.7 千米，集水面积 27 平方千米，每到汛期，河水威胁县城安全。为此，明朝修建南高堤，1938 年建涵洞桥闸，阻挡三龙支河客水倒灌县城。1954 年发生水灾，副县长郭凤朝带领干部到三龙支河汇入龙河处堵水眼，阻挡河水入龙湖、灌龙城。

城河的灭迹。城河位于城墙之外，围绕城墙一周，是城市水系中的关键一环。它东通龙湖，西接万人坑，使龙城水系互通一体。城河宽度不一，有的地方宽，有的地方窄。南大门外宽 6 ~ 7 米，其他地段宽 3 ~ 4 米，北城河最窄，水最少。从东门外往南至龙湖转而向西至大南门再到小南门河段常年有水，万人坑段常年有水，其余河段基本无水。河边沿清晰，龙湖、万人坑段没有外边沿，仅有内边沿。随城墙的拆除和倒塌，城河逐渐被填平，到 1975 年基本消失，400 多年的护城、通水使命终结。为畅通城内城外，城河之上曾筑有 5 处桥涵：

· 南门桥。明万历年间建造，单孔，跨度 10 米，孔高 4 米，长 8 米，宽 4 米，拱形条石结构。桥孔方圆形，大条石砌筑。1974 年填城河时埋入地下。

· 小南门桥。明万历年间建造，单孔，跨度 10 米，孔高 4 米，长 8 米，宽 3 米，圆形条石结构。

· 西门吊桥。清道光年间兴建，双孔，每孔跨度 2.5 米，方圆块石结构。1920 年重修，改为单孔，长 8 米，宽 4 米，条石栏杆，是由西门入城的要道。平时桥下无流水。

• 东门桥。明万历年间建造，双孔，每孔跨度 5 米，孔高 4 米，长 8 米，宽 4 米，方圆条石结构，桥下常年流水。

• 小魁楼涵洞。建于明万历年间，单孔，跨度 1 米，孔高 1.2 米，长 12 米，宽 1 米，方形块石砌筑，位于小魁楼西南角、城墙之下。城内排水通道经此联通城河。因城镇建设，1956 年废弃。

万人坑之谜。万人坑位于健康路北段西侧，萧城一中的东南角，主要汇集凤山西段和泉山一部分的山水，东与城河西段相连相通，面积约 6 500 平方米。新中国成立后，坑的周围被建房和修路占用，面积逐渐缩小。万人坑是丰收沟的源头，坑中之水通过丰收沟排出，于丰收桥东汇入虎山沟，经龙城医院南至郝店排入龙河。万人坑的形成和名字的由来不得而知，一直是不解之谜。或许是建城筑墙时炸石取土掘成的坑，大小能容纳一万人，抑或是其他原因，不论什么成因，万人坑在萧县都很有名气，提到它无人不知。

20 世纪六七十年代萧县万人坑

段家花园。段氏家族是近代萧县首富之家，四世为宦，延续百年，对萧县较有影响。段家花园位于老县城西关外偏南 200 米，今丰收北路与淮海西路交叉处的西南角，为萧县段家私人花园，建于民国二年（1913 年），占地面积约 20 余亩。花园设有 5 个大门，园内有鹿、鹤、虎、豹等动物 30 多种，有梅、兰、樱、芙蓉等花木 1 000 余种。园内建有古式建筑两座，一是西凉厅，占地约 81 平方米，呈正方形，东北角、东南角有翘角伸出厅外，厅四周有 12 根红漆木质立柱。进入凉厅西转即是暗楼，也叫暖阁，底上两层，木质结构。二是八角楼，位于花园中央，凉厅之东，底上两层，砖石结构，外观呈八角形，故名八角楼。楼高约 15 米，由红砖砌成，远望形似蘑菇。1938 年日军侵占萧城，整个花园几乎毁坏殆尽。今仅存的一棵古槐，据说为宋代所植，树龄约 800 年。

石井之水

萧城人一直饮用井水，直至 1976 年才开始用自来水。城北下面是石头，不能打井，为解决吃水困难，只能在泉眼处建井，享自然之馈赠。南部打井相对较易，水井较多。20 世纪 50 年代全城大小水井约有 34 眼，居民用水多是肩挑手提，商家用水或用水车拉，或由挑水队专送。几百年间，萧城人与石井磨合、互融，对石井生出了真情。尽管多数石井已经消失，但在老萧城人的记忆中还时常浮现，时间愈久景象愈加清晰。

四眼井。位于同庆街与民享街交叉处北约 40 米路西。井盖由 3 块长 3 米许、宽 80 厘米、厚约 30 厘米的青色条石并排组成，在两条拼缝上凿有 4 个直径约 60 厘米的圆孔作为井口，故曰“四眼井”。井的上半部深 4 米多，用块石砌成，下半部天然形成。井台高约 80 厘米，7 ~ 8 米见方，四面有台阶供上下。井口周围条石上刻有花纹防滑。

二眼井。西关南部“背坐观音堂”门前偏西有一水井，名曰“二眼井”。井台6米见方，东、西、北三面可上下。该区域居民用水均取于此。另在民享街、大同街交叉处东北角也有一“二眼井”，刻有“隐凤泉”三字。

一眼井。位于贾巷南头东侧、民治街北。

小井。位于关老庙西北角。

韩井。位于同庆街东端、龙湖以西。汛期常为水淹，看不到井，雨后水浑发黄。县委、县政府大院饮用该井之水。

其他还有一些没有名字的水井：府前街与民治街交叉处东约50米路北，有一辘轳井，魁星楼附近居民用此水。淮海路北新联华超市门前附近有一水井，50年代淘井时，曾淘出银圆30多块，挖出淤泥几吨。东门外、花园、山西公馆、万人坑、龙厅等处也有水井。

古树名木

古树是历史文化的见证，是生命的赞歌。郭沫若曾称古树名木是中国人文的生命纪念塔。

萧城南五里寺古槐。国槐，树龄约800年，树高约11.5米，树径约140厘米。形如巨伞，苍绿如翠，内枯外荣，有四大主

萧城南五里寺古槐

枝向四边发展，长势甚旺，其高度、树径在全县槐树中名列榜首，故称“槐王”。

纵庄古槐。国槐，树龄约 800 年，树高约 11 米，树径约 120 厘米。树干大部分空洞，三大主枝向左右伸展，其他侧枝青枝绿叶，呈现枯木逢春之势。

萧城西关花园古槐。国槐，树龄约 800 年，树高约 10 米，树径约 70 厘米。位于西关段家花园院内，宋代所植，故称为宋槐，中间主枝生长最旺，三个主枝枝叶碧绿。

萧城奶奶庙小学古槐。国槐，树龄约 1 200 年，树高约 8 米，树径约 80 厘米。

岱山口古槐。在明山小学不远处有两棵古槐，相传是明、清两代人所栽。其中一棵槐树高约 8 米，树径约 175 厘米，有四大主枝向上生长，枝叶繁茂，为明代人所植。另一棵高约 8 米，树径约 145 厘米，三大主枝被锯去两枝，树形奇特。

东关古槐。位于县城东关大同街，树龄约 200 年，高约 12 米，主干树径约 167 厘米，有三大主枝、八个侧枝。相传有一主枝被日寇砍去，现侧枝枯萎，其他主枝绿荫如盖。

孔庙圆柏。在萧县博物馆孔庙大成殿石坛上有三株明代所植的圆柏古树，有两株损于“文化大革命”中，仅存一株，树干上部 9 个主枝已枯秃，下部 7 个主枝呈翠绿，长势甚佳，绿叶与枯枝相映，显得古意甚浓。该树植于明代万历年间，距今 400 多年，高约 14 米，树径约 70 厘米。

古泉

圣泉。位于县城西北泉山北坡，泉水池不深，仅容一桶之水，长流不绝，四季不涸，水味甘洌，沁人肺腑，含有多种矿物质。

筛子泉。在凤山南坡，泉眼分布在3米见方的坑洼里，呈筛子状，夏秋多雨时，泉水不断涌流，供北关居民饮用、洗衣。干旱时，此泉无水。

孝感泉。《徐州府志》记载：孝感泉在县旧城中（指北辰集）。《旧志》云：唐代萧县县府官员主簿宋思礼，字过庭。有一年，全县旱情严重，河湖干涸，井池见底。值此大旱，宋思礼的继母病重染身，危在旦夕，只有用泉水饮药才能救命，宋思礼忧虑万分，日夜奔走寻找泉水。可是天干地旱又到哪里去找泉水呢？正在宋思礼十分为难之时，忽然在他居住的庭院中冒出一股清泉，水味甘甜，日不乏汲，其继母饮泉水服药后病愈。县令知情后，将宋思礼孝母感动上天，灵现甘泉救母的事迹刻石纪念，该泉水由此被命名为“孝感泉”。

碑石

“萧国”石刻碑。在萧县县政府南临街的影壁墙上有明代建城时所立的“萧国”石碑，字体为颜体，落款为明朝万历六年（1578年）九月。据知情人介绍，该石现埋于文昌苑小区路南原邮电局宿舍楼基础下。

乾隆“圣谕碑”。清乾隆三十二年（1767年），乾隆皇帝下江南时，专门来到鞭打芦花车牛返村拜谒闵子骞，并在四贤祠（闵子骞、颛孙子张、颜子柳、孟子）挥毫题写“孝道永弘”“惠我南黎”两块牌匾。乾隆皇帝“圣谕碑”现仍保存在该村。

“文官下轿、武官下马”碑

“文官下轿，武官下马”碑。颛孙子张于公元前503年生于鲁国，公元前477年举家迁居萧县，居住在鞭打芦花车牛返村象山密林，直至去世。颛孙子张是孔子门下弟子，为七十二贤人、十哲之一，曾历时八年著作百卷，为孔子儒学思想体系的研究做出巨大贡献，深受世人尊崇。后世皇帝曾在此立有“文官下轿，武官下马”碑，现已失存。

盛会纪念石刻。在西关凤山国际大酒店门前有一纪念石刻。该纪念石重约80吨，长9.1米，高2米，正面石刻：中国防腐蚀业第一县——第四届中国国际腐蚀控制大会纪念，落款为：许嘉璐[①]。纪念石背面，记载萧县黄河故道农民“从百元到百亿”的艰难创业历程，记载了第十届全国人大常委会副委员长顾秀莲参加国际盛会并发表讲话，以及八个国家、地区上千名知名专家学者参会的盛况。这一纪念石，文化创意好，含义丰富，是萧城当代一大重要纪念石刻和景观。

① 许嘉璐，第九届、第十届全国人大常委会副委员长，1997—2007年任中国民主促进会中央委员会主席。

城市公共设施

新中国成立前，萧城屡遭战乱之害，本就薄弱的设施损毁殆尽。新中国成立之初，百废待兴，自然灾害不断，经济困难，城市建设、公共设施建设只得从实际出发，因陋就简。

油灯照明。城内居民多用大豆油和煤油、少量用蜡烛照明。单位和街道商店多用煤油汽灯照明，工厂企业生产用柴油机作动力，并发电照明。1959 年，水利局用柴油机发电照明。同年 12 月，萧城南关供电所开始供电，萧城进入“电灯时代”，但仅供机关、团体照明。1970 年，全城工农业生产及居民照明全部用电。新中国成立前居民用柴草作燃料，烧饭取暖。1953 年煤建公司成立，动员群众改烧柴为烧煤。1957 年用煤量达 5.27 万吨。

园林绿地。1951 年在县城西南马云桥北的县农场划出土地 60 亩，育苗 50 亩。1954 年冬至 1955 年春，国营萧县林场在老虎山造林。1956 年春，县直机关干部、厂矿职工、学校师生 2 000 多人，在老虎山造林 500 亩。1958 年冬季 6 000 多人次在城北凤凰山造林。1959 年春，机关干部、厂矿工人、学校师生 5 000 多人次在城北凤凰山造林植树 16 万株。

同时，萧城开展街巷植树绿化，在中山街、交通路、府前巷等主要街巷植杨树、柳树 200 多棵，并对龙河两岸、烈士陵园进行植树绿化。1956 年秋，在魁星楼东荷花池兴建一处占地面积约 4 000 平方米的人民公园，有花房 3 间，花木上百种，由原段家花园老花匠穆再明作花工。1970 年因建设需要，改建为街道和住房，公园遂废。

城区卫生。1955 年前，城区各街巷均有私人所建公共旱厕，雨天粪便四溢，夏秋蝇飞蛆蠕，无专职清洁人员打扫，四关居民多日清运粪便一次，作为肥料使用。生活垃圾由居民自行堆放，1958 年后城内主要街道始设垃圾箱，砌垃圾池。

城区排水。西、北两面城墙有效阻挡了来自凤山、泉山的山水，减少了城内排水的压力。城内的排水主要来自自然降水和生活、工商业用水。新中国成立前，每遇大雨，污水横溢，雨后污泥遍地，到处脏乱不堪。至 20 世纪 50 年代开始整修、开挖土沟堰堤，以明沟排水。汛期城区雨水主要通过小魁楼涵洞排入城河，再进入龙湖。

文化体育设施。1949 年年底，在中山街法院北建设文化馆。1954 年，在县城魁星楼处设一露天电影院，面积约 500 平方米。同年在富贵街中段路北建一座简易茅棚剧场，内装木凳，面积约 800 平方米，可容纳七八百人，1974 年拆除重建为人民剧场。1957 年在孔庙院内临大同街一侧，利用原旧瓦房改建广播站，建筑面积 125 平方米，广播室设在大殿。1950 年在南仓（萧县实验小学东侧）新建 6 000 平方米体育场，配建乒乓球室、羽毛球室 7 间，建筑面积 210 平方米。

教育医疗设施。1949 年春，全县有完全小学 27 所，初级小学 83 所，学生 32 000 人。1949 年元月重建萧县梅村中学，1950 年招收高中班，是全县第一所完全中学。1951 年 9 月萧县实验小学恢复名称。1951 年在凤凰山下创办萧县初级师范学校。1957 年位于城区西北上塘子的萧县中学二部改为萧县龙城初级中学，单独设校，后改为萧城中学。1959 年在城东龙山子建萧城二中。1950 年在民享街创办萧县师范附属小学，

1958 年在萧县师范附属小学东创办机关幼儿园和托儿所。50 年代末，县城有中小学等各类学校 8 所，中学教育质量最为突出。

1949 年前，萧城有私人小诊所 2 家，房屋 4 间，建筑面积 96 平方米。1950 年 3 月筹建萧县人民医院，8 月建成，始称萧县卫生院，1956 年改称萧县人民医院，地址在同庆街中段、中山街北端（现萧县中医院地址）。初时，租用瓦房 20 间，建筑面积 810 平方米，1957 年有人员 50 名，病床 60 张。1954 年建萧县妇幼保健站，对妇科病、小儿病进行检查治疗。

交通邮电设施。从新中国成立前到 50 年代，县城客运经历了人力大轮平板车、黄包车到汽车客车的过程。1931 年，李公达任区长时自费买一小客车从事客运，从萧城南门里火神庙（今商贸城东部）发车，到徐州西关，每日两班，时跑时停。1935 年，徐州利行汽车公司始发到萧县班车，萧县汽车站仍设在火神庙。1955 年 9 月，萧县交通科始发一辆客车往返徐萧一线，汽车站仍在火神庙。1958 年上级拨款，在南高堤新建一座汽车站，占地面积 3 000 平方米，建筑面积 5 000 平方米，有平瓦房、草房 50 间，公共汽车 3 辆。之后至乡镇、县外班线不断开通，车辆不断增加。1956 年年底县城运输合作社有运输队 3 个、工人 111 人。萧县搬运站有马车 3 辆、驿马 12 匹、工人 38 人。物资运输没有货运汽车，全用牛车、马车或手推独轮车。对外公路是新中国成立前及新中国成立初新筑的 4 条简易土公路或碎石公路。1962 年符夹铁路投入运营，在萧县设货运火车站。至 70 年代初货运开始向机械化转变。

由于战争毁坏，新中国成立初期，长途电话线路仅有萧县到宿县一条，1955年开通萧县到徐州一条。1951年邮电局有城内电话5门、交换机1台。1952年接用县政府电话班市内电话交换机1台，容量50门。1952年新增农村电话30门、交换机1台，县政府专用，可打给各区乡。1958年县邮电局安装人工电报机。

城市经济

城市经济是城市发展的动力。新中国成立前，县城深受战乱之害，经济凋零，物资匮乏。1948年，全县只有私营小厂7家。新中国成立后，农业生产、群众生活的需要，国民经济的恢复和对资本主义工商业的改造，促进了城市经济迅速发展。

自1949年8月建立全县第一个国营工厂后，到1957年，县城国营工厂已发展到7家：1949年建立萧县铁工厂（位于县医院大门北侧华祖庙）、1950年建立人民建造厂（位于原教育局）、1951年10月建成榨油厂（位于城隍庙）、1953年4月建立印刷厂（位于原法院对面路南）、1956年筹建萧县综合酿造厂、1956年建成葡萄酒厂和萧县被服厂。集体所有的工厂有南关织布厂、针织厂、交通鞋厂（1960年并入针织厂）、木器厂、五金厂（后改称轴承厂）等。

多数工厂是利用原有建筑改建，仅有个别工厂是新建，在新建的工厂中，葡萄酒厂规模最大，知名度最高。

1954年，国家决定在萧县建设全国第四家葡萄酒厂，总投资550万元，同年7月由徐州市负责筹建（当时萧县隶属江苏省），从徐州酒精厂抽调3人前往山东烟台酿酒公司培训。

20 世纪 50 年代的萧县葡萄酒厂

1955 年，萧县划归安徽省后，4 月改为安徽省负责筹建。1956 年 3 月确定厂址，当年在西关征收土地 100 亩，迁坟 200 多座，两次派人到烟台、北京葡萄酒厂学习。在 80 平方米草房里，凭借 4 台手摇泵、2 部手摇车、12 个自制木桶，该厂首创葡萄酒地上储存法，生产葡萄酒 4.22 吨，行销苏皖二省。1958 年 7 月，在山西省清徐潞酒厂召开的全国第一次葡萄酒技术协作会上，萧县生产的“夜光杯”牌红葡萄酒获第二名，9 月份经出口会议定为出口产品。1959 年正式对民主德国出口，创出了闻名全国的萧县红葡萄酒品牌。

出于生产发展的需要，一批企业先后在萧县建设仓库，储备产品和物资。至 1958 年，7 家企业拥有仓库 413 间，建筑面积 11 378 平方米，占地面积 258 346.8 平方米。工厂与仓库的建设扩大了城市规模，推动了城市发展。

20 世纪 50 年代萧县仓库建设情况

仓库名称	建设年度	房屋间数	建筑面积（m^2）	使用面积（m^2）	占地面积（m^2）
盐业公司	1955	46	1 499	1 200	4 495
木器厂	1954	20	400	300	400
农机厂	1958	57	1 179	840	3 000

续前表

仓库名称	建设年度	房屋间数	建筑面积（m^2）	使用面积（m^2）	占地面积（m^2）
针织厂	1958	10	200	150	220
啤麦斯厂	1958	23	460	330	475.2
供电局	1958	7	140	102	200
葡萄酒厂	1955	250	7 500	5 400	249 556.6

萧城在被日军侵占前，商业一度较发达，在那样的一个小县城，曾有商户 343 家，商铺 676 间，主要集中在中山街、民治街、大同街两侧，除两户为官办外，其余均为民办。萧城沦陷时一部分商户受破坏，另一部分商户转移到乡村，萧城商业从此一蹶不振。新中国成立后商业开始恢复和发展。1953 年“一五”计划开始，粮食生产赶不上需求的增长，对粮油实行统购统销。1954—1955 年先后将初始设立在黄口的贸易、花纱、百货、食品、煤建 5 个县级公司迁入县城，并根据城乡人民的需要扩大供应业务。1956 年，5 家公司销售额 819.17 万元。同年，县木材公司、县生产资料经理部相继成立。到 1957 年，萧县已基本形成国营商业和供销社商业两大经营渠道，对粮、油、棉、食品、副食品、日用品、工业生产资料、农用物资计划供应，统供统销，主要采购销售生产生活必需品。

吹尽黄沙始见金，洗去尘土见本真。今天，我们重温萧城往事，让历史再现本来的面目，能更好地帮助我们了解萧城发展的轨迹，亦有利于温故而知新。

第二节　萧城曲折发展

这一节之所以叫“曲折发展”，是因为从1958年到1976年这段时间，受“左”倾错误思想的影响，萧县城市工业大起大落，古建筑、文物被毁，直至60年代末，县城建设基本处于停滞状态。1970年以后，郭庄成为“农业学大寨”的典型，外地来萧县参观学习的人络绎不绝，交通、接待等设施需要改善。为了适应形势变化，萧县县城建设有了进展，城市面貌也有所改观。

道路拓展

城市周边过境公路大规模改扩建，带动了人口、商业在南高堤一线形成新的集中区，与之相连的一批新建道路从老城区向外延伸，城市突破城墙、城河界线向外扩大。

新建的主要道路

火车站路。从萧淮公路经郝店到火车站，全长1 500米，碎石路面，1963年修建，主要为方便货物的运输和旅客进出站。

萧火路。从南高堤经化肥厂到火车站，碎石路面，全长2 300米，1964年修建。主要为接送上下车的旅客、运输进出站的货物，是县城到火车站的主要通道。

城河路、龙湖路、健康路。1975 年至 1977 年，由萧城机关、学校、厂矿、街道、城镇居民分段包干，开展义务劳动，历时 3 年完成。其中城河路东起龙湖公园，西至江苏煤田勘探三队西与 0705 国防路（今交通路）相接，又名大寨路，现为淮海路，全长 2 500 米，宽 36 米。为此从南门到小南门拆迁居民 40 余户、房屋 200 余间。龙湖路北起大同街东端，经财政局向南至 0705 国防路，长 760 米，宽 13 米，原名向阳路，建设中拆迁街道五七厂房屋 6 间。健康路北起大同街西端，经县医院向南至 0705 国防路，长 750 米，宽 13 米，两侧拆迁居民 40 户、房屋 300 余间。

填平城河、建设城河路，除县城发展需要外，还有一个重要的原因是当时的城河已遭受严重污染。1972 年至 1975 年的夏天，由于县葡萄酒厂的污水排向城河，垃圾也涌入河内，加上夏季温度高，城河污水臭气熏满城，蚊蝇满天飞，县城内居民的生活受到很大影响。当时的县革委会根据群众反映，在夏季采取熏蚊子“大战”，全城各单位和居委会，组织人员在街道的各部位堆放半干半湿的草，草堆上面放三两六六粉，定好时间，由法院的警报器发信号后，立即点火，点燃后全城居民到城郊暂时躲避，出城后的居民可以看到城内上空狼烟滚滚，蚊子被熏跑了，然后警报器再发信号，居民返回家中。每年夏天“大战”三次以上，虽然上半夜蚊子少了，但下半夜蚊子又回来了，仍不能解决问题。到 1975 年夏秋之际，群众反映强烈，县革委会采取两个办法，一是从县葡萄酒厂西部向南挖了三条水沟排污水，把污水排向龙河；二是动员四关居民和龙山、郝店、祖庄的社员，拉土填城河，开了一条城河路，这才算临时解决了困难。

改建的主要道路

萧淮公路。1969 年经中央批准，国家计委下达重点工程项目建设任务，采取民工建勤和国家补助办法修建。萧淮公路改建工程于 1969 年 12 月动工，1970 年 1 月竣工，路基加宽至 11.5 米，由碎石路面改铺为宽 5.5 米的渣油路面，是县城通往南部乡镇的主要道路。

311 国道穿城段。311 国道由国家投资铺筑，1970 年 11 月全面开工，1971 年 12 月完成建设任务，路基宽 12 米，由碎石路面改建成渣油路面，路面宽 6 米，在南高堤与萧淮路连接，是县城通往萧县西部和西南部的重要交通干线。为早日修通此路，萧县干部、民工齐上阵，组成突击队，女民兵主动报名与男同志比高低，有的社员甚至三天三夜不下火线。

对外的主要道路

为沟通县城与北部区乡的交通，1969 年以民工建勤和国家补助的办法，修建从县城东的魏楼经芦屯、腰庄到刘套的碎石公路（简称萧刘路），路面宽 3.5 米，是县城连接陇海铁路南北的又一通道。1970 年，萧杨路改线，由经陶楼、穆集到杨楼，改为自陈沟经郭庄、北城集到杨楼，路基加宽至 10 米，铺设泥结碎石路面，宽 3.5 米。

新建筑增多

随着萧县县委、县政府下属党政机构和事业单位的增加，以及城市商业和其他服务行业的发展，通过省、地、县三级拨款支持和单位自筹，萧县新建一批公共建筑，这些建筑多为2层或3层以上楼房。新建办公用房的单位有县交通局、县广播局、县人民银行等10家，总建筑面积8 856平方米，其中县供销社办公楼为4层钢混结构，建筑面积达3 200平方米；县教育局办公楼为3层钢混结构，建筑面积为1 410平方米。新建商业服务用房的单位有百货公司一部、烟酒公司一部等13家，总建筑面积19 122.1平方米，全城商业服务业建筑面积总量达35 760平方米。其中，县政府招待所规模最大，建筑面积达8 598平方米，南关百货公司二部大楼建筑面积2 100平方米，南关旅社建筑面积2 029平方米，均是当时县城地标性建筑。

这一时期城市发展的特点是，建筑不断向城西、城南扩展，向南延伸到南高堤之南的南关旅社；东南方向延伸到郝店东南的火车站，西南延伸到健康路南段的县医院。为便于直观反映新增公共建筑之概况，列示如下。

1959—1977年县城新建公有办公楼房一览

建筑物名称	位置	建筑面积（m^2）	层数	结构	投资额（万元）	建设时间
民政局接待站	大同街东段南侧	594	2	砖木	9.5	1973.8
新邮电局	中山路中段西侧	500	2	砖木	7.5	1971.8
防疫站	淮海路西段南侧	400	2	砖混	6	1977
县供销社	中山路南段西侧	3 200	4	钢混	54.4	1977

续前表

建筑物名称	位置	建筑面积（m^2）	层数	结构	投资额（万元）	建设时间
县交通局办公楼	萧淮路东侧	350	2	砖混	5.3	1972
萧城镇办公楼	淮海路中段北侧	680	2	砖混	10.2	1976.3
萧城税务所	淮海路中段北侧	452	2	砖混	6.8	1977.8
县教育局办公楼	民治街东段南侧	1 410	3	钢混	21.2	1977.8
县广播局办公楼	民治街西段北侧	510	2	砖混	7.7	1975
人民银行前楼	中山路中段西侧	760	2	砖混	12.2	1972.5

1959—1977 年县城新建公有商用楼房一览

建筑物名称	位置	建筑面积（m^2）	层数	结构	投资额（万元）	建设时间
百货公司一部	中山路中段东侧	541	2	砖混	9.2	1972
烟酒公司一部（南）	中山路中段西侧	620	2	砖木	10.5	1973.7
医药公司	中山路中段西侧	278.4	2	砖木	4.5	1974.8
东风饭店	中山路中段西侧	726	2	砖木	10.8	1973.5
烟酒公司一部（北）	中山路中段西侧	380	2	砖混	6	1973.3
五金公司一部	中山路中段西侧	271	2	砖混	4.3	1973.7

续前表

建筑物名称	位置	建筑面积（m^2）	层数	结构	投资额（万元）	建设时间
东仓粮站	中山路中段东侧	523.7	2	砖混	8.4	1974.3
县政府招待所西楼	中山路中段东侧	748	2	砖混	12	1972.7
县政府招待所中楼	中山路中段东侧	650	2	砖混	104	1967.3
县政府招待所南楼	淮海路东段北侧	7 200	4	钢混	122.4	1977.8
饮食公司	中山路南段东侧	4 050	2	砖混	15.7	1976.11
农资公司	中山路南段西侧	1 609	3	钢混	25.7	1976.12
南关百货公司二部	中山路南段东侧	2 100	2	砖混	31.5	1976.10
南关旅社	南高堤南侧	2 029	2	砖混	30.4	1972.1
工农兵旅社	中山路中段西侧	396	2	砖混	5.9	1972.3

萧县县政府招待所。位于淮海路与中山路交叉口东北隅，占地 20 400 平方米，始建于 1958 年，为 2 层小楼。后因接待的需要，1967 年新建中楼，2 层砖混结构，面积 650 平方米；1972 年新建西楼，2 层砖混结构，面积 748 平方米；1977 年沿淮海路新建南楼，4 层钢混结构，面积 7 200 平方米。该招待所是萧县规模最大、接待能力和接待水平最高的招待所，是全县大型会议、重要活动的接待场所，也是萧城的标志性建筑。

就是这座招待所，曾经留下了国家领导人的足迹。1982年10月25日上午，中共中央总书记胡耀邦、中央书记处候补书记乔石、中央书记处候补书记郝建秀、商业部副部长姜习、团中央书记处书记陈昊苏等来萧县视察，安徽省委代理第一书记、省长周子健等陪同。胡耀邦同志在招待所二楼会议室会见了萧县党政负责人，在听取县委工作汇报后做了重要讲话。

萧县南关百货大楼。即县百货公司营业二部，建于1976年10月，位于中山路以东、国防路与南高堤以北，投资31.5万元，面积2 100平方米。百货大楼各类设施完善，所卖商品种类齐全，是萧城居民和农村社员到萧城买东西的首选之地。每天从早到晚，楼上楼下，人流如梭，络绎不绝，成为萧县商业繁荣的窗口。另外，县百货公司的营业一部位于中山路与民治街交叉口东北隅，处于老县城中心位置，始建于1972年，面积541平方米，2层砖混结构，投资9.2万元，也是当时居民购物的主要场所。

萧县火车站。位于县城东南2 000米，1959年国家决定修建符夹铁路（符离集—夹河寨），部队官兵和公社、县直单位抽调人员一起修筑路基，军民协同努力，历时两年多建成。1962年9月18日，承建单位中国人民解放军6124部队向济南铁路局徐州分局交付工程。1962年10月1日，徐州铁路分局接管营运业务。1966年7月1日，萧县火车站建成并投入使用。1975年10月1日，萧县火车站划归上海铁路局蚌埠分局管辖，次年上海铁路局对车站设施进行改造。70年代末，萧县火车站年均发送旅客10万人左右，发运货物约26万吨，到达货物约2.5万吨。对萧县农产品和工业品的调出及县外各类物资的调入发挥了重要作用。当时站内仅葡萄酒厂就有自备车 5 辆。后因客源不足，2004 年暂停客运。2014 年批准恢复客运，并纳入符夹线扩能改造工程，在原站南新建萧县站。

20 世纪 60 年代的萧县火车站

萧县人民医院门诊楼。1973 年，县人民医院从同庆街迁至健康路南段西侧，占地面积 23 345 平方米，是萧县规模最大、医疗条件最好、技术力量最强的医疗机构。1976 年 7 月新建门诊楼，建筑面积 1 800 平方米，2 层钢混结构，投资 27 万元，进一步改善了群众的看病就医条件，缓解了萧县医疗设施不足的矛盾。

公共设施改善

城市经济的不断发展，城市人口的大幅增加，推动了城市公共事业、社会事业等各类设施不断增加，条件不断改善，其中一些变化是历史性的、划时代的。

供电。1959 年除夕，南关供电所建成并供电，当时仅能用于机关、团体照明。即便如此，也开启了萧县用电灯照明的新时代。1970 年，从毛庄变电所引入一条 6 千伏输电线路至萧城，从此，萧城生产生活用电得以普及，彻底结束了自建城以来一直用油灯照明的历史。

1974 年，中山路安装水银路灯 18 盏，计长 1.1 千米，结束了萧城无路灯的历史。此后其他街道陆续安装了路灯。明亮的夜间道路，为人们出行提供了方便，也增加了城市的“味道”。

供水。1976 年 3 月，萧城开始用上自来水。在萧县师范学校院内东南隅有深井一眼，日供水达 550 吨，主要是向较大的机关食堂、少数单位的职工提供饮用水。部分石井退出饮用水源功能，部分居民结束了肩挑手提吃水难的困境，吃上了干净卫生的自来水，这在萧县历史上还是首次。

客运。自 1959 年相继开通萧城到黄口、濉溪、管粥集的汽车班线。1971 年，宿县专区汽车运输公司在萧县设立客运第五汽车队后，萧县客运能力进一步提升。1975 年，萧县汽

20 世纪七八十年代龙山子铁路平交道口（郑纪刚摄）

车站整改扩建，占地3 200平方米，站房面积增至700平方米。20世纪70年代末，县城至各公社、周边城市都开通了班车，原来拉平板车的工人纷纷当上了机动车的驾驶员。1976年1月，县财政局购置江淮客车两辆，开辟了县医院至火车站、法院至毛郢孜两条公交线路，20世纪80年代中期停运。

医院。1973年县人民医院从同庆街迁到健康路，同年在县医院原址建立了县中医院。1969年在萧淮路西侧新建龙城医院。

学校。原有学校规模不断扩大。萧县实验小学于1975年扩建一栋3层教学楼，面积1 850平方米，1978年在校生1 180人，从1959年的14个班扩大到1978年的32个班。梅村中学1961年高考升学率全省第三。新建学校不断增加，萧城二中、南关小学、郝店小学、祖庄小学、龙山子小学、机关幼儿园和机关托儿所等相继投入使用，越来越多的适龄儿童入学接受教育。

20世纪60年代末的人民电影院

文化设施。文化设施三大标志工程——新华书店、人民电影院、人民剧场，先后投入使用。新华书店建于1968年，位于中山路与民治街交叉口西南隅，建筑面积300平方米，2层砖木结构，投资4.5万元。人民电影院建于 1969 年，位于治国巷南端东侧，建筑面积 934 平方米，座位 1 109 个。人民剧场建于 1975 年，面积 1 150 平方米，座位 1 070 个。现位置仍在原址。

公园。1970 年因城市外扩，县城唯一一座公园——人民公园被废。1976 年按照城建规划在龙湖新建龙湖公园。龙湖公园占地 62 040 平方米（其中水面积占 30%），原是一片蒲苇丛生的沼泽地。1976 年秋，全城各界人士 5 000 余人义务劳动，参加修建，至 1977 年夏建成。公园南北长 330 米，东西宽 188 米，西侧建有儿童乐园、滑冰场，东侧有盆景园、动物园，最北部是苗圃。移入永堌水库北岸废弃花园的花卉树木进行绿化。树木有雪松、龙柏、垂柳等 30 多种，花卉有昙花、桂花、虎刺梅等 430 多种，其中不同颜色、不同品种的牡丹、月季有 200 多种。新建成的龙湖公园环境优雅，景色宜人，是难得的休憩游乐之地，人们三五成群，徜徉其中，或漫步，或谈笑，悠然自得。

城市管理。城市管理开始起步。自 1973 年起，县城主要干道两侧先后栽植了法国梧桐、杨树和柳树，空地种上了花草。1979 年末，县城主要街巷栽有各种树木 2 400 多棵，每至夏季，绿树成荫，清爽宜人。自 1976 年起，全城主要街道开始在两侧砌筑明暗沟等排水设施，以解决积水、污水排放问题，并于同年成立卫生队，固定 6 名清洁工管理清扫街道。

城区部分水系因城市建设发生改变。龙湖西部新建龙湖路，龙湖公园面积缩小，蓄水量减少。1972 年在“万人坑”水库安置中山路拆迁户 200 户 650 人，新建房屋 8 950 平方米；1973 年安置淮海路拆迁单位 2 家、拆迁户 26 户 95 人，新建房屋1 290平方米。水库内建筑的增多，导致水库面积不断缩小，蓄水功能不断下降。城河被填平修路，失去排水功能。龙河、丰收沟两侧建筑增加，河道变窄、变浅、淤积，排水功能下降。

1959—1977年县城新建公共设施一览

名称	位置	建筑面积（m^2）	占地面积（m^2）	建设时间
新华书店	中山路中段西侧	300		1968.3
人民电影院	民治街东段北侧	934		1969
人民剧场	富贵街西段北侧	1 150		1975
萧县汽车站	国防路南高堤南侧	700	3 200	1975.4
实验小学教学楼	淮海路中段北侧	1 850		1975
县医院门诊楼	健康路南段西侧	1 800		1976.7
龙城医院楼	萧淮路西侧	250		1969
萧县火车站	县城东南两千米	8 000	89 700	1960—1962
萧城油库	县城东南两千米	1 200	15 844	1975
萧城二中	城东龙山子	1 008	49 358	1959
机关幼儿园	民享街南段东侧	750（14间）	900	1958
机关托儿所	民享街南段东侧	600（12间）	820	
龙山子小学	城东龙山子村	1 540（77间）	2 597.4	1977
西关小学	淮海路西段南侧	872（40间）	4 928.4	1976
南关小学	健康路南段西侧	620（40间）	2 997	1963
郝店小学	小康路东段南侧	544（28间）	2 031.2	1963
祖庄小学	龙山路北段西侧	566（26间）	2 597.4	1963

向城外扩建工厂

农业、商业的发展，人口的增加，对生产资料、工业用品的需求大幅增长，新建工厂纷纷涌现，狭小的老城难以容纳，向城外扩张成为必然，地势平坦的城南成为不二选择。

在老城东南区域，先后在南高堤之南建起了萧县白酒厂、萧县化肥厂、萧县磷肥厂、龙城轧花厂，在龙山脚下建起了萧县石灰石料厂、萧县水泥厂，在萧徐路东建起了萧县砖瓦厂，在符夹铁路以东建起了萧城油库。在城西南区域，沿淮海路两侧，相继建起了萧县耐火材料厂、萧县农机厂、萧县水利机械厂、萧县制药厂、江苏煤田勘探三队。萧县葡萄酒厂因产品畅销而不断向外扩建，规模进一步

20 世纪 70 年代的萧县化肥厂一角

20 世纪 70 年代的萧县水泥厂一角

扩大。这些新建或扩建的工厂，占地面积均在1.3万平方米之上，建筑面积均超过2 700平方米，带动城市像做大饼一样一步一步向外摊开扩展。

与此同时，因生产需要，包括工厂、公司在内的20多家单位还建有仓库680多间，建筑面积19 450多平方米，占地675 300多平方米。尤其是萧县火车站的建成，吸引了一批规模较大的仓库向其周围集中，在提高物资和产品的调进调出效率的同时，自然形成了城市的仓储区。

1959—1977年县城新建工厂情况一览

工厂名称	位置	建筑面积（m^2）	占地面积（m^2）	建设时间	备注
萧县印刷厂	中山路中段西侧	1 239	6 124	1973.7	
萧县轴承厂	中山路中段西侧	3 642	6 005	1971.3	原为城关修配厂
萧县酱园厂	中山路中段西侧	1 879	3 572		原为综合酿造厂
龙城轧花厂	国防路南	3 189	14 652	1967	
萧县水泥厂	龙山脚下	6 706	13 240	1970	
萧县砖瓦厂	萧徐路东	2 700	13 420	1967	1959年始建在龙河东化肥厂附近
萧县石灰石料厂	龙山脚下	5 328	33 300	1964	
萧县化肥厂	国防路南	30 000	200 000	1971	
萧县磷肥厂	国防路南	28 845	49 950	1972	
萧县酿酒厂	国防路南	10 308	43 290	1962	

续前表

工厂名称	位置	建筑面积（m^2）	占地面积（m^2）	建设时间	备注
萧县耐火材料厂	西关外城河路南	4 980	35 000	1964	1958年始建
萧县农机厂	西关外城河路南	7 031	46 214	1966	原为萧县通用机械厂
萧县水利机械厂	西关外城河路南	2 784	20 250	1972	
萧县制药厂	国防路北	7 794	25 308	1972	从梅村迁至此

原始生态的萧城，体现人与自然的共生性。萧城“三山环抱”“两水环绕”，是一处负阴抱阳的“风水宝地”。20世纪五六十年代，由于受“左”倾思想的影响，违反客观规律，萧城的建设也走过一段“弯路”，生态环境遭到破坏。人们曾记得：站在南高堤（今国购广场）位置，顺延中山街向北眺望，凤山半腰上部用白灰铸成的“重新安排萧县河山”八个大字，每个字面积约有几十平方米，格外醒目与“气派”，且有感召力。在东部龙山周围，为生产水泥、烧制白灰，或为修路、建筑，人们争先恐后开采石料，如今龙山仅剩下一个“龙首”。在西部虎山脚下，挖掘石料的机器轰鸣声一片，使得虎山削去了半面。再说萧城背靠的凤山，周边乱开乱采的“石塘窝”举目可见。萧城东南部原是一片汪洋的龙湖（古称太湖），湖水面积约有16 500平方米，由于全民齐上阵“填埋”，致使水面逐步缩小，如今只留下几个小水塘。如此种种，不仅使萧城的生态环境受到破坏，也使后来的修复治理付出了很大代价。尽管如此，萧县经济社会包括城市建设仍在探

20 世纪 60 年代末期萧县县城民治街与中山街交会口（郑纪刚摄）

索中前进，在克服困难中发展。

一句萧县大地，道出了养育我们的故土，一句萧地乡音，将我们萧国后裔密联为一体，每个萧籍人都有责任，也有义务呵护好我们的城市，建设好我们世世代代的家园。

第三节　萧城加快发展

1978 年党的十一届三中全会召开，改革开放的春风吹遍萧县大地，为萧城的发展注入了新活力，萧城建设迈开新的步伐。截至 2004 年年底，萧城建成区的范围南至梅村、东至符夹铁路、北至凤山、西至虎山，由教育路—小西环路—凤山路—龙山路构成环城路。城区面积 10.11 平方千米，人口 12.5 万人。

城市规划步步升级

自新中国成立后，萧城尽管经过 30 年的发展历程，城市面貌有了改变，但始终没有一个总体规划蓝图为萧城的发展引领、导航。

第一轮萧县县城总体规划。萧城作为全县政治经济文化的中心，集中了全县主要的工业、商业，吸引了越来越多的人口，对经济发展的带动作用越来越突出。明确萧城发展定位，有计划、有步骤地发展萧城成为历史的必然。为顺应发展之势，萧县 1983 年 6 月启动了第一轮县城总体规划编制工作，1986 年经宿县地区行政公署批准实施。

为便于了解萧城规划演变的轨迹，将这一规划的主要内容辑录如下。

1983 年编制的萧县县城总体规划图（1983—2000 年）

规划年限近期为 1983—1990 年，远期为 1983—2000 年。规划人口近期为 3.2 万人，远期为 4.2 万人。规划范围近期是北起萧县师范学校，南至火车站，西起萧县水利机械厂，东至符夹铁路线；远期是北起凤山南麓，南至纵庄北，西起虎山东，东抵陈井涯。近期规划面积为 3.34 平方千米，远期规划面积为 4.32 平方千米。近期规划比现状用地扩大 67 公顷，远期规划比现状用地扩大 166 公顷。

用地布局中有两个工业区：一个是西南工业区，沿国防路南侧从马云桥至健康路一带；另一个是东南工业区，主要是龙山南路两侧区域。对这两个工业区内的萧县化肥厂、萧县磷肥厂及中山路的萧县轴承厂、萧县酱园厂，健康路北端的耐火砖厂、葡罐公司酒精厂等污染企业进行治理或迁出。生活居住用地，近远期主要向城北山坡上发展，旧城区和建成区内的住房逐步改造，平房逐步更换为 3 ～ 4 层楼房。新建机关办公楼，在龙湖路附近安排，中山路、淮海路规划为主要商业街。萧县轴承厂、消防大队迁至城外，规划兴建三座综合性商业大楼，与县政府招待所大楼、县供销社大楼相呼应，形成整齐美观的“四牌楼”。在健康路南段东侧、国防路北侧兴建一个可容纳 2 万人的中心广场。紧靠图书馆南侧建一座少年宫。街道以现状为基础，采取棋盘式布局，以 10 条干道为骨架，东西向 5 条，南北向 5 条，纵横交会，相互贯通。主干道之间的距离为 400 ～ 500 米。

县城道路规划一览

路名	走向	起讫点	性质	宽度（m）	长度（m）	备注
萧徐萧黄公路（国防公路）	东西	龙山子—西山口	过境公路	44	1 450	
中山北路	南北	招待所—凤凰路	生活干道	18	840	规划延伸
中山南路	南北	汽车站—招待所	生活干道	36	400	
淮海路	东西	水利机械厂—龙湖路	生活干道	36	1 000	
龙湖南路	南北	萧徐公路—大同街	交通干道	36	780	
龙湖北路	南北	大同街—筛子泉	交通干道	24	800	规划延伸
健康南路	南北	萧黄公路—大同街	交通干道	24	780	

续前表

路名	走向	起讫点	性质	宽度（m）	长度（m）	备注
健康北路	南北	大同街—凤凰路	交通干道	18	600	规划延伸
龙山南路	南北	车站路—萧徐公路	交通干道	18	800	待整修
龙山北路	南北	萧徐公路—凤凰路	交通干道	16	15 00	规划延伸
车站路	东西	萧宿公路—火车站	交通干道	24	1 600	待整修
大同街	东西	健康路—龙山路	生活干道	18	1 100	待整修
凤凰路	东西	健康路—祖庄	交通干道	18	1 160	规划延伸
花园路	南北	淮海路—萧黄公路	交通干道	18	400	整修取直
同庆街	东西	健康路—龙山北路	生活干道	18	640	待延伸
民治街	东西	葡萄酒厂—龙山北路	生活干道	18	1 600	待整修
富贵街	东西	菜市街（小南门街）—龙湖路	生活干道	12	500	待开通

园林绿化规划，在城西北侧新建一处公园，并改现在的“万人坑”水库为公园的风景区水面。

对外公路，近期规划是铺设东关至魏楼的柏油路面，并连通国防路；新修萧黄公路从马云桥至萧城医院南、沿虎山沟南岸的一条对外交通道路，接通萧宿公路。公共交通方面，除现有两辆公共汽车接送上下班的职工和火车站的旅客外，规划恢复萧城至黄口、毛郢子煤矿、皇藏峪旅游区的公共汽车路线。计划 1990 年增添公共汽车 3 辆，2000 年增添 5 辆。

排水规划，根据现状，近期规划排水采用雨污合流的办法，将城内下水道引出城外排入龙河，有条件的工厂，各自的工业废水尽快作出处理；远期规划建立一套完整的排水系统，修整排水沟，增铺排水管道，实行雨污分流制，并在郝店桥、龙河西岸建一座污水处理厂。防洪方面，一是利用城西北侧现有“万人坑”水库调蓄一部分洪水，以削减洪峰流量；二是加固城北原有防洪堤坝，截一部分山水入三龙支河；三是疏通葡萄酒厂西侧排洪沟；四是城内排洪排水，通过下水道送入龙河。

在建设新区的同时，有计划地改造旧城区，使新老城区都能得到协调发展。首先，修整街坊道路，铺设沥青或水泥路面，拆除各种障碍物，拓宽街道路面，以利消防车、洒水车通行。其次，加强旧城管理，对现有的居民住宅、公共设施，加强维护，充实完善；对简陋危房有计划地更新改造；严禁在主街道两侧兴建小平房、大院墙；各类建筑应向高空发展，增加建筑层数；充分利用区域内现有空地，并按规划进行建设。

这次规划将萧城的性质定位为：全县政治、经济、文化、科技的中心，以食品加工业为主要特色，不断发展和扩大支农工业的社会主义新型城镇。

1987 年 5 月，经宿县地区行政公署同意，对规划进行调整。体育场拟移至龙湖公园东，萧黄公路入城段拟移至城南，在城西新规划一条南北向的虎山路，烈士陵园拟迁至城北圣泉寺风景区内。

第二轮萧县县城总体规划。1992 年邓小平南方谈话发表，全国改革开放的步伐加快，城市建设需适应经济发展而提速，规划调整应势启动。当年萧县委托安徽建筑工程学院以第一轮规划为基础，编制第二轮萧县县城总体规划。1993 年对县城总体规划调整方案进行技术鉴定和总体的规划设计，1994 年 4 月，经安徽省人民政府批准实施。该规划近期至 2000 年，人口规模为 7.5 万人，用地规模为 778.3 公顷；远期至 2010 年，人口规模为 13 万人，用地规模为 1 255 公顷；规划总面积 9.6 平方千米。

第三轮县城总体规划。2001 年，萧县县政府委托安徽工业建筑学院编制第三轮萧县县城总体规划。同年 7 月，安徽省建设厅和宿州市建委在萧县组织评审。该规划近期至 2005 年，人口规模为 10 万人，用地规模为 1 202.2 公顷；远期至 2020 年，人口规模为 18 万人，用地规模为 1 811.8 公顷。

城市建设速度加快

改革开放的不断推进，推动了萧县经济快速发展、城市建设不断提速，能够直观体现城市变化的建筑越来越多、越来越高，由内向外不断延伸。至 2005 年，萧县县城人均住房面积从 1986 年的 15.6 平方米增加到 30.4 平方米，主要街道两侧 3 层至 9 层以上建筑有 522 幢，建筑面积 84.5 万平方米。

公共建筑。1986 年，县城最高的房屋是 4 层，2 层至 4 层楼房共有 97 幢。县城党政机关办公用房多为 80 年代建设，一般为 2 层或 3 层楼房，建筑面积 75 320 平方米。4 层的办公楼也有，但很少，如位于民治街东段北侧的县城乡建设环境保护局、县劳动局，位于龙湖路南段东侧的县农业局办公楼，位于淮海路与中山路交叉口西南角的县供销社大楼，位于淮海路中段北侧的工商局大楼，位于淮海路中段南侧的蔬菜公司营业楼，位于交通路东段北侧的龙城饭店。县政府办公大楼也是这一时期建设的，位于大同街东段北侧，建筑面积 1 790 平方米。

20 世纪 80 年代县城临街的重点建筑

建筑物名称	位置	建筑面积（m^2）	层数	结构	投资（万元）	建设时间
水利局办公楼	中山路北段西侧	2 100	3	砖混	33.6	1981.3
人民银行后楼	中山路北段西侧	765	3	砖混	13	1981.3
人民法院办公楼	中山路北段西侧	154	2	砖木	7.8	1980.11
新华书店	淮海路中段北侧	633	3	砖混	10	1984.8
物资局门市部	淮海路中段北侧	544	3	砖混	8.8	1984.8
农业局办公楼	龙湖路南段东侧	1 237	4	砖混	14.8	1984.8
基建局办公楼	龙湖路中段西侧	869	2	砖混	14.3	1980.11
农业银行	龙湖路南段东侧	1 850	3	砖混	29.6	1983.3
灯光球场	淮海路中段北侧	2 150	2	钢混	34.4	1983.10
科技大楼	龙湖路北段东侧	1 250	3	框架	18.7	1980.3

续前表

建筑物名称	位置	建筑面积（m^2）	层数	结构	投资（万元）	建设时间
电影公司办公楼	富贵街东段北侧	1 040	3	钢混	16.6	1983.10
烟酒公司办公楼	淮海路中段南侧	797	2	钢混	12.7	1981.8
图书馆楼	龙湖路南段西侧	800	2	砖混	12	1983.7
医药公司大楼	淮海路西段南侧	787	3	钢混	11	1984.4
供销社大楼	中山路南段西侧	3 200	4	钢混	54.4	1981.9
粮食局大楼	淮海路中段北侧	3 250	3	钢混	55.3	1980.5
西关玻璃厂楼	淮海路西段南侧	777	3	砖混	6.4	1983.4
蔬菜公司楼	淮海路中段南侧	400	2	砖混	6.3	1981.8
县政府办公楼	大同街东段北侧	1 790	3	钢混	28.6	1980.5
税务局办公楼	大同街西段北侧	900	3	砖混	13.5	1983.7
财政局办公楼	龙湖路中段西侧	720	2	钢混	11.5	1980.10
计委综合大楼	民治街东段北侧	1 750	3	砖混	28	1983.12
竹器厂楼	中山路南段西侧	1 240	2	砖混	18.6	1983.11
工会工人俱乐部	民治街东段南侧	1 200	3	砖混	18	1983.1

续前表

建筑物名称	位置	建筑面积（m^2）	层数	结构	投资（万元）	建设时间
工业局办公楼	治国巷东侧	680	3	钢混	10.2	1983.12
县档案馆	大同街东段北侧	360	2	钢混	5.8	1980.3
曲艺馆	淮海路西段南侧	366	2	钢混	6.3	1980.1
广播局广播大楼	民治街西段北侧	720	3	钢混	11	1981.4
旭日饭店	淮海路中段南侧	158.4	2	砖木	2.4	1983.4
萧城镇旅社	淮海路西段南侧	332	2	砖木	6.6	1983.8
外贸大厦	淮海路东段北侧	500	3	钢混	12.5	1985.5
蔬菜公司营业楼	淮海路中段南侧	1 268	4	砖混	23	1985.11
青少年宫	淮海路东段南侧	1 090	2	砖混	14	1985.12
建设银行大楼	淮海路东段南侧	480	3	钢混	8	1985.5
企业局办公楼	淮海路东段南侧	1 420	3	砖混	26	1985.5
县政府招待所贵宾楼	淮海路东段北侧	2 060	3	钢混	70	1985.7
龙城饭店	交通路东段北侧	1 200	4	框架	19	1985.3
烟草局办公楼	交通路西段南侧	623	3	框架	12	1985.12

续前表

建筑物名称	位置	建筑面积（m^2）	层数	结构	投资（万元）	建设时间
工商局办公楼	淮海路中段北侧	750	4	砖混	14	1985.5
农资公司新楼	交通路北侧	1 660	3	钢混	26.8	1985.6

20 世纪 90 年代以后，萧县房屋建设又出现了新的变化，楼房不仅在数量上增加迅速，在高度上更是令人仰望。到 2005 年，萧县主要街道两侧建筑以 3 层以上为主，最高的已是 9 层。规模最大的单体建筑的面积由 80 年代的 3 000 多平方米增加到近万平方米。房屋外观形态变化明显，色调由单一变为丰富多彩。外立面的装饰从无到有，发展到瓷砖、花岗岩、玻璃幕墙，造型大方，色彩绚丽。

这一时期先后建成的临街重点建筑。县供电局大楼：位于淮海东路与龙山北路交叉处，主楼 6 层，两翼 4 层，框架结构，建筑面积 4 600 平方米。主楼中间屋顶装有 8 米高的信号接收塔，1992 年落成，是萧县电力调度指挥中心。交通宾馆：位于中山南路东侧，高 7 层，框架结构，建筑面积 4 560 平方米，1 层外墙用棕色花岗岩贴面，2 层以上用深棕色拉毛缸砖，1995 年落成。宾馆设施齐全，配置时尚，是大型会议、重要活动的主要接待场所之一。县人民法院办公楼：位于中山路北段与大同街的交叉处，高 6 层（局部 7 层），框架结构，1 层外墙用深棕色花岗岩贴面，2 层以上用白色瓷砖贴面，建筑面积 6 200 平方米，1996 年落成。它不仅是全县各类案件的审理中心，也是县城北部的地标性建筑。萧国商城：位于中山路西侧，5 层框架结构（含 1 层地下大厅），建筑面积 5 700 平方米，1 层外墙用花岗岩贴面，正面玻璃幕墙，1996 年落成。商城各类设施先进，商品齐全，是县城主要购物场所之一。县地税局办公楼：位于中山南路与龙霄路交叉处，高 9 层，框架结构，建筑面积 3 820 平方米，是城南的标志性建筑，1996 年落成。工商银行大厦：位于中山路与淮海路交叉处西北角，高 9 层，框架结构，建筑面积 9 700 平方米，1 层外墙用印度花岗岩贴面，2 层以上贴白色瓷砖，1997 年落成。它是当时萧城最高建筑，也是单体规模最大的建筑，是服务萧县工商企业和萧城居民的重要金融机构。鹏程中学教学主楼：位于交通东路与行政大道南段交叉处，高 5 层，框架结构，建筑面积 9 450 平方米，外墙为杏黄色，2005 年落成。城隍庙商场：南临淮海路，北临富贵街，建于 1991 年，原为体育场，占地面积 9 988 平方米，建筑面积 11 814 平方米，共 156 间。该建筑整体为仿古建筑，白色墙面，红色琉璃瓦屋面，飞檐起翘，翼角高挑。

居民住宅。这 20 多年的时间里，是萧城居民住宅增加最快的时期，向南扩到梅村、王庄，向西扩到三里庄、老宅子，向北扩到党校，向东扩至祖庄、龙山。乍看无序，其实也有其特点。

20 世纪 80 年代到 90 年代初，住房的兴建多为机关事业单位统一申请，建设单位家属院，从四关征地，土地获批后，再分配到职工，由职工自己出资建设，土地使用权仍是单位所有。设计样式多为成排的平房，每家独门独院，左邻右舍共用一个屋山，或2间，或3间，少量的是4间，红砖砌墙，没有外粉，青瓦或红瓦屋面，结构简单。企业则在厂区内划出一块地，建设家属院，分给职工。当时在四关建起的家属院一个挨一个，如北关的龙城镇家属院、西关的耐火材料厂家属院、南关的财政局家属院、东关的实验小学家属院等，有些家属院的标志牌至今仍依稀可见，成为萧城历史记忆的一个痕迹。从90年代中后期开始，建房的方式呈现多样化。各单位统一建设的多是2层或3层的楼房；更多的是几户与四关的村组或居民签订土地合作利用协议，分户建设；或与四关的原住民合建，一方提供土地，一方提供资金，建好后分配；或是拆旧房建新房，拆平房建楼房。这一阶段所建居民住房，多为2层楼房带一个独立小院，因外观样式单调，被形象地称为“火柴盒”。这些“火柴盒”规则有序地排列，构成了萧城的“外圈层”，紧紧包围着前期一排排的平房形成的“内圈层”，恰似城市生长的“年轮”，记载着城市的年龄，又像是建筑上的文字，形成了一道独特的“风景线”。

20世纪八九十年代盛行一时的民房建筑模式

在单位统建、个人自建的同时，住宅小区开发也悄然兴起。县房地产开发公司通过招商引资和集资等办法，开发了龙山、凤山、萧县中学等 3 个住宅小区，建设经济适用房 4 500 平方米。萧县城镇房地产综合开发公司在城区开发住宅小区和商住楼约 10 000 平方米。

城市道路

1985 年全城共有 19 条主、次干道，总长约 19 千米，其中一部分是泥结碎石路面和土路面。2005 年年底，县城共有主干道 11 条，次干道 15 条，总长 32.3 千米，新增主、次干道 7 条，长度 13.3 千米，道路框架基本形成，路网形状开始显现。

新增主要道路。世纪大道：东起龙河，西至健康路，长 525 米，宽 50 米，水泥路面。龙霄路：东起龙河，西至健康路，长 630 米，龙河至中山路段宽 30 米，中山路至健康路段宽 80 米，中间为公园，两侧为水泥路。虎山路：南起交通西路，北至淮海西路，长 330 米，宽 30 米，水泥路面，是萧黄公路穿城的一段，也是外环路的一部分。上岗街：北起淮海路，南至大湾商城，为下岗职工再就业一条街，性质为商业步行街。

新建居民区内规模较大的生活道路有：凤山路到聋哑学校的文化路，中山南路到虎山南路的唐槐路，交通路到小康路的财贸巷、工交巷，交通西路到淮海西路的西菜市街（花园路）。

改扩建主、次干道。1984 年，淮海路中段铺成水泥路面。

1985年，新铺龙山路、凤山路等环城路路面。1993年，改建交通路（311国道穿城段东收费站至陈沟）为宽24米的水泥路面，长4千米；改建龙湖路，铺成水泥路面，宽14米。1995年，改建龙山路（东环路），南起交通路，北至大同街，长876米，宽24米；同时改建民治街东段，长252米，宽18米；大同街延长80米，宽17米，均铺成水泥路面；改建健康路南段，铺成14米宽油路面。1996年，改建中山南路，北起车站路（小康路），南至世纪大道，长750米，铺成宽24米的水泥主路面；修建淮海路，东起龙山路，西至虎山脚下，建设资金由沿街单位、商户、居民共同筹集，单位出资从2 000元到15万元不等。1997年，交通路陈沟至岱河桥段改建成宽24米的水泥路面，交通路东收费站北段的1.2千米改建成宽22米的水泥路面。1998年，淮海路西段改建成宽24米的水泥路面。2000年，改建大同街东段（龙湖北路至龙山北路），宽由9米拓至24米，长550米，铺成水泥路面。2001年，改建龙山路北段，长740米，宽30米，铺成水泥路面。2002年，改建大同街东段，铺成砼路面。2003年，改建凤山路（北环路），长1 568米，宽24米，铺成砼路面。2004年，改建健康南路，长3 000米，宽24米，铺成砼路面。

外连道路。311国道、301省道、202省道三条干线公路穿城而过，对外直接与徐州市、宿州市、淮北市、永城市、砀山县、丰县等省内外市县互联互通。2002年7月，连霍高速安徽段开通，丁里出入口距县城约14千米。2003年12月，合徐高速开通，朱圩子出入口距县城约7千米，从县城外出更加方便快捷。

城市功能进一步完善

随着科技水平的提高、经济的发展，城市原有功能进一步提升，新的功能不断涌现，以前大都市才有的设施悄然走入萧城。让我们重拾这段岁月，感受发生的变化。

客运。出行条件有了明显改善。城内，发端于 1976 年的县城公交，1988 年后曾一度中止。2000 年 10 月，贯穿城区主要街道的 4 条公交线路同时开通，22 台“东鸥”牌公交车以崭新的姿态再现萧城。出租车兴起于 90 年代末，1998 年萧县有出租车 20 多台，2002 年发展到 160 多台。2003 年，萧县出租车实行公司化经营，4 家出租车公司拥有出租车辆 282 台，市民出行方式又有了新选择。对外，县城至国内 8 个省市和全县 23 个乡镇中 83% 的行政村通客车，客运班线由 1985 年的 50 条增加到 114 条。

20 世纪 90 年代的萧县汽车站

与交通发展相适应，乘车环境不断改善。1996年，萧县汽车站扩建，新建5层综合候车楼，建筑面积2 543平方米，候车大厅926平方米，可同时容纳1 000余人，站内停车场可同时停放车辆60多台。1995年，县交通局租赁林业局苗圃场2 400平方米场地，新建西关停车场，接发西部乡镇的班车。公路客运迅猛增加，铁路客运受到冲击，因客流量不足，2004年萧县火车站客运业务中止，改为储运站。

通信。通信技术发展日新月异，通信方式推陈出新，改变着人们的生活。20世纪80年代至90年代，县内固定电话大发展，从1980年的368部猛增至22 840户。电报业务则快速萎缩，从1980年的年发报4.6万份下降至2005年的15份。1992年邮电局开通无线寻呼系统（BB机），2000年已没有用户。1993年开通有线电视和模拟移动电话（大哥大），1996年开通数字移动电话（手机），2005年年底全县有13.05万手机用户。1995年开通互联网业务，2005年年底全县有用户2 516户。

供排水。萧县自1975年开始供应自来水，1985年县城有水源井5眼，共铺设供水管网36千米，日供水2 000吨，自来水普及率约60%。2005年年底全城有水源井24眼，输水干管长78千米，日供水能力1.8万吨，供水普及率95%。排水由明沟改为暗沟，1985年有地下排水管道11条，总长6 330千米，2005年年末，有下水道27 870千米，明沟已不复存在。

能源供应。居民生活使用液化气始于1991年。2005年县城有用户3.5万户，日均用气量8 ~ 10吨。县城电网不断升级改造，供电能力大幅提升，人均用电量从1986年的141千瓦时上升至 2005 年的 199 千瓦时。

园林绿化。街道的绿化与建设同步，到 2005 年，绿化街道的长度 16 920 米，道路两侧绿化带面积 71 460 平方米，绿化品种呈现多样化，主、次干道常年见绿，春夏有花。20 世纪 90 年代末到 21 世纪初，园林绿化是城市发展中的一大亮点。1995 年后，陆续提升龙湖公园的绿化档次，新添名贵花卉盆景 2 000 多盆，观赏树木 3 000 多株，休闲娱乐设施 30 多种。1999 年，在城南新区兴建龙霄公园，面积 17 500 平方米，建有双层六角凉亭、大型喷泉、长廊，置有各式装饰彩灯 70 多盏，有桂花、蜡梅、牡丹等花卉树木 30 多种。2004 年添置健身器材 10 多种，每天在此休闲健身的有 1 800 多人。1999 年在龙河东侧、交通路南新建蓝云游园，面积 1 008 平方米。1992 年新建南关汽车站小游园，1999 年改建更名为腾宵园，增设凉亭、大型喷泉、长廊，增植月季、桂花、黄杨等花木。2001 年新建虎山公园，面积 14 300 平方米，园内 20 多个小园相互贯通。

城区照明。1974 年中山路开始安装路灯，1982 年淮海路、龙湖路相继安装水银路灯 26 盏，长 2.1 千米。2000 年以后，路灯的安装与道路建设同步，主要路口开始设置高杆灯、礼花灯。每到傍晚，华灯初上，整座城市便被点亮了。

城区卫生。1984 年后，推行“门前三包”（包卫生、包绿化、包秩序）制度，并不断增添垃圾中转箱、清扫车，县城环卫设施不断改善。1985 年年底，城区共有铁皮垃圾箱 16 个，砖砌垃圾池 15 个，集聚的垃圾每天运至城外沤肥。1998 年在县城东郊二庄征地 1.87 公顷，建设垃圾处理场。2004 年建地下垃圾中转站 10 个。

广播体育。1985 年，建于凤山南麓的萧县电视转播台正式开播，有机房 18 间、530 平方米，始于 20 世纪 70 年代初的黑白电视机开始被彩色电视机取代。1993 年，萧县有线电视台建成并开播，2004 年有线数字电视在县城开通。1987 年在龙河东侧、淮海路北侧新建萧县体育场，占地 63 亩，是萧县举办大型体育赛事活动的场所。体育场内设 400 米环形跑道、半圆式田径场、标准大型体育场、3 000 座灯光看台、篮球场、游泳馆、综合训练房，全天候对外开放，是居民健身锻炼的理想场所。

城市管理趋向规范

1977 年设立城建局。1983 年成立县城镇建设管理委员会，由一位副县长任主任。1985 年成立县城镇文明建设管理指挥部，抽调十几人具体负责县城的建设和管理。1988 年成立专门环卫机构——龙城镇环境卫生管理所，并相继成立城管监察队和专门规划机构。2005 年县城环保队伍增加到 155 人。城市管理机构不断完善，队伍不断壮大，城市管理走向制度化、规范化。

1983 年以后，根据萧城整体规划，县政府先后制定了《萧县城镇建设管理条例》《城镇建房管理规定》《园林绿化管理办法》等文件。1990 年，《中华人民共和国城市规划法》颁布实施后，萧县进一步完善各项规定，规范规划编制审批程序，规范建设用地管理，统一选址意见书、建设用地规划许可证、建设工程规划许可证。自 2003 年起，加强规划区内个人自建住房管理，严格实行“一书两证”，严格按程序审批发放，规范乱建问题。2005年，先后出台有关加强县城规划开发建设管理、房屋管理、房屋拆迁补助补偿、市容管理等政策规定，成立土地管理办公室、市容管理办公室，处理违法违规行为，城市管理有法可依，有章可循，有专职队伍实施。落实“门前三包”责任制，将卫生、绿化、秩序责任到人、到户、到单位。清理整治卫生死角，重点治理城乡接合部、小街小巷。县直机关划片包干，每周五为“卫生清洁日”，县“四大班子”负责人带头，县直机关干部全员参与打扫卫生。2005年，主要街道实行全天候保洁，全城各街巷基本做到生活垃圾不过午，全部收集清运完毕，清扫保洁面积70多万平方米，保洁率96%以上，县城内“脏”的问题得到有效解决，街巷变得一天比一天整洁，2000年被评为卫生文明县城。多部门联合治理车辆乱停乱放、商户出店经营占用人行道、乱摆摊、乱设点，“乱”的现象得到遏制。新建、改建、整修街道和公共设施，城市基础设施“差”的状况大为改观。随着城市“脏乱差”现象的有效治理，一个管理规范、运转有序的新萧城逐渐呈现在市民面前。

城市经济焕发活力

20世纪80年代，随着改革开放的深入推进，经济发展活力持续迸发，新的产业不断催生，萧城经济的结构发生变化：逐渐从以工业为主转变为工业和服务业并重，以公有经济为主转变为以民营经济为主。

1985年，县城有国营企业20多家：葡萄酒厂、面粉厂、

20 世纪 80 年代萧县葡萄酒罐头联合公司一角

农机一厂、轧花厂、化肥厂、白酒厂、砖瓦厂、水泥厂、制药厂、磷肥厂、啤麦斯厂、耐火材料厂、印刷厂、酱园厂、石灰厂、瓷厂、大修厂、杂品厂、塑料厂、煤球厂、水利机械厂、自来水厂等。集体企业 9 家：建筑公司、针织厂、轴承厂、油毡厂、被服厂、电镀厂、棉织厂、木器厂、鞋厂。国营集体企业总计工业总产值约 8 000 万元，占地面积 1 623 583 平方米，建筑面积 200 786.98 平方米。

1985 年后在城东新建 3 家规模较大的企业。1988 年，投资 797 万元从南斯拉夫引进 1 500 吨组装式冷库项目投产。1990 年，占地 100 多亩、投资 4 000 多万元的黄淮制药厂投产。2004 年引进的新锦丰集团投产。

随着市场经济的发展，大部分国营集体企业生产经营困难。20 世纪 80 年代转换企业经营机制，90 年代推广产权制度改革，企业相继破产或重组。到 2005 年，县城工业企业的 80% 完成改制，正常生产的国有控股、参股企业还有 11 家，集体企业全部处于停产或半停产状况。代之而起的是民营企业的崛起。80 年代末以后，特别是到了 90 年代，中小企业实施

“国退民进”，私营企业如雨后春笋般大量涌现，并不断壮大成长为萧县工业的主力军。到 2005 年，县城规模以上私营企业发展到 7 家，其产权清晰，运营灵活。

推进国营集体商业改革，鼓励发展个体民营商业。1980 年在健康路、龙湖路兴建农贸市场，设置有长廊式售货棚、饭店、烟酒店等，变“露水集”为全日集。位于龙湖路南段（淮海路至交通路）的日用工业品市场有场地 5 600 平方米、长廊棚 148 间、个体摊点 1 660 户、服装针织品商户 108 户、小百货商户 15 户、烟酒食品商户 4 户、小五金商户 3 户、医药店 2 户、其他 8 户，人流高峰时日达万人。1985 年，萧县商业经营贸易额达到 15 550 万元。1991 年建成城隍庙商场，南门临淮海路商业街，北门临富贵街餐饮一条街，有商铺 156 间，经营各式各样商品。1994 年 8 月，建设大湾商城，东起中山路商业街，西至健康路县医院对面，营业门面 186 间，面积 6 848 平方米。1998 年，建成上岗街，北连城隍庙，南接大湾商城，南北长 150 米，宽 35 米（包括门面房）。这三个商业中心集中在南北不足 200 米的

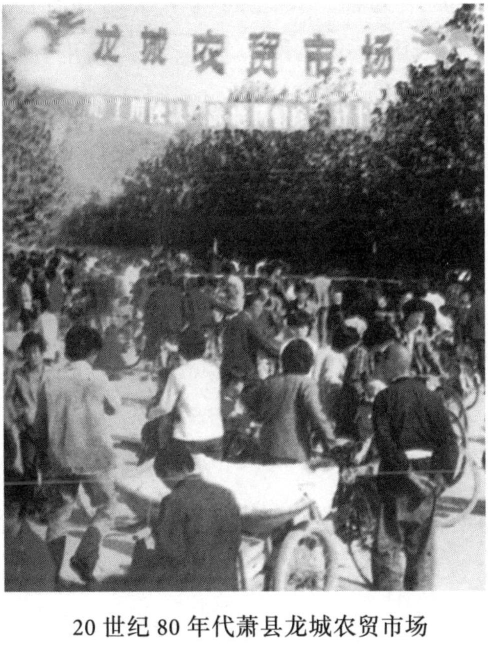

20 世纪 80 年代萧县龙城农贸市场

区域内，贯通中山路、淮海路、富贵街三条商业街，每天人流如潮水般涌动。

在此期间，除传统商业服务业外，萧城还出现了计算机应用服务、信息传输、软件设计制作、娱乐保健、金融保险等新兴服务业。从事计算机服务与信息传输的商户有120多户、合营企业20多家。在治国巷、民治街（中山路—龙湖路）还形成了书画一条街，有书画社70多家，年销售书画艺术品总值1.6亿元以上。在淮海路（龙湖路—健康路），继1978年萧县建设银行运营后，农业银行、工商银行、中国银行、萧县农村信用社联合社、农业发展银行相继开业，6家银行集聚，形成了名副其实的金融一条街。萧城主要商业圈南扩至交通路，西扩至健康路，北扩至民治街，东扩至龙湖路，东西向以淮海路为轴，南北向以中山路为轴。

1993年3月，县委、县政府决定在萧城建设“萧县工业园”，对外称“萧县经济技术开发区”。选址在龙城医院以南，总规划面积约5平方千米，计划到2000年或稍长一段时间完成开发。在开发中坚持工业和第三产业并进，计划到2000年形成产值10亿～15亿元，成为密集型科技成果产业化基地，高新技术向传统产业渗透的示范基地，“筑巢引凤”、吸纳外地企业、引进外商投资企业的外向型经济基地，萧城工业的龙头，萧县改革开放的样板。建立了管理机构、管理体制，制定了引进投资、技术、人才及税收等方面的优惠政策。由于多方面的原因，萧县工业园的目标未能实现。

第六章　新时期萧城回归再建

萧县城北十几里地的圣泉镇，是一处神秘的地方，因为它有着古老的萧国文明史，该乡的北城（辰）集村，是一个神圣的古村落。大约公元前1100年，这里已经有了人聚居的部落。春秋早期（公元前682年以前）北城（辰）集已经是宋国萧邑的治所。公元前681年，萧邑大夫萧叔大心平宋国内乱有功，其领地萧邑受封为萧国。萧国存在84年，公元前597年12月灭亡，后复为萧邑。公元前221年，废萧邑为萧县，城池依然建在北城（辰）集。

古时候，萧县山川形胜，景象壮观，土质膏沃，经济富庶，商业繁华，交通（指水路）便利，物产丰富，优越的自然环境，对农耕古文明发展起着重要作用。在这里，随手抓起一把泥土都能浸出一串故事，历史岁月的城墙越筑越高，阅尽人间多少个春夏秋冬。

人生易老天难老，转眼已过三千年！2005年，萧城人萌生向北穿越凤山寻发展，做起了萧城回归梦！

第一节　扩城规划的出炉

萧城三面环山形成天然屏障，城南部受山体、铁路、公路、河道、丁里湖等多重阻隔，县城嵌于10多平方千米的山坳里，城市拓展，难！更难的是思想认识上的“高山”。思路决定出路。

扩城规划理念

萧城北依凤山，它成为萧城人民周末休闲的山水园林、后花园。因为凤山的绿色屏障和泉水滋养，才有萧县地区的风调雨顺，才有古代萧国的绝代风华。千年城池皆依偎凤山，凤山已不是一般意义上的山脉，它见证着萧国文明的兴衰变迁，它浓郁而博大的“仙气”，为萧县人民带来福祉（今朝萧城回归再建已证实这一点），因而扩城的理念首选就是围绕凤山再建。

2005年以后，萧县有了新发展。随着科学发展观的贯彻与落实，党中央又提出全面建设小康社会的奋斗目标，转变经济发展方式的推进，东向发展战略的加快实施，像阵阵春风吹拂着萧县……

随着改革开放的不断深入，社会主义市场经济体制的不断完善，城市服务业快速发展，农村人口进城务工、经商，机关事业单位人员大量增加，尤其是鹏程中学、实验中学等一批民办学校的兴起，吸纳了大量农村学生到城里读书，带动了城市人口迅猛增长。但是商业服务设施与人口快速增长不成比例，道路建设跟不上人、车膨胀的速度，城里填满了已有的空间，居民建筑早已突破了东、西、南、北“四关大队”。特别是每逢春节来临，从全国各地返乡的民工潮流，挤满了县城里的几条主要街道，车水马龙，水泄不通，到处堵车，群众多有怨言。这座山城，已经容纳不下暴增的人流、车流，必须寻找出路，做大城市建设的“大饼”。

20 世纪 90 年代的萧县宾馆
1999 年 12 月 4 日，时任中共中央政治局常委、中央书记处书记、国家副主席、中央军委副主席胡锦涛曾下榻这里

2005 年春节刚过，县委主持在萧县宾馆西院餐厅二楼召开“四大班子”成员及县直相关部门负责人会议。本次会议根据“城市规划十年一编制，五年一调整”的原则，把萧县县城总体规划作为重要议题，副县长李茂祥（分管城建工作）首次

提出“东跨西翻，南扩北穿”的总体扩城思路，即跳出三山挟制的狭小空间，向东跨越符夹铁路，向徐州方向发展；向西翻越虎山（陡山口）把城建红线划到老岱河闸桥以西方向；向南扩至丁里湖以北梁庄方向；向北开凿隧道穿越凤山扩展发展大空间，意在实现萧城回归再建。这个扩城思路若能实现，就能改变“萧城在山中”的格局。萧城的第一轮总体规划是 1983 年出台的，1992 年、2001 年又进行了两次调整，这三轮规划的特点是，保持了较好的连续性，但城市没有太大变化。本次第四轮城市规划编制，欲想实现重大突破，这也是自明朝县城由岱湖迁至龙城 400 多年后，第一次提出县城总体规划的新构想。

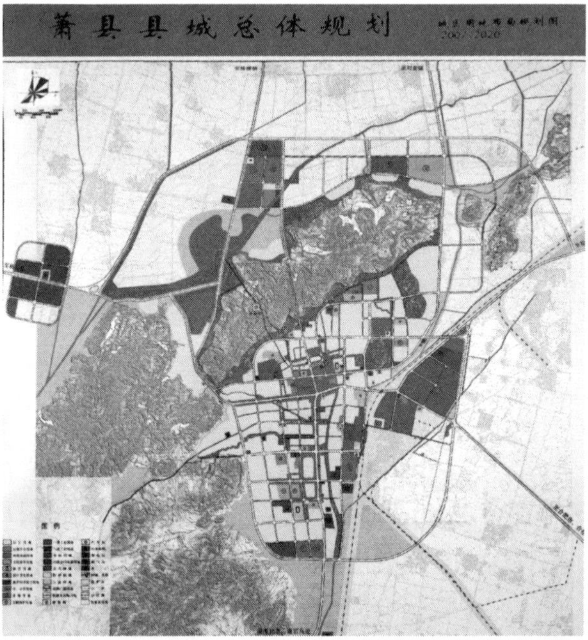

萧县县城总体规划图（2007—2020）

这一轮规划，从最初构想的提出到绘成蓝图，经历了一个复杂曲折的思想统一过程。当初从县级领导层到有关部门再到普通群众看法不一，一些人认为提法脱离实际，指标设置太超前，根本实现不了。后经县委、县政府反复调研、宣传，多层次讨论，广泛征求意见，最终认同人数过半。认为虽然萧县是贫困地区，但根据人口增长的趋势，储备足量的城市建设用地是对的，坚持“富规划，穷建设”的做法是必要的。2005年年底，县委委托安徽省城乡规划设计研究院编制第四轮萧县县城总体规划，成为引领萧县科学发展、快速发展的纲领性文件。

规划空间布局

2005 年启动的城市总体规划编制确定了城市性质：打造萧县书画艺术城，以发展工业和商贸为主的宿州市域次中心城市。发展规模：近期至 2010 年，城市人口 20 万人，用地规模 1 448.8 公顷；远期至 2020 年，城市人口 40 万人，用地规模 2 686.4 公顷。规划面积 53 平方千米，其中龙城规划 15 平方千米，凤城规划 8 平方千米，凤北新城规划 12 平方千米，城中山体面积 18 平方千米，大外环总长 35 千米。规划发展方向：重点向北、向东发展。在空间布局上概况为两句话：一环两轴构建萧城交通大动脉，三城联创环绕凤山改变山城旧格局。

“一环”，就是环城一周 35 千米、双向八车道的大外环路，它成为疏解中心城区过境交通的快速通道。“两轴”就是以南关污水处理厂至凤北高铁站的中山大道为纵轴，以东起立交桥、西至龙凤山庄的龙凤大道为横轴，纵横两轴与大外环构成城市交通的“大动脉”。说起中山路这条南北二城的主轴，还有一个鲜为人知的故事。在规划这条城市主轴时，线条是笔直的，即中山路向北从萧县师范学校操场过隧道至高铁北站，预先路段命名是：国购广场至污水处理厂为中山南路，国购广场至凤山隧道南口为中山中路，隧道南口至凤北高铁站为中山北路。这样一条直线从景观等角度来看是好的，但隧道如果这样过山，因山脊厚，沿线山的坡度大，无形要增加隧道长度334米，资金预算要增加3 300多万元，这一笔资金在2006年也算不小。而如果从山脊薄的地方过山，隧道就要绕弯。因此意见分歧，两次会议未能统一，第三次会议决定，省下这笔资金。现在的隧道就绕了一个弯，南口与顺河路对接，成“T”形，不能不说留下了遗憾。

“三城联创”即环绕凤山发展，改变“城在山中”的格局。（1）老城龙城。2006年建成面积已有12.7平方千米，按照“西翻”的发展思路，城市越过虎山向城西农客汽车站方向环绕建设。（2）凤城。凤城从供电局门前的龙山路以东至魏楼方向，规划面积8平方千米，循序向芦屯方向环绕建设对接。（3）凤北新城。以中山大道过隧道为轴，通过西侧萧杨路、东侧萧刘（套）路分别对接北外环路，规划构建12平方千米的凤北新城。

2006年4月8日，萧县在体育场召开了有万人参加的筹备第四届中国国际腐蚀控制大会的誓师大会，从此，拉开了萧县“三城联创”环绕凤山发展的大幕。一是老城龙城编制改造规划。坚持“成熟一线改造一线，成熟一片改造一片”的对策，力所能及，逐步推进。2006年年底完成老城区招待所区域 1 平方千米控制性详细规划，使近期规划的老城开发重点工程得到组织实施。二是东部凤城新区开发建设。2007 年完成凤城（龙城东部）新区 8 平方千米控制性详细规划和政务新区（现张江萧县科技园）设计方案，随着中煤三建、安粮、嘉楼地产先后进入，小区开发掀起热潮。三是凤北新城启动。在完善总体规划的基础上，对城区道路、凤山隧道、岱湖等项目先后进行考察论证，策划招商，启动建设。同时对城中 18 平方千米的凤山山体作出概念性规划，定位为森林公园，未来将成为市民休闲娱乐的好去处。“三城联创”环绕凤山发展，改变了萧城几百年来掖藏在山中，开创了“山在城中”的新格局。

第二节 回归再建的思路

扩城规划中，向北发展是重点，也就是“北穿”，其实若就萧国城的渊源和变迁而论，应该说是回归。根据萧县实际而诞生的总体规划指明了方向，即回归到萧城的故址再建萧城。因此，萧城回归再建成为21世纪萧县的又一次伟大创举。萧城的建设者在构思萧城回归再建的规划中费尽心思，其中有许多值得一说的故事。

2016年通车的凤山隧道

回归建城困难重重

路在何方？重返凤北建城，它与南城的脉络怎样连接？

通达凤北的道路选在哪里？建设者们大胆设想，从龙城的中山大道向北直线凿通两条隧道，终端为现在的高铁站，这条大道以凤山隧道为支点，一头举起龙城，另一头托起凤北新城，成为萧城的主轴。12 平方千米的新城，仅靠一条中山大道显然不足，因此，在研讨规划的过程中提出，加宽萧杨（楼）路、萧刘（套）路并提升品位，将东西两条道路改造美化为凤北城区道路。预测随着岁月的推移，城区人口会暴涨，20 年后萧城人口将达 50 万 ~ 60 万，到那时，仅有以上三条通道仍难以解决道路的“供需”矛盾。因此，研讨中还提出在凤山花园以北山体高程的最低处十八登规划第二隧道，或规划构建具有现代化气息的高架景观拉索桥。后来考虑，城市规划十年一修编，还是留给后人论证定调，因而未列入规划。

水患如何规避？萧国公元前 681 年建国，在圣泉镇北城集建城。北宋嘉祐六年（1061 年），治所在南迁半里（约 250 米）的南城。北宋绍圣三年（1096 年）因洪水灾害，萧城第二次南迁今岱湖南部区域。明万历五年（1577 年），萧城又因洪灾第三次迁至凤山以南，即今龙城所在。430 年以后再回归凤北建城，还会不会有水灾的风险？

从 2006 年 4 月至 11 月，县政府相关部门先后三次到省城请省水利厅、省地质勘探研究部门专家来萧县勘探论证。结果是，国家长治久安，大的水环境规范治理没问题，萧县凤北的小环境要加宽疏通老岱河，把它改造成城中景观河。另外，在凤北开挖一个较大规模的人工湖，依托一湖一河，做到蓄排两畅，可有效避免水患，保障城区安全。在规划构建人工湖的理念中有这样几种元素：（1）避免洪水灾害。（2）皖北贫水，建一个“水晶球”可为萧县增光，为旅游增色，变历史上的“祸水”，为今朝的“福水”。（3）人工湖的开挖位置，首先是测定它为凤北区域高程的最低点，利于蓄洪。其次这里是明万历五年（1577年）萧城淹没的地方，是对古萧城历史的见证纪念。（4）为什么定名为岱湖呢？历史上岱湖是一个区域的名词概念，虽因黄河泛滥以及黄河改道而改变了原有河道和地貌，但每逢雨季这一带仍积水成湖，村落之间足以行船，周围很多村庄为了防洪，往往建立在人工垫筑的土台上。人们不得不适应夏季水进人退、秋季水退还耕的生活，这一带的村民下地干农活，都习惯说成“下湖”，而这一带的耕地，至今仍被当地人称为“岱湖”。沧海桑田，地形变迁，原来意义上的岱湖就将呈现一片美丽的城市，而收缩后的人工湖，取名岱湖，既延续了历史的地名又传承了地域文化。在岱湖北部，县政府预留了400亩行政中心的建设空间，待政策允许、条件成熟，就将成为县委、县政府新的所在地。到那时，才是真正实现萧城回归凤北，圆梦再建。历史就是这样螺旋式上升的。

2018年8月18日，萧城一场特大暴雨，使凤北新城局部区域呈现一片汪洋。有人产生疑问，这不已经出现风险了吗？参与构思规划的知情者这样说：“一要相信科学定论，二要承认特殊天象。”规避凤北重建新城的洪水风险，需要依靠国家对大江大河的治理，以及凤北小环境对岱湖、岱河的蓄排调控，岱湖、岱河目前还未完全达到设计的蓄排能力，而8月18日萧城北部的局部降雨量24小时达到过去半年的降雨量，堪称百年一遇，所以导致局部被淹。随着凤北新城的建设，岱湖、岱河的治理，蓄排水系统的逐步完善，美丽的凤北新城一定会久安无恙。

古文明如何传承？萧城建设者在构思凤北新城的规划中，思考甚多的是如何保护、传承萧城历史的文明，像圣泉寺，一瓢涓涓清泉流淌几千年。萧县美籍华人、美国青年佛教协会副会长乐渡法师，中国天台山慈恩寺主持智渡法师都是从这里走出去的。全国政协原副主席、中国书法家协会原副主席赵朴初也曾留下珍贵的“圣泉寺”墨宝。元丰元年（1078年），苏轼为圣泉寺留下《枯木竹石图》，该图 2018 年 11 月 26 日在香港拍卖，以约合 4.117 亿元人民币的价格创下了中国古代绘画作品拍卖纪录，震惊全球。能否再建拱翠堂，仿真《枯木竹石图》？另外，北城集是古萧国遗址，岱湖南部是古萧城遗址，我们在建设时能否留出空间，用建立地表物的形式，如设立遗址游园等，传承古萧国的历史文明？将寺、湖、古城遗址联系考虑，统筹规划建设，也许那时，萧城将成为旅游“热点城”。不过这些“空想”因经济等因素制约，不可能进入城市总体规划。总之，希望我们在快速城市化的浪潮中找回历史的文明。毕竟，今天传承不了昨天，明天又将如何向下传承今天？

城乡一体化规划的形成

从 2006 年起，老城龙城一片接一片的矮旧房屋变为鳞次栉比的高楼大厦，东部凤城新区拔地而起，凤北新城规划也已经成熟，萧县第四轮总体规划的近期目标基本实现。当然，在实施过程中不可避免地会遇到编制规划无法预见的因素，诸如地下埋藏矿藏，文物、生态环境的保护，宏观政策的调整，规划目标提前实现或滞后等，此时规划就要适应新的变化，做出必要的、适当调整。在第四轮修编扩城的基础上，又经过五年的实践与总结，从而为城乡一体化规划的形成提供了科学参考依据。2011 年 2 月，县政府聘请安徽省城乡规划设计研究院开始了新一轮总体规划的修编。规划草案经过多次论证，反复向县人大、县政协和社会各界征求意见。2011 年 11 月 24 日，宿州市住建委召开专家评审会，规划获得通过，2012 年经宿州市政府批准实施。本轮总体规划将原来凤山以南的龙城、东部凤城新区融为一体，统称龙城，将凤北新城称为凤城，谓之龙凤双城。

空间布局。第五轮总体规划确定萧城为中国书画艺术之乡、宿州市特色产业基地、皖北地区生态园林城市。规划范围包括龙城镇行政区划范围和白土镇、丁里镇、圣泉镇等乡镇行政区划范围，面积约 350 平方千米，构建大萧城一体化区域。近期至 2015 年，城市人口规模为 30 万人，建设用地规模控制在 35 平方千米以内；远期至 2030 年，城市人口规模为 50 万人，建设用地规模控制在 55 平方千米以内。

本轮总体城乡规划构建县域外环线。双轴：分别为 310 国道（杨楼至黄口）和 311 国道（萧城至青龙集）的两条综合性经济发展轴线。三区：大萧城一体化区域、黄口杨楼一体化区域、张庄寨大屯一体化区域。

居住用地。对于老城区，主要是进行连片改造，完善设施，提高居住品质。对凤城新区，充分利用凤山森林公园和龙山公园优良的自然环境，新建一批居住小区，完善公共服务设施，使其成为展示萧城现代化生态园林城市的核心节点。对于凤北新城，结合岱湖、高铁客运站的建设，完善各项配套设施，新建一批功能完备、环境宜人的居住小区。对于虎山新区，充分利用虎山生态园和梅山生态公园的自然资源，改造品质较低、房屋陈旧的住宅区，打造一批以生态为主题的居住小区。

对外交通。在对外交通规划建设过程中，处理好对外交通与城市发展的关系，建设环城道路交通系统，将国道、省道主干线组织在外环路上，彻底解决过境交通对城市的干扰。同时，起到引导城区拓展的作用。通过提升完善大外环，完成对311国道、301省道、202省道的改线工程，加强对外交通通道联系，进一步加强与徐州市、淮北市的互动发展。

城市路网。道路网由快速路、主干路、次干路、支路组成。快速路，一是301省道中心城区至开发区段，为联系两大片区的快速通道；二是大外环，为疏解中心城区过境交通的快速通道。中心城区规划主干道10条，东西向5条为北环路（凤山路）、龙凤大道、淮海路、交通路、世纪大道，南北向5条为岱河路、虎山路、中山路、龙山路、文化路。

绿地系统。充分利用自然条件，营造以山体绿化为依托，以河流绿化为导引，以公共绿地为主体的“山、水、绿”交融的环境意境。以水系等绿色廊道为纽带，以山体为依托，山水结合，形成内外环抱、经略全城、外楔于内的绿地系统格局。构建“四核两园三带”的城市核心绿地系统。“四核”指岱湖绿核、南湖绿核、龙山绿核、梅山绿核，四个城市绿化核心。“两园”指利用自然山体形成的凤山森林公园和梅山生态园。“三带”指岱河、龙河两条滨水绿化带和凤山环山绿化带。

这次修编贯穿了发展的新理念，体现了城市发展的高质量要求，站位更高，目光更远。一是将萧县经济开发区纳入规划范围。城市的产业结构更加合理，产业配套更加完善，能够有效地整合资源，统筹推进公共设施和基础设施建设，避免重复建设造成的浪费。主城区可以最大限度地发挥优势，为工业发展提供保障和服务。二是提出了“大萧城”的概念。“大萧城”包括两层含义：一方面是规模大，修编后的规划区面积比原来扩大6倍多；另一方面是产业大，原规划区内主要是服务业，修编后开发区大体量的工业成为城市新的“血液”，二、三产业互动发展，作为城市发展的“双引擎”，形成推动萧城发展的两驾“马车”，增强辐射带动能力，拉动萧城发展行稳致远，推动城乡协调发展。三是提出了“宜居宜业”的建城目标。“宜居宜业”是城市发展的永恒主题，体现了以人为本的发展理念。“宜居”就是适宜人的居住，“宜业”就是适宜人干事创业，描绘了让人在舒心的环境中工作和生活的美好愿景。

第三节 城市建设的加速

规划是蓝图，好的规划还要精心去实施，就像雕刻大师，用一块选好的璞玉去雕琢一件艺术品，只有用心专一、技术精湛，才能创造出精品，才能融入更加丰富的信息，赋予其更多的文化价值，为后人称道传承。萧城的建设者们把握了规划的灵魂和精髓，并将其融入建筑、山水、园林之中，塑造了一个充满生机与活力的新萧城。其间，适逢萧县筹办第四届中国国际腐蚀控制大会，会议所需场馆和配套设施要求在2008

2009年4月第四届中国国际腐蚀控制大会会址

年建成。大会的承办成为推动萧城发展的巨大力量，以 2006 年 4 月 8 日的誓师大会为起点，县城建设全面掀起高潮，加速了萧城变大变美的进程。为突出代表性，本节仅撷取道路和住宅的变化来展示城市的新颜新姿。

路网的形成

断头路是困扰萧城的痼疾，严重影响道路通行，给居民生活带来很大的不便。突出道路建设，疏通断头路成为城市建设的当务之急，并下了大力气去实施。

2005 年 12 月 30 日，交通路龙山子铁路立交桥动工兴建，主车道 7.5 米 ×2，非机动车道 5 米 ×2，2006 年 9 月竣工。

2006 年，投资 580 万元对中山南路（交通路—世纪大道）1 800 米路段进行改造；投资 129 万元修建健康路北段（淮海路—大同街）350 米路段，对淮海路中段与东段、招待所十字路口、南关环岛周围及其路面和人行道进行改造。

2007 年，投资约 1 亿元，改造龙山路北段（交通路—凤山路）、淮海路西段（健康路—交通西路）、健康路中段（交通路—淮海路）、交通路两侧的慢车道和人行道等 15 条道路，长度近 20 千米。

2008—2009 年，先后完成 9 条道路的建设。位于凤城新区的有东西向的龙凤大道（龙山路—立交桥）：长 1 800 米，宽 100 米，其中两侧绿化带各宽 20 米，主路面双向 8 车道，路面最宽，绿化档次最高，是当之无愧的“萧城第一路”，也是县城通往徐州的第二条通道。“萧城第一路”不仅品位标准高，而且冠名又有文化内涵，因为这条路的西端是龙城，东部是凤城，所以两城之间的这条大道被称为龙凤大道。还有南北向的行政大道（龙凤大道—顺河路），向北直通张江萧县科技园（原政务新区），向南经龙山西侧脚下，直至龙山子铁路立交桥西端，南接规划中的车站路，直通萧县火车站。位于老城区的新建道路有：南北向的龙山南路（小康路—世纪大道）、虎山南路（交通西路—世纪大道），东西向的世纪大道西段（健康南路—虎山南路）、教育路（中山南路—龙山南路）及龙河桥；改建的道路有龙山路中段（小康路—交通路）、北环路（龙山路—中山路）、龙湖路（淮海路—大同街）。

2010 年，建成通车的道路有：凤城新区公园路（龙凤大道—顺河路）、顺河路（行政大道—公园路），老城区龙湖北路（大同街—凤山路）等 6 条道路，长度约 9.7 千米。改造老城区小街小巷 7 条，长度 1 500 米。

2011 年，建成健康路北段（大同街—凤山路）、顺河路西段（行政大道—凤山中学），龙凤大道立交桥、世纪大道龙河桥建成通车。

2012 年，建成道路 12 条共 38.5 千米。大外环一期 26 千米建成通车，公园北路及延长段、顺河东路、市民广场西路建成通车，建成世纪大道西段（虎山路—西内环路）、西内环路北段（交通路—世纪大道），完成交通路西段（客运西站—大外环）的改建。改造小街小巷 20 条。

萧县大外环。全长 31.3 千米，东接龙凤大道，直线北上至庐屯造纸厂西侧，跨岱河、新岱河，沿新岱河西侧南下接 311 国道后向东至明山加油站南侧，穿梅山森林公园，经月亮湾水库南侧，向东越龙河，下穿符夹铁路，与毛郢孜煤矿铁路专用线平交，北侧接 301 省道。连接萧县北站，202 省道、311 国道、301 省道，再延伸到连霍高速、京台高速。按双向四车道加人行道设计，大桥建设按一级公路标准设计，采用主辅结合形式，主路设计时速 80 千米 / 小时，沥青混凝土路面。2012 年底，除东段中山路—301 省道段 5.1 千米外，其他 26 千米建成通车，2014 年 10 月全线通车。

辛劳总是与收获相伴。到 2012 年底，随着一条条主次干道的新建改建，内环以内断头路基本不见踪迹，实现了新老城区路路相通，城区道路与内环路互连互通，部分主干道与外环路对接贯通，快捷高效的路网基本形成，城市交通更加顺畅。尤其是作为城市主动脉的大外环主路段建成通车，将萧县县城的四个主要出入口全部串联，不仅彻底改变了过境车辆穿城的历史，而且能够引导道路延伸拓展。

老城的新姿

2006 年起扩城规划启动编制，第四届中国国际腐蚀控制大会开始筹备，“第十一个五年”规划开始实施，多种利好因素的叠加，形成了一股强大的力量，推动着萧城持续大步向前迈进。

这一时期，老城住宅的变化从片区改造起步，一片片低矮的平房、年久失修的筒子楼，随时间蝶变为鳞次栉比的高楼大厦，旧貌换上了新颜。片区的改造是由易到难、梯次推进的。进入 2006 年后，企业改革进入最后阶段，城区破产或改制后的国有集体企业的厂区和家属区的房屋多建于 20 世纪 70 年代或 80 年代，占地面积大，居住条件差，成为片区改造的首选。县政府招待所区域改造是老城改造的“第一炮”，2005年开发项目开工建设，到2007年，随着萧国商贸城的建成和投入使用，承载着几代人记忆的萧城标志性建筑，被改造为萧城第一个规模最大的商业区。

紧随其后实施开发改造的是位于交通路南关十字路口的四通公司片区、汽车站和汽车五队片区、百货大楼片区。到2012年，整个南高堤区域，旧的住房、站场、商场、门店再也无处寻觅，映入眼帘的是一栋栋拔地而起的高楼。世纪家苑小区、大润发商场、博文城市广场等现代化建筑，构成了一个设施完备的新兴商业圈，并以崭新的姿态融入并改变着市民的生活，南关窗口形象自此也焕然一新。从南高堤向东，2005年，在原萧县化肥厂的土地上，投资近亿元的萧县鹏程中学建成并投入使用，校舍恢宏壮观，2006年有7 000多名学生在此就读，是县城规模最大的民办学校，昔日轰鸣的机器声被学生朗朗的读书声取而代之。与萧县化肥厂一路之隔的萧县磷肥

2005年建设的萧县鹏程中学

厂，2009年改造为汉字苑小区。向南与萧县磷肥厂一墙之隔的萧县瓷厂，2011年被改造为左岸花园小区。位于龙河以西、与萧县磷肥厂隔河相望的白酒厂，2008年被改造为瑞景小区。新建小区、学校、商厦沿交通路一字排开，成为萧城一道新的亮丽风景。

再说淮海路两侧的变化。东端的龙山庭院，位于龙山西南角，2009年在原萧县水泥厂旧址上兴建，建成后的小区整体呈灰色基调，与龙山山体的颜色协调一致，呈现出山与人和谐共居的新局面。西端的瑞豪花园位于虎山之东、凤山之南，地势北高南低，占地约160亩，在原萧县耐火材料厂、萧县水利机械厂、煤田勘探队的旧址上依势而建，一栋栋红色建筑错落有致，掩映于翠绿之中，现代气息浓郁。地处淮海路最西端的碧水星城，坐落于凤山与虎山之间，南依红峪山庄，四周群山环抱，原是陈沟砖瓦窑厂和取土后的废弃地，2008年启动开发，2012年成为老城区规模最大、功能最齐全的居住小区，犹如镶嵌在城西的一颗璀璨明珠。与碧水星城隔路相望的锦绣华庭，2012年在废弃的采石坑之上依凤山而建，建筑高度与山体自然衔接，好像削去的山体又被原封不动地搬了回来，设计真可谓独具匠心，使充满人性化的建筑与冰冷无生命的大山融为一体，相衬相映。这些新建住宅，与位于虎山脚下的龙耘中学、虎山东麓半腰的虎山学校，构成了庞大的建筑群，把过去的荒坡荒地荒场变成了环境优美的校园和具有现代城市品质的生活区。

城西还有一处建筑值得一说，那就是地处淮海路西段北侧、凤山南麓的凤山国际大酒店。该酒店占地约75亩，建筑面积约 2 万平方米，包括能容纳 1 000 人的会议报告厅，能接待 500 人的接待中心和餐饮中心。2007 年年底开工建设，仅用 10 个多月的时间，在东为干泥塘、西为坟墓地的半山坡上，建起了萧县目前规模最大、设施最完备的会议中心。2009 年 4 月 8 日至 10 日，第四届中国国际腐蚀控制大会在此成功召开，第十届全国人大常委会副委员长、第四届中国国际腐蚀控制大会名誉主席顾秀莲出席会议并讲话。9 日晚，中央电视台《新闻联播》黄金时段播出盛况，在国内外产生巨大影响，2 000 多名中外与会代表在此对萧县留下深刻记忆。

与老城区内核同步变化的还有南部的扩城拓界。在城西南，沿世纪大道北侧自东向西，2012 年以后相继开工建设了占地 280 多亩、建筑面积约 52 万平方米的盛达新城，占地 195 亩、建筑面积 29.6 万平方米的龙城壹号，紧邻老鸪山和梅村生态园、规划占地 500 多亩、建筑面积近 100 万平方米的龙城国际。在城东南，2009 年兴建龙梅廉租住房小区，后又陆续动工新建了浙商大市场、闽泰第一城。在城西北，于 2012 年在萧城一中以北、凤山之南开建龙凤山庄……

从城内到城外，一个个新建小区，如荷塘中绽放的莲花，一朵，二朵，三朵，或独处，或簇拥，展现着萧县城市新的风采，吸引着人们关注的目光。

巨大的变化让人心动、让人着迷。长期居住在萧城的人能感受到，不时回乡的游子更有回家找不到路的体会。有几位早年离开家乡、年近八旬的老者，为一睹家乡变化，专门相约从不同的城市回到萧城相聚，共同找寻学生时代的萧城记忆。

凤城新区的崛起

凤城新区位于老城区的东北部，凤山之南，龙山以北，面积约 8 平方千米。新中国成立之前，这里是萧城通往徐州的必经之地。自 2006 年起，这片沉寂几千年的土地，随着扩城规划的实施，在城市建设的热潮中，以惊人的速度发生变化。黄山、无影山、麦浪翻滚的农田，在春夏秋冬的转换中，变成了居民小区、学校、医院、超市、体育场、柏油马路。一个现代化的新城区一天天地长大、长高、变亮、变美，让人仰视，令人欣喜。

凤城新区的建筑沿龙凤大道两侧展开，第一幅作品要数凤山花园。这个小区位于老城与新区的接合部，南邻龙凤大道西端，北邻顺河路西端，占地面积 190 余亩，规划建筑面积约 16 万平方米，是萧县首家规模住宅小区。2008 年首次开盘推出住房约 500 套，当天销售 90% 以上，创造了萧县开盘销售的奇迹，也是萧城住房需求旺盛的体现。很多人为求一房，

龙山周边建设

不惜在寒风中彻夜排队。凤山花园的东隔壁，即是香格里拉小区，2009 年动工兴建，占地 460 多亩，规划建筑面积约 55 万平方米。再往东，跨过行政大道，就是中央花园，占地 845 亩，规划建筑面积约 80 万平方米，2009 年开工建设，是萧县最大的城市综合体，小区中部的农贸市场与香格里拉的巴黎商业街，一东一西遥相呼应，人气颇旺。位于龙凤大道之南、龙山以西，与香格里拉隔路相望的凤祥小区，2009 年建成投入使用，是政府为城市困难群体建设的廉租住房小区。位于龙山东坡的公园世家小区，一期占地约 60 亩，建筑面积约 5.5 万平方米，2011 年动工，2012 年基本建成，与“倔强”挺拔的龙山相守相望。沿龙凤大道再往东，至淮海东路，就是梅林馨园，这是凤城新区的第二个廉租住房小区并配建有安置房，2011 年启动建设，2013 年投入使用。

小区的建设，设施的完善，引导老城区密集的人口、集中的商业向新区加速迁移，带动学校、医院、政务等公共服务设施向凤城新区集中。到 2012 年年底，顺河路之南、公园路以东，对接老城区的区域基本建成，建成区面积约 2 平方千米，一个高起点规划、高标准建设、环境优美的现代化新城区初具雏形。

凤北新城全面启动

从完善规划和基础设施建设入手，加快速度推进凤北新城的建设。2013 年，经过两年多的紧张奋战，环绕凤北新城的大外环一期工程全面竣工通车。长约 1 千米的凤山隧道，施工前的准备工作已经完成，开始进入招投标阶段。作为凤北新城首个服务设施，位于陈沟的萧县农副产品批发大市场——龙城西市动工兴建。龙腾大道、发展大道、站前路、迎宾路、陈沟路、岱湖路等主干道的规划设计工作展开。利用特定的地形条件，在西部低洼汇水区域开挖岱湖，规划设计方案启动。按照县城总体规划的要求，着手编制凤北新城控制性详细规划和城市设计方案，经过多轮初步方案的筛选，最终从 4 家单位中选定复旦大学作为编制单位，实施编制工作。多项工作的启动实施，标志着凤北新城建设的大幕已经拉开，萧城回归再建迈出实质性步伐，一个令人振奋的大美新城将在古萧城遗址上崛起。

第四节　城市功能的提升

城市功能在不同的时期有不同的特点、不同的内涵。本节所述城市功能，除城市公共设施功能，还包括城市功能区。从 2006 年到 2012 年，特别是 2009 年以后的几年，公共设施作为城市建设的重要内容不可或缺，与城市道路和城市建筑如影随形，城市扩展到哪里，公共设施就建到哪里；城市改造到哪里，公共设施就新建到哪里；其建设速度之快，前所未有，取得的成效令人瞩目。随着公共设施的完善、布局的调整优化，萧县产业功能区开始形成。

园林城市的创建

建设园林城市非一日之功、一役之劳，是一个持续推进、不断强化的过程，在这个过程中建设的内容也不断发生变化。2006 年，萧县提出创建生态城，与卫生城、文明城、书画艺术城的创建同步进行，又称“四城同创”，主要突出“一街一品”特色，启动对街道的绿化。2008 年继而提出开展园林城市创建活动，加快公园绿地建设，集中力量绿化城区山体，启动凤山森林公园、龙山遗址公园建设，开展虎山生态环境保护。进一步改造提升龙湖公园、虎山公园，加快滨河绿化带建设，推进龙河治理和景观工程，打造龙河带状公园景观。按照园林县城的标准，全面实施道路绿化建设，绿随路建，绿美交融，见缝插绿，拆违建绿。在社区开展“园林示范街”“绿化样板街”和家庭绿化活动；在单位实施拆墙透绿、拆房建绿活动。结合萧县的文化特色，规划实施东、南、西三个出入口的绿化建设，打造门户景观。对道路两侧的空闲地，短期内不能实施建设的，先期进行绿化。大规模绿化活动在城区全面展开，并不断向纵深推进。2007 年到 2011 年，城区新增公共绿地面积 18.9 万平方米，绿化覆盖率逐年提高，新建改建的一批公园、游园成为城市居民休闲游憩的重要场所。

位于淮海路与交通路相交处的虎山公园，西临虎山，北望凤山，始建于 2001 年，2012 年改造后，占地面积扩大到 12 877 平方米，其中园林绿化面积约 6 350 平方米，是城西建设标准最高的绿地，也是城西居民休闲健身的主要场所，每天市民云集，或健步，或舞动，或歌唱，悠然自得。位于城东的龙山公园，始称龙山遗址公园，2011 年动工兴建，占地 260 亩，建成规模 13 万平方米，其中绿地面积 9.2 万平方米，是城区最大的生态公园，具有休闲、服务、运动、科教四大功能。园内建有喷泉、雕塑、双拥广场、绿化广场、长亭、环山路、木栈道等设施，栽植绿化苗木达 50 多个品种。各种乔木、灌木、花卉错落有致，环绕山体，使整个龙山置身于绿色的怀抱。位于老城中心的龙湖公园 2009 年全面改造完成，改建后的龙湖公园通过新架的龙河桥与体育场连为一体，主要建筑有三仙桥、木栈道、儿童乐园、休闲广场等。最引人注目的依然是南北道路两旁的翠柏，或站立，或侧卧，或展臂，形态各异，苍劲有力。自 1976 年建园以来，她们一直默默地守护着龙湖，凝视着龙河。

污水垃圾的处理

21 世纪前，萧城一直没有污水处理设施，城市污水都是直接排入龙河。2005 年萧县污水处理厂一期工程开工建设，设计日处理能力 3 万吨，同步配套建设污水管网。2007 年开始对新建改建道路的管网建设实施雨污分流，对原有道路增铺独立的污水管网，当年新建改造雨污分流管网 5 200 米，雨污合流管网 3 000 米。2008 年新铺设污水管网 5 600 米。2008 年 8 月萧县污水处理厂建成投入运行，城区部分污水通过管网收集输送到污水处理厂，处理达标后再排入龙河。2009 年到 2012 年，又新建污水管网 29.3 千米。随着污水管网的不断延伸，污水收集的面积不断扩大，污水处理量逐渐增加，对龙河水体的污染不断减轻。

鉴于萧城三面临山的特殊地理环境，不断加强城市防洪能力建设。2007 年疏浚城市河道 6 500 米。2008 年整治防洪河道 7 300 米。2011 年治理龙河城区段。2012 年新区防洪沟建成。

相较于污水处理，垃圾处理起步较早，但设施比较简陋。2006 年新建 10 个地下垃圾中转站，收集的垃圾通过中转站暂时储存，再转运处理，城区“脏”的现象才有明显改观。2008 年新建公厕 10 座，2009 年又新建水冲式公厕 8 座，进一步有效解决了粪便乱倒造成的污染。2008 年城市管理综合执法获得省政府批准，城市管理职能划分更加清晰，促进了管理效率不断提升。2012 年，位于规划中的南外环路之南新的生活垃圾处理厂投入运行，日处理能力 220 吨，萧城生活垃圾全部集中至此处理。在加大设施投入的同时，推行环卫体制改革，将道路清扫保洁通过招标方式推向市场，城区主次干道实现了机械化清扫、清洗、清运。社区配有专职人员，定时定点入户收集垃圾，清扫小街小巷，保持路面干净整洁。各个环节有序高效运转，使垃圾收集转运处理形成了一个封闭运行的系统，城区卫生状况出现根本性好转。

交通设施的改善

汽车站建设。按照规划，萧县先后新建两座汽车站。萧县汽车总站又名汽车东站，位于萧城东部 311 国道东侧，2009 年建成并投入使用，占地面积约 34 670 平方米，设发车位 60 个，日发班车 600 余次。主要接发萧县东部、南部乡镇农村班线客车，以及县外、省外的长途班车。站内配有现代调

2009 年建成的萧县汽车总站

频显示系统、微机售票检票系统等现代设施，服务功能和服务能力大幅提升。萧县汽车客运西站占地面积 23 310 平方米，总建筑面积 4 330 平方米，2012 年投入运营。主要接发萧县西部、北部乡镇的农村班线客车，客运班线多、旅客接发量大。汽车客运西站运营后，原南高头汽车站、西关苗圃场停车场停止使用，大大缓解了城区交通压力。

其他公共交通设施在城市建设的过程中也在不断完善。2006 年 12 月 31 日，萧城主要街口开通红绿灯，此后交通信号设施随路而建。这一细微的变化，让人感到萧城又增添了城市的感觉，被外地人称为“真不一样”的现象终于成为历史。随着城市规模的扩大，公交线路不断增加，并向外延伸到丁里、帽山、八公里、二庄等地，城区四周居民进城更加方便快捷。出租车的数量尽管没有明显的增加，但车况不断改善，起始时期运营的“面的”不见踪影，随处可见的是一辆辆新款轿车在大街小巷穿梭来往。设计新颖、人性化的公交站台遍布主要街道，招手即停的现象再也看不到了。干净整齐的交通护栏沿道路向远方伸展，默默地守护着行人的安全。道路两侧一块块清晰醒目的标识标牌，为川流不息的车辆和行人指引着前行的方向。

供水供气能力的增强

加大投入力度，改造老城区陈旧供水管网，新区供水管网随道路同步设计施工。2006 年完成城区 3 万吨供水工程管网建设，2007 年新铺设供水管网 9 000 米，2008 年新建供水管网 3 560 米，2012 年新建改建供水管网 41.6 千米。城市供水能力大大提升，城市用水得到保障，长期以来困扰萧城居民的吃水难、用水难的问题得到根本解决。

城市能源供应结构不断优化，形成了以清洁能源利用为主导的能源消费格局。液化天然气供应站点遍布城区，商业、居民用气全面普及。各类家电进入普通家庭，电力成为城市生活的重要能源。太阳能以无污染、低成本、使用方便的优势，快速成为城市的“新宠”。2010 年，管道天然气项目在萧城开始建设，当年铺设管网 18 千米，2011 年投产通气。同年，嘉楼－香格里拉、安粮中央花园等小区的部分居民开始使用天然气，结束了萧城无管道燃气的历史，也开启了又一清洁能源的使用，标志着萧城居民生活质量又有新的提高。2012 年又新建燃气管网 19 千米，向更大的区域、更多的家庭延伸。各种新能源的陆续推广和使用，使萧城延续 30 多年的燃煤时代基本终结，这是继 80 年代初期柴草燃料时代终结后的又一次历史性变化。

公用事业设施的发展

这一时期凤城新区的公用事业设施建设成效明显。凤城新区萧县人民医院位于龙凤大道之南、公园南路以东，占地面积约 144 亩，设计床位 1 000 张，2010 年综合楼开工建设。2012 年，萧县实验小学从老城区淮海路整体搬迁到凤城新区公园路东侧，北靠顺河路，东依小黄山，西临防洪沟，占地面积 9.3 万平方米，是搬迁前面积（1.2 万平方米）的 7 倍多。校园内建有园林荷池、塑胶跑道、足球场等休闲运动设施，配备了信息教室、多媒体教室、自然实验室、音乐教室等先进教

萧县人民医院

学设备。凤翔体育场馆位于顺河路西段北侧，西邻县一职高，2010 年开始施工，2012 年投入使用，占地面积约 4 万平方米，建有一座 4 000 平方米的综合体育馆、一个标准田径场、一个足球场、4 个排球场、6 个篮球场、7 个羽毛球场和一座 1 450 平方米的体育看台，是集比赛、健身、休闲于一体，功能设施完备的体育活动场地。

老城区部分设施的功能进一步提升，建设规模进一步扩大。位于老城区中心、占地面积 30 000 平方米的县体育场，2009 年完成改建，改建后设有标准足球场、田径场、观礼台等设施，西侧有龙河桥与龙湖公园相通，是萧城人流最密集的公共场所，每天锻炼健身者来往如织。2007 年，位于城西灵山之巅的新电视发射塔建成，萧县电视台信号传输质量和覆盖范围大幅提高。2010 年，坐落于老城西南的萧县残疾人康复中心建成并投入使用。原有公办、民办学校建设规模均有不同程度的扩大，硬件设施和学生容纳能力得到提升。

城市经济的转型

2005年以后，城市产业的发展实施“退二进三”，作为第二产业的工业逐渐从老城区退出，作为第三产业的服务业快速发展。到2012年年底，老城区的工业企业基本外迁结束，服务业一跃成为主导产业，初步形成东部工业、老城区服务业两大功能分区的格局，城市产业结构得到调整和优化。

工业企业退城。这一时期，对不符合城市总体规划、不符合环境保护规划、影响城市功能和城区生态环境的工业企业，安排从老城区有序迁出，进入萧县经济开发区。充分利用基础设施资源，实行集中集聚发展，并通过搬迁，促进工业企业做大规模，转型升级，推动城市布局不断优化，城区环境质量进一步改善，城市经济社会协调稳定发展。萧县耐火材料厂、萧县化肥厂、萧县磷肥厂、萧县农机厂等企业实施改制，萧县瓷厂、萧县玻璃厂等企业迁往萧县经济开发区新建。2012年老城区仅存的工业企业为安徽粮油进出口公司罐头厂、新陇海制药厂和2004年通过招商引资建设的新锦丰集团。企业的外迁，为城市发展腾出了新的空间。

服务业加速壮大。房地产业迅速崛起，成为城市经济的支柱产业。从2007年到2011年，柏星碧水星城、瑞豪花园、安粮中央花园、左岸花园、龙山庭苑、汉字苑等20个小区完成投资45亿元，建成面积200万平方米。2012年房地产竣工面积40万平方米。加快商业发展，萧国商贸城、新龙湖农贸市场、虎山综合农贸市场、梅村农贸市场、浙商财富大市场、柏星农资市场和建材大市场、国购广场金街、尚都购物中心、万德福超市等一大批新的商业服务设施相继建成并投入运营，推动了城市商业的繁荣。现代服务业提速发展，联华超市连锁店遍布县城城区，联华物流、日日顺物流、虹光物流、银海物流、辉隆物流先后开业。2011 年萧县徽商银行挂牌营业。2012 年宿州淮海村镇银行入驻萧城，萧县农村信用社完成资格股改造。城区景点建设力度进一步加大，文化旅游业加快发展，圣泉寺、桃花洞的道路和服务设施持续改善，梅山生态园 2009 年被评为 AA 级景区，2012 年被批准为省级森林公园，游客人数大幅增加。积极发挥邻近国家 AAAA 级景区皇藏峪国家森林公园和全国百家红色旅游景点蔡洼风景区的优势，推动萧城特色餐饮和书画产业的发展。

萧县经济开发区形成规模。萧县经济开发区位于萧城东部，是 2006 年安徽省政府批准设立的省级经济开发区，核心区面积 2 平方千米，2013 年总体规划面积被批准扩大到 20.7 平方千米。2007 年启动基础设施建设，并有 5 户企业落户。2009 年引进陶瓷和合成革两大投资超 10 亿元的组团式项目。

萧县经济开发区

2010 年，位于开发区西部的陶瓷工业园被批准为省级产业园，位于开发区东部的合成革工业园入驻企业 13 家，紧靠城区的食品工业园开始筹建。2011 年，实际建成区面积为 5.46 平方千米，合成革工业园顺利建成投产。2012 年，入驻企业 58 家，投产 32 家，规模以上企业 16 家，合成革、新型建材等主导产业初步形成，园区集聚效应开始显现，萧县经济发展领头雁的地位日益突出。

第七章 新时代萧城大美辉煌

萧国城仅在《左传》中的记载就有20余处，它不只是一个延续了2 700年的驰名城邑，更重要的是它蕴含了极其丰富的中华民族文化，它孕育了数不清的文臣武将、社会名流、中华英才等，传承了中华博大精深的陶瓷、玉石、汉画等技艺。看今朝，它已成为皖北大地一颗璀璨的明珠。萧城不仅是一座有文化的城市，也不只是一处耀眼的风景，更是萧城人的一种骄傲与自豪，一种文化标记与生活符号。

萧城的蓬勃发展，自1978年改革开放后建设速度加快；2005年新的一轮城市规划修编后提速；2009年举办第四届中国国际腐蚀控制大会开始崛起；2012年后萧城渐次实现大美辉煌。

萧城从历史的深处走来，奔向更加灿烂的前途，掠过鳞次栉比的楼群，大美辉煌的萧城更加繁荣富强。勤劳、智慧的萧县人，奋力追逐中国梦、追逐『两个一百年』！

第一节　优越的地理区位

地理，是世界或某一个地区的自然环境（山川、河流等）及社会要素的统称。区位是人类活动所占有的场所（包含位置、布局、分布等）。地理学在发展过程中接受了区位论的思想，引出地理区位的概念，强调区位与地理现象的相互联系，并赋予各种地理要素及区位概念。从这个意义上讲，萧城就是一个由点、线、面等区位要素结合而成的美丽的地理实体的组合。

地理环境是经济的基础，经济又是社会的基础。

独特的自然条件和丰富的自然资源

特殊的区位城市文化。古时，萧城地近彭城，亦为兵家必争之地；萧城近邻邹鲁，受儒家思想影响，崇尚教育；萧城地域上承接南北，融合南方人精致个性和北方人彪悍豪放；萧城属黄河流域，屡受黄水泛滥之灾，百姓饱受黄水的苦难与坚忍。2 700 年前的萧国城（北城集），940 年前的南城，440 年前的萧城（三仙台北），今天的龙城，她的生存发展都深深受到黄河的影响。黄河哺育了萧县儿女，也使萧县人民度过了漫长的艰苦岁月，它锤炼了萧县人坚强的生活意志和坚忍不拔的精神。

独特的地理环境。《徐州府志》记载：萧城群峰环抱，绵水带流。蟠蛇（龙山）栖凤（西彩凤山），左右互丽，距虎（西虎踞山）眼牛（南石水牛山），远近回映。萧城不仅是一般意义上的行政区域，而且见证着萧国文明的兴衰变迁，它浓郁而博大的“仙境”与“灵气”，千百年来吸引无数隐士在此隐居。萧城虽处淮北平原，却有着独特的自然环境，在皖北地区的县城中具有一定的独特性。城区内东有龙山、西有虎山、北有凤山，三面环山的城市空间形态十分显著。龙河源自城北凤山脚下，经龙湖向南贯穿城区，山水并存的自然环境为城市整体形象的塑造奠定了良好的物质基础。

丰富的自然资源。现已探明萧县煤炭储量 7.5 亿吨以上，石灰岩储量 30 亿吨，瓷土储量在 40 亿吨以上。萧县拥有国家无公害农产品产地 12 个，是著名的“果海粮仓”、“葡萄之乡”、全国优质水果基地、全国绿色食品原料标准化生产基地。

立体交通网络和综合运输体系

萧城区位交通优越，素有“四省通衢”之称。距江苏徐州 20 千米，距徐州观音机场 60 千米，距连云港出海口 220 千米，距合肥、南京、济南、郑州四个省会城市均为 3 个小时的车程。东临京沪铁路和京杭大运河，陇海、符夹铁路纵横穿过，新开通的郑徐高铁，萧县北站，连霍、京台两条高速公路，310、311 两条国道和 301、101、202 三条省道，2019 年 3 月开通的徐州—萧县城际公交，规划建设的萧县轨道交通连接徐州地铁 1 号线，萧县至徐州的快速通道，交织成网的县乡道路，以及连接龙凤双城的凤山隧道，使萧城已经形成了铁路、公路、高铁、航空相结合的立体交通网络和综合运输体系。

萧城位于淮海经济区徐州都市圈的中心部位和华北平原的东南边缘。萧县是国家实施“一带一路”倡议、“中原经济区”战略和安徽省实施“东向发展”“皖北振兴”等区域性战略的重要节点，是淮海经济区一颗璀璨的明珠。

诸多优质要素提升了萧城的等级序列

集聚要素。集聚要素是城市结构的合理性要素。城市空间上的集中，具有降低城市运营成本、便利协作、加强信息交流、扩大服务范围、利用原有城镇市政设施、减少社会总费用等益处。与此相反，分散则可以避免地价上升、场地拥挤、劳力供应紧张、污染严重和生活质量下降等问题。萧城打开山门，做大城市建设的“大饼”，由原来的龙城拓展为龙城、凤城，并在两城中相拥 18 平方千米的森林公园，破解了城市建设中“集中与分散”的难题，促进了萧城的快速发展。

劳动力要素。劳动力资源是社会生产发展的保障，具有区域差异性，不同地区劳动力素质和价格往往有很大差别。劳动力的数量、质量和价格的地理分布是确定城市产业区的重要因素。萧城有 16.5 万常住人口，全县 144 万人口，劳动力有 83 万人，萧县人崇尚文化，吃苦耐劳，有素质、低价的劳动力为萧城的发展打下坚实的基础。

市场因素。中国在国际上是一个大市场，萧县在国内与同类县域相比也是一个大市场。一是萧城区位商品或服务的容量大；二是商品或服务的种类多；三是依托徐州发展。基于此把萧县建成徐州市的“菜篮子”“果园子”“后花园”（旅游业）和加工车间（工业生产），提升了萧县市场和城市的等级序列。

规模要素。产业集聚现象是现代区位论的重点，“规模经济”是其最大的竞争力来源。到 2030 年，萧城城镇化率达到 65%，县城人口规模为 50 万人，建设用地将达到 55 平方千米，它将成为徐州的西翼之城。萧县县委、县政府与上海张江高科技园在萧城合作共建产业园——张江萧县高科技园区，将数量可观的企业集聚在一起形成产业链，形成了较大的规模经济。这种规模经济最大限度地降低成本、提高效率，并形成萧城相关产业的核心竞争优势。

2016 年，《安徽县域经济竞争力报告》显示，萧县在发展速度、产业竞争力、发展活力、特色经济、城乡协调等方面均居全省前列，发展速度竞争力指标排名第一。2017 年，萧县县委、县政府果断提出了撤县设市的宏伟规划，并为此奋进。

第二节　宏伟的规划与建筑

宏伟的规划蓝图

城市发展方向。按照 2012 年编制的《萧县县城总体规划（2011—2030）》，以及 2012 年 2 月 9 日宿州市人民政府的批复意见要求，依据萧县自然条件和城市发展目标，以自然山水绿化格局为基础，城市公园绿地为重点，街头绿地为点缀，道

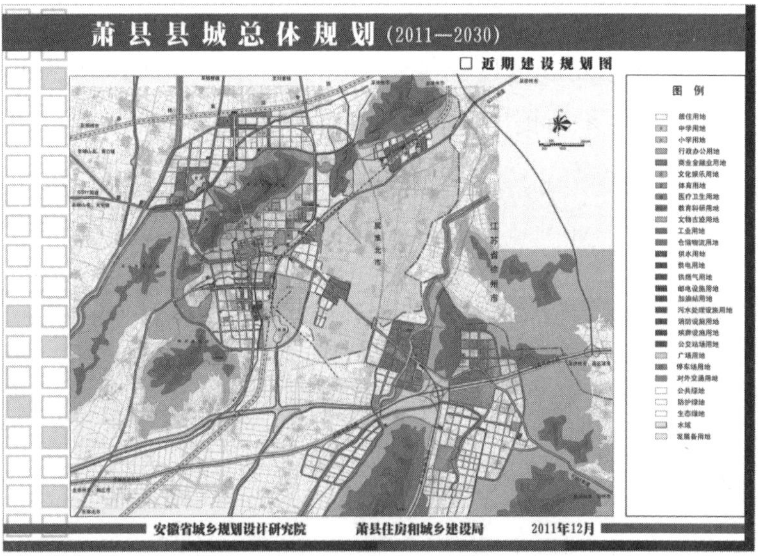

萧县县城总体规划图（2011—2030）

路绿化和片区间隔离绿带以及沿山、沿河绿化景观带为网络，以休闲广场、绿化广场为亮点，构筑“山在城中，城在园中”的自然山水园林城市绿地风貌特色及优美的城市绿化景观。立足于产业支撑、交通优势、汉文化、生态文明等萧县比较优势，全面促进萧县在新的战略机遇期内建设成为中国书画艺术之乡，皖北地区对接徐州都市圈的重要节点城市和门户，宿淮北部产业一体化发展重要节点，宿州北部地区的综合性服务、交通枢纽，特色产业基地，全国生态园林城市。

城市发展规模。萧国记忆：公元前 681 年，萧邑升格为萧国。据史料记载：萧国城池在现在的圣泉镇北城集，规模周九里三十步；北宋嘉祐六年（1061 年）七月，因水灾迁至南半里南城，城池周长四里；北宋绍圣三年（1096 年），洪水又发，迁至今三仙台北、盛村以西，城池周长约五里；明万历五年（1577 年），洪水再发，萧城崩，迁至现在的龙城，城池环一周四里。

2018 年年底，萧城常住人口 16 万，流动人口（含学生）9 万人，城市建成区 29.1 平方千米。规划远期（2030 年）城镇率达 65%，县城人口规模 50 万，建设用地达到 50 ～ 55 平方千米。

回望萧城的规模，真是今非昔比。

城市专项规划

老城（龙城）改造规划。为改变老城“脏乱差”的状况，提高居民的生活质量，完善城市功能，改善城市环境，提升城市品位，节约土地资源，有利于更好地规划、建设城市，县政府推进2016—2020年老城五年改造计划。五年规划征迁总面积684.8万平方米，占地14 700亩，征迁28 536户，征迁总费用163.8亿元。县政府坚持一次规划、分步实施、量力而行、循序渐进，将老城区拆迁的土地预留为绿地、公园、广场、游园、停车场、学校等公共基础设施用地；坚持高标准、规划引领、循序发展的原则，实施“扮美老城，扮靓新城”的城建“114”战略目标。

凤北新城规划。总体定位：淮海经济区重要的客运枢纽和中小企业总部基地；淮海区域休闲商贸体验区；“龙城画派”书画创意产业区。发展目标：“宜居、宜业、宜游”的徐淮城镇群的新高地。规划用地规模12.48平方千米，人口规模16.5万人。

凤北新城空间结构。“一环、一廊、三心、三组团”。

一环：沿“东外环—北外环—原014县道（岱河路）”一线，构成整个凤北新城的功能拓展轴。

一廊：沿岱河形成的凤北新城生态绿廊。

三心：依托高铁站点和凤湖形成的高铁商务及公共服务中心，依托岱湖形成的文化创意产业中心，依托蓬莱湖形成的区域休闲商贸中心。

三组团：中部高铁商务及公共服务组团，西翼书画创意产业组团，东翼休闲商贸组团。

城市发展策略

发挥资源优势，形成产业集聚。依托丰富的大理石、瓷石和瓷土资源，充分利用交通优势，坚持“绿色、环保”的发展理念，重点发展“大进大出”型建材业。以天瑞水泥、龙津陶瓷为龙头，大力发展传统建材、创意型工艺装饰材料和内外墙装饰材料，积极承接发展新型墙体材料、建筑装修材料等新型建材业，着力延伸产业链条，加快形成产业集聚态势，逐步打造区域性新型建筑陶瓷基地。

打造山水城市，促进旅游业发展。充分发挥萧城“三山两水”的优势，整合旅游资源，将梅山生态园、虎山生态公园、岱湖风景区和凤山森林公园连为一体，打造旅游观光带，将萧城建成“城在园中、山在城中”，环境优美、功能齐全、富有现代气息和发展魅力的新城市。

在凤北新城利用采煤塌陷区开挖新的湖面，结合现有岱河、新岱河良好的水环境，构建与山体相呼应的蓝色水网系统，从而形成城市生态廊道，串联城市各功能组团。强化滨水旅游建设，注重城市公园布局，并积极培育生态绿地，将东部和北部的生态绿地楔入城区的绿地系统，从而提升城市生态系统整体效能，优化城市小气候，形成城市建设中融入优美、洁净的生态格局，从而形成徐州都市人休闲观光的好去处。

组团格局，提高发展功能。构建老城（龙城）区、凤城新区（东部）、凤北新城、虎山新区中心城区四大生活型组团，构建食品工业园、姬村工业园、新型建材产业园、轻化工业园经济开发区四大产业发展组团。各组团共同承担发展功能，平行推进，共同成长。通过八个组团相互支撑和制约，促进南北城两大片区功能与城市形态的科学融合，保证城市发展的均衡性与有效性。

双城互动，推动“空间集聚”。坚持改造老城，加速开发凤北新城，采取各种措施，激发经济活力，将不同程度呈点状分布工业迁入集中区，形成集聚经济，产生增长中心，壮大集聚规模，推动萧城整个区域经济的增长，形成辐射和带动周边地域的核心节点，同时在经济开发区依托现有工业基础和合作共创产业园，完善产业功能，构建综合性城市产业新区。

特色的建筑设计

萧城在城市的规划建设中，坚持可持续发展的指导思想，坚持人性化的发展理念，坚持追求和谐发展的基本原则，城市化程度不断提高，城市特色鲜明，先后被评为：全国平原绿化先进县、安徽省园林县城、安徽省文明县城、安徽省森林城市等，成为凸显萧城特色和实力的城市名片。

萧城楼群

萧城的建筑设计主要有以下特色：

人与自然的共生性。萧城的祖先选择了城池为“三山环抱”、“两水环绕”、负阴抱阳的“风水宝地”，在千百年来的城市变迁中，人们深刻认识到人与自然相互依赖、相互协调、相互制约的规律，牢固树立了“天人合一”的思想。人与自然的共生性使萧城有机和谐，包容共存。

城市空间的层次性。层次性使得城市特色鲜明、主从明确、对比清晰，对萧城中心或重要区域，对中心景点建筑，以其造型或选址的经典，成为地域标志，对中心建筑与对景建筑作出彼此关照构图，令人回味无穷；在城市格局中开设“视线走廊”，沟通萧城的自然山水联络，形成空间的渗透和交融。

诗情画意的艺术性。萧县是中国书画艺术之乡，著名社会学家邓伟志指出：萧县的河山如画，萧县的画如河山，（萧籍）画家的成功之道是“搜尽奇峰打草稿”。无论是工笔画还是水墨画，刚劲的直线和柔美的曲线的组合对比，充盈了萧城景观构图，极大地强化了大地景观艺术的感染力，增添了古老萧城景观如画的意境。

丰富内涵的象征性。古代的萧城人认为，萧城的山川河流都是有生命的，这种思想反映在萧城选址及建设上。萧城人总是在地形地貌中，寻找与动物相似的气韵，在萧城格局中体现对原始图腾的象征。如龙（山）、虎（山）、凤（山）、龙（湖）、凤（湖）等，代表不同含义的动物形象，对萧城的山水定位，作为人们心底理想居住环境的一种象征，试图赋予城市生命的力量。

艺术表现的多样性。萧城在规划建设中，不仅将具体的山、水、绿等各建筑要素的组合作为表现手法，而且还运用书法艺术来深化景观艺术的内涵。例如，凤山国际大酒店门前石刻，这一块上百吨的巨石，上面篆刻了第九届、十届全国人大常委会副委员长许嘉璐的书法，内容为“中国防腐蚀业第一县——第四届中国国际腐蚀控制大会纪念”，反映了萧县黄河故道岸边的 9 位农民“一把刷子”走天下，“从百元到百亿元”的艰辛创业历程，使石刻书法艺术获得情感价值，增添了令人回味的情趣。又如，龙山残体修复建设公园，萧县人把它命名为“龙山明珠”广场，寓意了过去龙山遭受摧残，乱开滥采使它遍体鳞伤，成为受伤的“美人”，今朝它得到保护与修复，伤残已愈，“美人又恢复了昔日风采”，所以称之“龙山明珠（即又放异彩）”广场。这些表现手法的运用，使萧城的景观艺术达到了一种高度和情景交融的境界，这正是其独特魅力所在。

辉煌的萧城新貌

改革开放以来，萧城主要以城市规划为引领，以招商引资为平台，以完善功能为重点，改造龙城，完善凤城，全面启动凤北新城。狠抓道路、管网、公园、绿地、广场、小区、河道水系、垃圾处理等基础建设，扩大城市框架，打造宜居环境，创建园林城市。40 米宽、绕城 35 千米的外环路，外控 100 米的绿化带，像一个翡翠玉镯环绕在萧城的周边。在凤北新城，龙腾大道、岱河路、西环路、东环路、岱湖路等主干道贯穿南北，滨湖路、北环路、发展大道、陈沟路、311 国道等主干道横跨东西。在老城龙城区，虎山路、中山路、健康路、龙山路、文化路纵贯南北，世纪大道、交通路、淮海路、龙凤大道、顺河路横跨东西。绿城花园、柏星小区、安粮中央花园等一个又一个多功能高档住宅小区如雨后春笋般拔地而起，改善了人居环境，增添了城市发展潜力。

萧县北站。萧县北站当属县城目前最现代化的建筑了。它始建于 2014 年 12 月，建筑面积 8 000 平方米，站场规模为 2 台 6 线，设计承载量 6 000 人次。2016 年 4 月 1 日，萧县北站进入试运营阶段，2016 年 9 月 10 日，随着徐兰高速铁路郑徐段通车，萧县北站同时开通。萧县北站整体建筑体现汉韵风格，主体外形似汉代官帽，并将萧县书画艺术元素融入其中，以灰白为主色调，体现简约大气的建筑特点。萧县北站位于萧城北 4 千米，南部的凤凰山犹如一道天然屏障，北部是一望无际的绿畴，东部是圣泉镇萧国盛桃基地，每到春季，列车驶入鲜花盛开的桃园，驰骋花海，构成一幅美丽的图画。

凤山隧道。凤山隧道是萧城的又一个汉韵风格代表作，它不仅彰显了萧县浓厚的汉文化发源地特点，而且展示了萧县当代两个文明建设的硕果。它依托美丽的凤山山体、绿树，集点、线、面、光、色于一体，构成了一个美丽的夜景胜地。

凤山隧道工程 2013 年 8 月开工，2016 年 9 月通车。南起凤山南麓，与中山北路相连，横跨芦苇路、湖滨路、陈圈路、发展路、新城路、规划路至 311 国道处为终点。凤山隧道及附属延长线全长 4.13 千米，大桥和小桥各 1 座，规划双向 8 车道城市主干道设计，道路横向宽度 48.5 米，设计时速 50km/h。萧县凤山隧道是皖北首个实现正式通车的主城区隧道。萧县凤山隧道的通车打破了自古阻隔萧城南北的凤凰山，为加快

“龙凤双城”融合发展，确立“山在城中”的萧县城市发展定位，提供了坚实的保障。

龙山明珠·方缘大酒店。龙山明珠·方缘大酒店位于萧城行政大道与淮海路交叉口东北角，是新老城区的交界宝地，背靠龙山明珠公园广场。园内建有假山、喷泉、雕塑、环山路、廊架、凉亭、地质石材木栈道等，具有完备的休闲和娱乐功能，园内50多种名木花卉构成错落有致的绿化空间，满目青翠点缀在山石间。龙山明珠·方缘大酒店综合建筑面积8万平方米，客房建筑面积1.7万平方米，有高中档床位207个，餐饮中心能容纳千人，酒店功能齐全，按四星级设计。龙山明珠·方缘大酒店与龙山明珠·公园广场、龙山明珠·亿洲城（12万平方米）连为一体，互为媲美，共同辐射萧县周边地区20多万人口。酒店配套完善、交通便利、环境优美，是集旅游、休闲、购物于一体的萧县高端的乐园式商业服务综合体。

六馆一中心。位于凤北新城内，占地面积297.5亩，总投资11.97亿元。（1）文化馆：占地面积10亩，主体建筑面积13 820平方米，主要包括辅导培训教室、演艺厅、非遗传承展示厅等。（2）图书馆：占地面积10亩，主体建筑面积10 000平方米，主要包括馆藏室、阅览室、多媒体阅览室、陈列展览室、培训室等。（3）博物馆：占地面积50亩，主体建筑面积12 000平方米，主要包括文物库房、临时库房、文物修复室、文物摄影室、陈列展示厅（面积约7 500平方米）；另有安保室、监控室、监控总机房、配电房、学术研究室、办公区、互动区、学术报告厅、会议室、贵宾室、接待室、客服中心等。（4）美术馆：占地面积10亩，主体建筑面积13 000

平方米，主要包括萧县籍艺术大师王子云、王青芳、刘开渠、朱德群、王肇民作品陈列厅，萧县籍全国著名书画家作品陈列厅，艺术讲座厅，书画培训厅及书画展览厅等。（5）综合档案馆：占地 15 亩，主要建筑面积 5 860 平方米，主要包括档案管库用房、对外服务用房、档案业务和技术用房、办公用房及附属用房等。（6）体育馆：总建筑面积 115 000 平方米，包括体育馆、体育场、广场等设施。（7）广电中心：占地面积 30 亩，主体建筑面积 12 000 平方米，主要包括演播区、机房区、媒体工作室等，另有其他公共设备、配套设施、车库等附属用房 32 000 平方米。

凤山花园。凤山花园由中煤三建安徽安厦房地产公司投资开发建设，位于萧县凤山脚下，占地 190 余亩，总建筑面积 16 万平方米，总投资 1.8 亿元，可提供 900 多套住宅及配套商业和服务业用房。小区内建有幼儿园、公共会所、水景公园、运动场、文化广场等配套设施，是萧县首家规模化的精品住宅小区。

龙辰塔。龙辰塔位于凤北新城岱湖公园中心岛上，是一座阁楼式筑塔。平面八角，七级，塔身高 51.85 米，总建筑面积 1 307 平方米。该塔外形呈八角形，内室为方形，上下交错。八角形的平面形式使龙辰塔的形象在建筑群中具有独特性，区别于一般的厅堂殿阁常用的矩形面。这种特殊结构形式可以起到突出建筑形象、增加装饰色彩的作用，体现了唐代风格。

龙辰塔坐落在碧波荡漾的岱湖之上，东方日出，塔身倒映湖中，给人们带来无限的愉悦和遐想。凤山的绿，岱湖的波，山水、绿树不停地释放着氧气，不停地为我们创造着美感，就像书本润泽我们的心田一样，美景不停地塑造着我们的灵魂。我们要永葆一种崇敬、虔诚之心，向自然吸收美感，这就是萧城人与自然的和谐。

2021 年 6 月，萧城第四次迁移，图为迁入凤城的中共萧县县委、萧县人民政府办公楼

第三节 诱人的绿水青山

人们常说，水是生命之源，山是长寿之本。“仁者乐山，智者乐水”，“寄情于山水之间”，追求“天人合一”，是中华民族的优秀传统，更是萧城人自古至今孜孜不倦的追求和热切期盼。

改革开放四十年，萧县历届县委、县政府以让“山、水、绿”融入于城为根本，以人工环境与自然环境相协调为发展的最终目标，全力打造“人工环境”（以县城为代表）与“自然环境”（以山水为代表）相融合的人居环境。

让山融入于城

萧县虽处淮北平原，但却有着独特的自然环境，三面环山的城市空间形态十分显著。在计划经济时期，萧城矿山乱开滥采，几乎无一个完整山体，七沟八壑，80%为荒山秃岭，生态植被遭到严重破坏。改革开放以后，萧县县委、县政府高度重视，牢固树立“绿水青山就是金山银山”的发展理念，关停矿山，开展生态修复，痛下决心，集中攻关，彻底整改。县委、县政府有关部门领导实行包保责任制，层层分解，具体到“人头”和“山头”。年终实行岗位责任考核，严格实行“一票否决”，坚持不懈，一抓到底。至2018年9月底，萧城矿山地质环境治理、生态修复全面完成，涉及非煤矿山整治的10个矿山，按照治理标准通过验收并上报销号；将12家已关停的依托山体环境经营的砖瓦窑厂全部拆除，申报土地复垦；将14个矿权整合为3个新设采矿权，采取增绿措施，使之达到环保要求，进行整改；将1个地下开采的矿山闭坑，井口进行填封；对剩余的88个矿山治理项目，县政府专门下发《关于生态修复工作实施方案》，死盯到底。如今矿山生态修复治理已经取得重大经济效益和社会效益。

龙山公园。龙山位于城东二里，龙山的前身为龙泉山，因在圣泉寺的“下游”，地下水源充足，湿气较重，特别是在梅雨季节，常有一种龙腾云雨的奇景。过去的山貌形似盘龙，但由于乱开滥采，完美的龙山被削的只剩下一个“龙首”。进入21世纪，县委、县政府多次对龙山残体进行修复，先后出资6 000万元规划建设龙山遗址公园。公园占地260亩，建成规模13万平方米，其中绿化面积达9.2万平方米，公园内有假山、喷泉、雕塑、环山道、廊架、景观亭、木栈道等。公园内绿化苗木品种达50多种，主要有广玉兰、雪松、雪樟、五角枫、紫薇等。“龙首北侧”是龙山公园广场，游人如织，人们称龙山公园广场是一个病愈的“美人”，来这里就享受到了新时代的生活。

梅山生态园。梅山生态园位于县城西南2千米，占地300公顷，它是对梅山山区荒山、荒坡综合开发建成的公园，集生态林、特色经济林、林下养殖、水产养殖、无公害蔬菜栽培、垂钓、观光、休闲、康乐于一体的规模化多功能的农业生态旅游景区。园内松柏生态林 150 公顷，经济林 95 公顷，形成常年有花、四季有果的休闲观光农业生态旅游胜地，是淮海地区荒山开发治理的典范。

凤山森林公园。凤山森林公园位于龙凤双城中间，是萧城的城市森林公园、萧城的“绿肺”，也是萧城的重要生态屏障。公园内有圣泉寺、莲花寺、贤洞书声、桃花洞、三仙台、防空洞等景点，是居民休闲养生的好去处。凤山森林公园控制区 17.3 平方千米，核心区 5.8 平方千米。凤山森林公园以自然、人文景观为根本，融入汉文化、古萧文化、宗教文化主题，集寻根旅游、朝圣旅游、健身旅游、观光旅游、生态旅游 5 大功能为一体。凤山森林公园内的植物主要有松树、五角枫、黄栌、紫薇、三角枫、乌桕、刺槐、山合欢、椴树、楝树、红栌、石榴、核桃、枇杷、湿地松、青檀、白玉兰等 20 余种；鸟类主要有留鸟 17 种、夏候鸟 20 种、冬候鸟 3 种、旅鸟 17 种，隶属于 12 目、26 种，其中留鸟有石鸡、珠颈斑鸠、翠鸟、星头啄木鸟、大嘴乌鸦等。

人们在登高时，常会产生许多遐想与感悟。凤山是萧城城区的高山，当你登上凤山山顶时，转身四面眺望，萧城美景尽收眼底，这时你就会豁然开朗，有感悟，有志向，待下山后，会更有激情去成就自己的梦想！

凤山森林公园

凤山又有着奇珍的名人胜迹。圣泉寺位于凤山西段的山脉上，是古萧八景之一。1990 年 11 月，时任全国政协副主席、中国书法家协会副主席、中国作家协会理事、中国佛教协会会长的赵朴初为萧县惠赐“圣泉寺”墨宝，经上海社会科学院著名学者、教授邓伟志派专人护送至萧县。11 月 10 日，萧县人民政府专门向赵老写了致谢信，并附“圣泉寺”拓片。赵老在 12 月 15 日的复信中写道：“拓片看了，很好！”

让水融入于城

水是一个城市的魅力资源。历史上，萧城深受洪水之害，而当代萧城却格外亲水、护水。县委、县政府积极开展湖泊、河流湿地、人工湿地资源普查，编制萧城湿地资源保护政策法规，健全湿地资源环境评价机制，遏制随意占用湿地、擅自改变湿地用途和破坏湿地生态功能的现象，让水融入于城，成为萧城一大景观，成为萧城经济社会发展生机和活力的源头。

南部湿地区。龙河、龙潭沟、虎山沟、丰收沟、三龙支沟（河）和梅村沟是萧城的主次排水通道，政府对这“一河五沟”实施了综合治理，治理总长度约 20 千米，截污管网 23 千米，新增调蓄湿地面积 11.5 公顷，生态驳岸面积 50 公顷，总投资 12.16 亿元。政府以“控源截污，清淤治理、生态修复、景观提升”为主线，系统治理，综合施治，在龙河两岸种植绿化植被，修复龙河两岸可持续生态体系，设置休闲活动场所，使居民生活与两岸自然环境完美融合。

龙城城区的雨洪集蓄利用。萧县属暖温带大陆性季风气候区，极易发生暴雨，平均每年发生暴雨 2 ~ 3 次，大暴雨 3 ~ 4 年发生一次。据统计，自新中国成立以来，萧县城内就有 27 年发生过较大洪涝灾害，尤其是近期的 2003 年、2006 年、2007 年、2008 年、2010 年、2013 年、2016 年、2018 年均发生严重洪涝灾害。原因有两个：一是县城三面环山，植被匮乏，暴雨与山洪水叠加，雨水径流速度快；二是河道（龙河、三龙支河、丰收沟、虎山沟等）过流断面小，排洪功能不足。

如建设虎山、凤山雨洪资源开发利用工程，把雨水蓄留，既能规避水灾，又能将留蓄的雨水资源用于虎山、凤山植被的抗旱浇灌、森林防火，更重要的是能够补给地下水资源，雨洪集蓄利用产生的社会综合效益甚多。雨洪集蓄利用工程的构想：（1）在西老虎山东部至凤山南部、东部沿 52 米等高线处，开挖一条上口宽 15 ~ 20 米、底宽 10 ~ 15 米、深 3 ~ 4 米的截洪沟，在截洪沟下方，根据地形地势，建设 5 ~ 7 个蓄水缓冲塘（蓄水量在 6 000 ~ 8 000 立方米）。缓冲塘与森林规划结合作景观处理，缓冲塘的下端建设溢流堰和溢洪道，这样就能安全地将多余的雨水排入河道。（2）根据萧城的水系治理规划，加快龙河主要支流（三龙支河、丰收沟、虎山沟、龙潭沟）治理，确保排洪畅通。

关于这一构想，2014 年萧县政府已着手实施，但后来因争议搁置。不同意见是：在城市上游挖塘蓄水，危及县城安全，并与相关河道法规相悖。倡导者认为，任何事物都是由量变到质变，尽管缓冲塘设置在县城上游，但必定受规划面积限制，蓄水量小。即使遇上特殊天象，发生地震灾害，缓冲塘的水也不足以冲垮县城。此方案仍有待于进一步的科学论证。

北部湿地区。主要有一河三湖：岱河、蓬莱湖、凤湖、岱湖。

岱河。岱河所处的凤北中心城区，是全县行政管理、经济发展中心，人口众多，污染较大，对湿地的环境影响较大。城区湿地规划已将岱河生态综合治理与湿地景观保护利用列入计划，开展流域综合开发，提高防洪、灌溉、生态养殖、生态旅游等综合效益。在满足防洪要求的前提下，开展岱河生态结构型岸线的改造建设，增加自然型岸线建设比例，并拓宽滨河绿廊，拦截地表径流的沉积物，过滤污染物，净化水质，构建滨河的生物栖息地和景观游憩公园。

蓬莱湖。位于凤城东部，占地面积 350 亩，水面积 152 亩，规划蓬莱湖湿地公园为居民生活休闲消费中心，辅以餐饮、娱乐等配套功能，将蓬莱湖公园打造为综合性的市民休闲、娱乐、购物中心。

凤湖。凤湖位于凤城中部，占地面积 540 亩，其中水面面积 171 亩。规划沿凤湖公园建设以金融服务为主导功能的办公、文化、娱乐、餐饮、住宿等配套设施，将凤湖公园打造为高铁商务区的绿色发展引擎。近期传来佳音，2019 年政府将启动凤湖湿地开挖工程，期待早日开工。

岱湖。位于凤城新区西北部，总用地面积 3.3 平方千米，总投资 4 亿元。岱湖占地 1 437 亩，公园占地 785 亩，岱湖水面 652 亩，水最深处 10 米，最浅处 3 米，2018 年年底投入使用。

岱湖是按照新型城镇化的要求打造的恢复生态及“海绵城市”建设新理念的项目，充分发挥岱湖在县城调节空气质量的重要作用，改变岱湖四季水量不均状况，提高岱湖水质，修整与岱湖相关水系，把岱湖打造成活水、清水景观工程，造福百姓。经水利专家科学论证后，萧县现已启动岱湖引水工程，提高和调剂四季蓄水量，全面实现岱湖绿色生态效应。

“北水南调”：将黄河故道的水调至岱湖，在刘套镇幸福沟、新华沟与黄河故道交接处建提水站 2 处，将黄河故道的水提到新华沟、幸福沟，在新华沟的渠首处建设地下管道，将水先引至吕马沟，然后流入新岱河，在 311 国道新岱河桥北侧建控制闸 1 座，抬高新岱河水位，再通过凤城新区的丰收沟将故道水注入岱湖。

“东水西调”：通过运河将东南山区倒流河、闸河水引经岱河、老岱河进入凤北岱湖。倒流河是萧县东南部皇藏峪附近山区一条伴随造山运动形成的河流，已经流淌亿万年。因与众多河流自北、西向南、东流淌的方向相反，它是自南向北又折而向西的流向，故称“倒流河”。目前，倒流河、闸河蓄水量约 800 万方，运河西段龙河至瓦子口段正在治理，工程竣工后，倒流河、闸河的水即可引入岱湖。

“南水北调”：将淮河水引至岱湖。淮水北调工程从淮河五河站（起点）到萧县岱湖闸（终点），年供水量远期达到 6 000 万方 ~ 8 000 万方。整体工程已完成，安徽省政府正在分项对工程进行验收，预计 2019 年年底将开闸调水。

三方引水保证岱湖短、中、长期供水补水。碧波荡漾的岱湖决不再是神话，岱湖湿地这颗绿色明珠将在皖北大地绽放奇光异彩！

朱自清说，西湖的绿波太明，秦淮河的绿波太暗，梅雨潭的特点是她的鲜润。那凤城岱湖呢？我说她绿中显蓝，绿得活现。举目眺望南山（凤山），满目松柏，站立湖边，天蓝，水绿，山碧，连人自身也会觉得通体透明。再看那如镜的湖面，龙辰塔在湖泊中的倒影映入眼帘，一种美的享受定会涌上心头。

岱湖新姿

2018 年国庆节，岱湖湿地公园掀起了她的盖头对游人开放，露出美丽的面容。漫步在横跨岱湖东西的石桥上，向南望去，湖面被秋风卷起波浪，使人心里掀起阵阵涟漪。明万历五年（1577 年），就是在这片水底，滔天的黄水将萧城湮没，上演了一幕“人或为鱼鳖”的悲剧。时任知县的伍维翰两个未满十八岁、已考中秀才的儿子，也因连续救人而溺死在水中，实在令人痛惜。远远望去，依稀在三仙台西影岱山上能看见他俩的坟茔……转眼数百年过去，换了人间，这里已是一片山清水秀之地。回头朝北远望，透过那清清的湖面，看见一片三四百亩的开阔地，这是县政府预留的未来政府所在地，待萧县撤县建市完成，这里矗立的楼宇将成为凤城新的地标建筑物。到那时，站立在高高的楼宇上，能够清晰地看到北城集，看到 2 700 年前的萧国古城遗址。历史沧桑，人事更迭，物换星移，历史的车轮就是这样无情地滚滚向前……

让绿融入于城

绿色生态是现在城市的主题，拥抱绿色生活是现代城市建设的目标，绿色与生活相融、城市与森林相傍成为萧城人的梦想！

萧县历届政府依托本地浓厚的历史人文底蕴和自然条件，科学统筹发展，先后荣获全国平原绿化先进县、中国美好乡村建设先进县、全国经济林建设先进县、安徽省森林城市等称号。萧县四季分明，阳光充足，萧城"三山"环抱，龙河、岱河环绕，古迹遍布城内，交通发达快捷，适宜的气候条件，丰富的湖泊资源，为萧县打造生态城市造就得天独厚的优势。萧县紧紧抓住创建省级森林城市的契机，围绕"让森林走进城市，让城市拥抱森林"的理念，以"整合资源，优化布局，培育特色、提升品位"为原则，展开了一场"增绿"大战。

山地攻坚改造增绿。县政府以石质山地为重点，立足所有宜林荒山荒地，对 25 度以上的坡耕地、山林石质山地立下全覆盖的"军令状"。消灭空白山，消灭间断山，消灭"斑秃"山；改造提升梅山、凤山、虎山山林覆盖质量与面积，规划了游步道、休闲娱乐等游憩设施，全部建成森林公园。

道路沿线增绿。高起点、高标准绿化宿萧砀快速通道两侧林带100多亩，建成森林长廊示范路段；巩固、完善、提升京台高速、连霍高速两侧林带成果，重点解决道路两侧宽度不足、缺株断垄的问题，展示萧县段的绿色形象；对三条国道、三条省道和十八条重点县道的路肩进行绿化，两侧林带各超50米以上。截至2018年10月，萧县城市道路绿化率达100%。

河道湖泊增绿。对龙河、岱河、三龙支河等流域性河道绿化，两侧林带宽度超50米以上；对岱湖、南湖、龙湖、梅山水库进行环状绿化，对黄河故道、采煤塌陷区等湿地实施绿化，恢复湿地生态，加强沿岸滩地、荒地绿化，因地制宜，植树增绿。

园林进城增绿。拓展环城林带，配套增绿，实施改造提升35千米大外环路肩绿化和两侧林带建设，每侧50～100米；对县城边缘区，县城出入口生态敏感区，建设环城森林、隔离防护林、风景林，提高景观效果；对县城建成区所有道路全面进行绿化提升，补植补造，道路绿化率达100%；对新建的一批公园、广场、游园等休闲绿地、核心林地，以及新建的龙河公园、梅山森林公园、葡萄文化产业园和萧国圣桃园等10个街头游园和生态观光园进行绿植美化。

居住小区增绿。开展绿化达标和创建园林式单位、园林式居住区活动，见缝插绿，破墙透绿，达标率在75%以上。

纪念林基地增绿。兴建各类社会团体、企事业单位纪念林，目前已有部队“八一林”、女士“巾帼林”、青年“青春林”、结婚“纪念林”。

经典文化园林增绿。通过书画艺术、汉画像石、孝文化的开发，形成追寻徽韵特色的历史人文景观；通过绿化工程、绿化空间、绿道绿廊，打造娱乐休闲一体化的滨河景观带；通过规划龙山遗址、烈士陵园、虎山省级地质遗址保护区等工程，建成历史、文化、艺术多元一体化的精品园林、绿化工程。构建布局合理、生物多样、景观优美、特色鲜明、功能完善的城市绿化系统，使萧城绿化森林化、郊区生态化。看吧！萧城五年新造林 111 976 亩，占安徽省下达任务的 136.2%，占宿州市下达任务的 133%。现在萧县拥有林地面积 68 421.59 公顷，森林覆盖率达 35.57%，林木绿化率达 39.39%，活立木蓄积量 3 472 843 立方米，成为名副其实的林业大县、绿化强县。

国家园林县城绿化考核主要指标

类型	指标	考核要求	已完成
绿地建设	建成区绿化率	≥33%	35.5%
	人均公园绿化面积	≥9.00m^2/人	14m^2/人

而今的萧城，满目青山，遍地绿茵，芳草如碧，花果飘香，鸟鸣啁啾，流水潺潺，已是一座美丽的城市了。

第四节 和谐的幸福家园

多年来，萧县奉行“敢当敢为、正气正义、争先优先、创新创业”的精神，经济社会发展呈现新的辉煌。2016年，萧县获安徽省经济发展速度竞争力第一名，获安徽省园林城市、安徽省森林城市称号；2017年，获安徽省文明县城称号，“PPP”模式和落实重大政策措施两项工作受到国务院表彰；2018年，上榜全国县域经济投资潜力100强县（市），位列第70位，同年获全国“2018年民生示范工程奖”。

和谐家园

园林不仅是萧县综合实力的外在体现，更是萧县“软实力”的生动展示。对于萧县来说，这不仅是一项荣誉、一种历史社会的责任，更是通过继续不断地努力，提升萧县综合实力，推进萧县高质量发展，最终落脚点在“让城市生活美好，让人民群众生活水平和质量不断提升，让萧城更宜居”。

科学管理萧城

习近平总书记提出：“只有实行最严格的制度、最严密的法治，才能为生态文明建设提供可靠保障。”

完善园林城市考核评价体系。科学的城市管理考核评价体系犹如“指挥棒”，是创建园林城市工作的关键。要把城市体系管理中的综合管理、绿化建设、建设管控、生态环境、市政设施、节能减排工作纳入社会经济发展体系，建立管理目标体系、考核办法、奖惩机制，使之成为城市科学管理的重要导向和约束。按照政府职能分工的要求，设立职能健全的园林绿化机构，县政府财政预算中专门列项“园林绿化建设和维护资金”，保障园林绿化建设专业化、精细化；先后编制《萧城绿地系统规划》《城市绿线管理办法》《城市绿线划定技术规范》《绿地系统防灾避险规划》《风景名胜区总体规划》等十多项管理制度、规划，狠抓落实，压实责任。

建立责任追究制度。资源环境是公共产品，对其造成损害和破坏的，坚决追究责任。对那些不顾生态环境盲目决策导致严重后果的干部，实行追责和终身追责制；对那些玩忽职守、工作失职的干部，坚持追究责任；对领导干部实行自然资源资产离任审计，建立生态环境损害责任追究终身制。县城市管理行政执法局成立了重点工程项目推进领导小组，每一个项目都有一名局领导班子成员作为推进项目建设的第一责任人。

采取周调度、月推进、季考核、不定期督查等工作措施，分别对重点工程的责任人员和项目施工员、安全员、质检员、材料员、预算员的到岗到位及现场工作情况重点考核并严格兑现奖惩。局负责人员因重点工程项目工作不力的，分别给予在全局例会上检讨、经济处罚、诫勉、停职、免职等处理。项目施工方人员影响重点工程进度的，轻则按合同规定执行违约罚款，重则清场或把项目打入黑名单。

建立健全资源生态环境管理制度。健全自然资源资产产权制度和用途管理制度，健全能源、水、土地节约集约使用制度，强化水、大气、土壤等污染防治制度，建立反映市场供求和资源稀缺程度、体现生态价值和代际补偿的资源有偿使用制度和生态补偿制度，健全环境损害赔偿制度，强化制度约束作用。加强生态文明宣传教育，增强全民节约意识、环保意识、生态意识，营造爱护生态环境的良好风气。

依法经营萧城

萧县在城市建设过程中，根据当前城市创建任务重及建设资金缺乏的情况，县政府在城市基础设施建设、经营、管理方面进行大胆改革探索，缓解了城市基础设施建设的压力，对改善城市基础设施状况、增强城市创建工作起到了重要作用。

明确政府提供公共产品或服务职能。县政府坚持城市不是企业，政府不将城市作为企业来经营。政府的职能就是提供广泛的公共产品或服务，保证社会公益性目标的实现，并为实现该目标去平衡企业的经营私利性和社会公益性之间的关系。政府着重解决由于市场失灵所造成的外部效应对公共产品或服务供应上的影响，政府不去做追求私利性的“官方企业家”。

政府不断完善市场法规体系建设，制定出台市政公用行业的市场化运行规则，以吸引更多的各种社会资金对城市基础设施的投入，保证监管市场运行秩序和落实运行规则，而不去做市场经营行为和直接参与者，杜绝政府本来应作为政府追求的社会效益、整体利益和长远利益的共同目标，变成了体现局部、短期效益甚至团体利益的，带有私利性质的目标，从行动上贯彻“三个代表”的精神，不损害为人民服务的宗旨，不损害政府的形象，不降低政府在人民群众中的威信。

坚持政企分开，提高资源利用效率。政企分开不仅是提高资源利用效率的最好方式，也是更好地实现政府公益性目标的基本前提。多年来，政府推进改革，目标是创造条件提高资源的运行效率，提供良好的服务，而不是为了获取更大的经济效益解决财政缺口，或者“甩包袱”。

建立科学的公共财政体系。政府在依法经营城市过程中，克服在土地开发过程中的短期行为，避免土地出让、转让的不规范、乱开发、土地闲置的不良现象，保障土地资源的合理利用，保障城市建设总体规划的实施。政府逐渐将有限的财力退出产业的经营，转而更多地投入到公共服务中来，以保证政府对公用事业的必要支持或支撑。

全民共建萧城

建设园林县城是萧城人的共同心愿、共同责任、共同行动。县委书记、县长带头认领包保路段，县“四大班子”领导紧随其后，县直机关公务员人人参与“洁城、美城”活动。

萧县市民开展“城市无车日”活动，于2017年9月22日在龙山广场隆重举行“萧县2017年城市无车日活动”启动仪式，成千上万人走上街头开展签名活动，承诺“绿色交通，共享出行”，宣传“低碳出行，慢行生活”，受到市民欢迎。萧县启动“首届环卫工人节”仪式，群众自觉走上街头，开展“关爱环卫工人，美化萧城环境”系列宣传活动。萧县还持续开展“美化萧城，人人有责”的志愿者活动。在周末、节假日，成群结队的青年学生、少年儿童、离退休人员及各类爱心人士走向街头，扶老助残，维护交通和生活秩序，成为萧城一道亮丽的风景线。

萧城城美，萧城人更美。请看看中国著名社会学家邓伟志先生回乡时的一段感言吧：

兄弟姐妹们，游子这次回乡的第一感觉是萧县大变样，山更绿，水更清，人更美，美得简直让人醉。在战争年代，战士的鲜血染红了凤凰山、老虎山，染红了龙河、岱河；在建设时期，萧县干群一条心，黄土变成金，在座的你们用汗水换来了千树万树梨花开，千树万树染绿了凤凰山、老虎山，是你们在县委、县政府领导下把穷山恶水变成了山清水秀、鸟语花香，是你们把穷乡僻壤变成了柳暗花明又一村。萧县确实发生了天翻地覆的变化。人们常讲劈山开路，萧县不仅劈山开路，而且还劈山建公园。龙山子的陡壁可以同直布罗陀媲美。建议大家不要去西班牙看直布罗陀了，来龙山子就能大饱眼福。萧县人民个个都有了安全感、幸福感、进步感。进步感既包括物质利益的获得，也包括道德水平的提高和文明程度的进步。

刚才听了李副县长的介绍，我心花怒放。上午参观的突出感觉是“人更美”，这里既包括外在美，还包括内在美。过去我们穿的是“撅腚小褂子”，能美吗？过去穿的彩色布是用石榴皮染的老粗布，能美吗？今天我看见大家穿的华冠丽服，是何等的美啊！很多人比我穿的好，令我羡慕不已。当然，最可贵的是萧县人的心灵美。大家知道，国内有些地方是“经济上去了，社会风气下来了”。我们萧县不同一般，是“经济上去了，社会风气也上去了”。昨天李会长对我说：“城里马路上见不到烟头。”我将信将疑。纽约马路上有烟头，巴黎马路上有烟头，萧县马路上怎么会没有烟头？上午边走边看，果然找不到烟头。马路上没烟头，折射出萧县的高度文明。

乡亲们，萧县自古出高人，今天更是人才辈出，萧县涌现出一批又一批高人。天安门广场的烈士纪念塔上的浮雕是谁设计的？是萧县人。大文豪郭沫若第一次入党是谁批准的？是萧县人。郭沫若拜的“一字之师”是谁？是萧县人。胡锦涛同志最敬重的老师是谁？是萧县人。在农村改革的发祥地小岗村那里最受欢迎的书记是谁？是萧县人。淮海战役抓住国民党副总司令杜聿明的是谁？是萧县人。演英雄王成的是谁？是萧县人。

萧县是“可拔的”县。光辉的业绩可拔，美丽的山河可拔。萧县的河山如画，萧县的画如河山。画家的成功之道是“搜尽奇峰打草稿”。萧县的画作之所以举世闻名，是因为萧县的大画家搜尽了萧县的奇峰。美术界把美丽留在了萧县。画家在美化萧县。龙城画派是萧县人头上的明珠。萧县地上美，地下也美。地上有书画，地下有汉画，这不是所有的县市都具备的。萧县的文化建设与经济建设齐头并进，文化与文明比翼双飞。萧县正在富起来，强起来，美起来！

祝我的家乡一如既往，做改革开放的排头兵，做最优秀的排头兵！更上一层、百层楼！“美丽”是十三届全国“两会”上的高频词。祝家乡明天比今天更美丽，祝家乡人生活甜美，身体健美，家庭和美，事业完美，山河壮美，尽善尽美！让天下人都感受到萧县美不胜收！桂林山水甲天下，我的家乡萧县美丽甲天下！

习近平总书记指出：“良好生态环境是最公平的公共产品，是最普惠的民生福祉。”萧城这座美丽的城市，是我们和谐幸福的家园。

第八章　仰望萧国星空

本章命题『仰望萧国星空』，那是因为『天则有列宿，地则有州域』（《史记·天官书》）。古人是把天上的星宿和地上的州域联系起来看的。在春秋战国时期，人们根据地上的区域来划分天上的星宿，把天上的星宿分别指配于地上的州国，这便是所谓分野的观念。《春秋》：『心者，宋之分野也』。可见，同宋国相对应的是天上的心宿，萧国当时附属于宋国，亦在『宋之分野也』。

历史的天空布满星辰，那是人类神秘的精神家园……辽阔深远的萧国历史，那是萧县人的文化经典、精神财富，也是中华民族文化积淀的一部分。

歌德说，头顶上的星空让人敬畏。仰望萧国星空，最明亮的是北斗星。北斗星指引着空间方位，那是人类行为的坐标点，北斗星给人温暖、光明、启迪，它又是给予人类社会走向和谐幸福巨大的推动力量。北斗星周围还环绕着各种各样大大小小的星辰，它告诉人们光阴的流转，那是『各领风骚数百年』的接力『明星』，他们都为推动历史前进做出了不可磨灭的贡献，都是值得我们景仰的『星』。

仰望萧国蔚蓝的星空，和明亮的星辰进行一次深情的对话，那会是我们精神上的升华，情操上的陶冶和美的享受。

第一节　共产党功盖千秋

数千年来，萧县人民受尽战乱频仍之苦，受尽黄水（即黄河泛滥）肆虐之难，受尽瘟疫（即流行性传染病）横行之罪，受尽蝗虫吞食之害……数百年来，又受尽剥削和压迫，在饥寒交迫的岁月中煎熬。人民在深重苦难的深渊里呐喊，始终难逃无边的苦海。

嘉兴南湖上的一条小船造就了一个 9 000 多万人的大党。如今国泰民安，百姓的生活十载一层楼、百年一层天。

树高有根，水长有源。党的萧县地方组织诞生九十多年，为萧县人民谋幸福做出巨大贡献。而今的萧城已达到国家园林县城标准，萧县人民也已提前步入小康社会，人们在睡梦里笑声甜美……

萧地有人类生存近万年，中国共产党领导虽不足百年，却为萧地人创造了一个又一个彪炳史册的人间奇迹，共产党恩情比海深，共产党功盖千秋。

南湖红船“大救星”

嘉兴南湖上一条普通的小船，为当年中共一大会场。名之红船，不在其色，而在其意，借物言志，以物期形。当年风雨如晦、长夜难明，船上红烛打破黑暗。从此，红色象征革命，象征进步，代表民心，代表希望，可谓“救星”。中国共产党挽救了处于水深火热中的中华民族，改变了萧县人民的悲惨命运。

1848 年，马克思、恩格斯发表《共产党宣言》，那是我们革命理想的起点。1921 年 6 月初，共产国际代表马林和尼克尔斯基先后到达上海，并与主持上海共产党组织工作的李达、李汉俊取得联系。经过几次会谈，他们一致认为应尽快召开全国代表大会，正式成立中国共产党。李达、李汉俊同当时在广州的陈独秀、在北京的李大钊通过书信协商，决定在上海召开中国共产党第一次全国代表大会。随即，通过书信通知北京、武汉、长沙、济南、广州和旅日的党组织，要求每个地区派两名代表到上海出席会议。

1921 年 7 月 23 日晚上，中国共产党第一次全国代表大会开幕，会场设在上海法租界望志路 106 号（现兴业路 76 号）李汉俊之兄李书城住宅内，会场陈设简朴，但气氛庄重。出席会议的共有 13 名代表，他们是：上海的李达、李汉俊，武汉的董必武、陈潭秋，长沙的毛泽东、何叔衡，济南的王尽美、邓恩铭，北京的张国焘、刘仁静，广州的陈公博，旅日的周佛海，陈独秀指定的代表包惠僧。李大钊与陈独秀均因事务繁忙，未能出席会议。13 名代表代表全国 50 多名党员，共产国际代表马林和尼克尔斯基出席大会。7 月 24 日各地代表向大会报告本地区党、团组织情况。7 月 25 日—26 日休会两天，由张国焘、董必武起草供会议讨论的党纲和今后实际工作计划。7 月 27 日—29 日，连续三天举行三次全会，讨论党的纲领和决议。7 月 30 日晚，代表们正在开会，突然一个陌生的中年男子闯入会场，环视一周后匆忙离去，具有丰富秘密工作经验的马林建议马上中止会议，组织代表迅速转移。十几分钟后，法租界巡捕包围和搜查会场，结果一无所获。由于代表们的活动已受到监视，会议无法继续在上海举行。李达的夫人王会悟是嘉兴南湖人，她提议转至南湖开会。8 月 1 日，王会悟、李达、毛泽东先从上海来到嘉兴南湖，他们登上南湖湖心岛上的烟雨楼，见四周烟雨茫茫，水面上冷冷清清漂浮着几只游船，于是就决定租一只游船来当“会场”。当时还计划好游船停泊的位置，在烟雨楼的西北方向，既不靠岸，也不傍岛，就在水中来回游荡。第二天上午，其余代表分散行动从上海来到南湖，来到这艘小船上。这只小船竹棚木舷，舱里小桌小凳，全部摆满也只能挤下 14 个小凳。可想当时的境况是何等的窘迫。但就是这个会场仍不安全，王会悟同志专门负责在船头放哨。下午，忽有一艘汽艇从湖面驶过，她疑有警情，忙发暗号，船舱内就立即响起一片麻将声。汽艇一过，麻将撤去，再低声讨论文件。傍晚，大会通过了最后两个文件，中国共产党就这样诞生了。大会选举由陈独秀、张国焘、李达组成中央局，选举陈独秀担任书记，张国焘负责组织工作，李达负责宣传工作。当时考虑到党员人数少和地方组织尚不健全的实际情况，决定暂不成立中央执行委员会，只设立中央局作为中央的临时领导机构。

中国共产党走过了百年历程，她从贫无寸土，漂泊水上，到有神州万里，如今已经是拥有 9 000 多万党员的大党，是一个有着约 960 万平方千米国土、14 亿人口国家的执政党。

萧县人民同全国人民一样，历尽数千年的苦难深渊，喜迎共产党执政，站起来，富起来，强大起来。共产党最英明伟大！

中国共产党是1921年7月23日成立的，那么，7月1日这一纪念日又是从何而来呢？

1937年7月1日，中共中央召开党的活动分子会议，周恩来做《十六周年的中国共产党》的报告，开创了在7月1日进行党员教育的先河。1938年，抗日根据地举行纪念建党十七周年的活动，需要确定日期。当时在延安的中共一大代表有毛泽东、董必武等人。他们回忆中共一大是7月份召开的，但确切的日期记不清了，于是就商量将7月1日作为党的诞生纪念日。毛泽东在《论持久战》中指出："今年七月一日，是中国共产党建立的十七周年纪念日。"1938年6月24日，中共中央发布《关于中共十七周年纪念宣传纲要》。1941年6月，中共中央发出《中央关于中国共产党诞生二十周年、抗战四周年纪念指示》，第一次以中共中央名义把7月1日作为党的诞生纪念日。新中国成立后，党中央庆祝建党的活动基本上都在7月1日举行，天长日久，有的人便认为中国共产党是在7月1日诞生的。

跟着共产党走

你是灯塔，照耀着黎明前的海洋。
你是舵手，掌握着航行的方向。
伟大的中国共产党，你就是核心，你就是方向。
我们永远跟着你走，人类一定解放！
我们永远跟着你走，人类一定解放！

这首著名歌曲《跟着共产党走》（又名《你是灯塔》）的歌词是由沙洪创作。沙洪曾用名王敦和，萧县帽山乡王大庄人，1920 年生，1937 年去延安参加八路军，后在山西、山东敌后抗日根据地工作，新中国成立后先后在中共中央宣传部、组织部工作。这首歌是沙洪于 1940 年 6 月所作。1980 年解放军总政治部将其列入全军推荐十二首歌曲之一。沙洪的这首歌于中共萧县地方党组织诞生 12 年后所作，代表了萧县儿女，深情地表达了全国人民对党的心声。

自 1921 年 7 月起，嘉兴南湖红船像一颗璀璨的星，照耀中国大地，照亮了萧地。1928 年 6 月，中国共产党萧县地方党组织——萧县县委诞生，成为引领萧县人民走出苦难深渊的核心力量。

大革命时期，萧县虽然没有党组织，但 1925 年秋天，国民党江苏省党部委员戴盆天（共产党员）来萧城作政治形势报告，宣传革命道理，开展党的活动。1926 年秋，中共徐州独立支部派 3 名党员来萧县活动，10 月，农民运动委员会委员郭潜飞来萧县调研农民运动情况。同年年底独立支部宣传委员李广琛（萧籍）来萧县趁视察之机，发展丁毅忱、纵白踪为中共党员（跨党党员）。同年，经刘汉川介绍，许致远、邓果白、刘淑昭（女）、刘颖昭（女）、王贞树五人去上海参加农民运动讲习所训练班，学习期间，许致远、邓果白两人加入中国共产党。他们在年底回到家乡薛庄村创办农民夜校，邀约附近几个村庄的贫雇农和长短工 50 多人到夜校上学，夜校以教《千字课》为名，暗中向农民宣传党的主张，讲解革命道理，开展农民运动。

1927 年，“七·一五”汪精卫叛变革命后，一批党员从武汉返乡，他们是刘亚民、谢光亚、陈金远、王景武等。年底，受中共皖西北特委派遣，在杨虎城部队入党的胡玄圃、任训常等 4 人，也回萧县参加地下党工作。

1928 年 1 月，萧县建立黄口支分部，有党员 7 人；王寨支分部，有党员 8 人；萧城支分部，有党员 10 人。1928 年 2 月中旬，中共江苏省委委员吴雨铭在视察徐州时，听取了关于萧县党建工作发展情况的汇报后，经他提议，于 3 月份在王寨成立了中共萧县特别支部，特别支部书记为胡玄圃（一说刘亚民），干事刘亚民、胡文清。1928 年 5 月 5 日，中共萧县特别支部改组，王树璜任书记，胡玄圃、胡文清为干事。特别支部辖萧城、王寨、永堌三个党支分部和黄口、张庄寨两个党小组，因王树璜时任县城贫儿教养院院长，特别支部便从王寨迁入萧城。

1928 年 6 月 25 日，中共江苏省委代表罗世藩来萧县，决定成立萧县县委，26 日晚由萧县特别支部干事会通知召集各支分部、党小组，于 27 日在萧城召开代表会议。27 日的会议由罗世藩主持。会议选举产生了中共萧县第一届县委，顾（颛）孙钧[①]为书记，孙叔平、胡玄圃、胡文清为常委，孙叔平、胡文清、胡玄圃、张德名、胡道敏为干事，王树璜、王沛然为候补干事。会议通过了党的组织发展、宣传及训练、农民运动、职工运动、士兵运动、青年运动及其他工作等七项决议案，同时提出了“打倒地主”的口号，要求在一周内建立黄

① 经现实考察认定，原顾（颛）孙钧有误，应为颛孙钧，即孙叔平。

口、王寨、县城、永堌和张庄寨党的支部。

新成立的萧县县委于7月8日向江苏省委做了专题报告，报告中指出：由于负责会议的萧县特别支部干事会通知发的晚（6月26日晚），致使27日的代表会议只有萧城的两个小组、永堌的一个小组正式代表到会，其余小组正式代表延误时间未到，由于当时环境险恶，依然勉强开会，并进行了选举、通过了决议。28日，其余代表了解大会情况后，表示坚决不承认27日的选举结果和通过的大会决议案，由此引发激烈争执。后采纳多数代表意见，并得到中共江苏省委代表罗世藩的同意，推翻27日的大会议案，重新举行代表会议，选举和通过决议。萧县县委在报告中详细说明了28日会议的情况，特别写明每个当选人的票数。县委书记孙叔平当选票数最高。1928年6月至8月，萧县县委隶属中共江苏省委，此后隶属中共徐海特委，驻地龙城。

第一届县委书记
孙叔平

萧县第一届县委报告，距今已有90多年，文档资料甚为珍贵，它的保存具有神秘而传奇的色彩。在白色恐怖笼罩下的战争年代，这份报告幸运地被转运到共产国际档案库。1956年9月，时任中共中央办公厅主任杨尚昆访问莫斯科时，要求苏共中央把原共产国际有关中共的档案交还，苏共经过仔细研究，答应交还一部分。于是杨尚昆从莫斯科带回几箱档案，萧县县委1928年向江苏省委写的报告就在其中。现在我们能目睹萧县县委在“年轻”时代所形成的文件，实在是一件幸运之事。

附：中共萧县第一届县委报告

萧县县委报告

——关于县委产生经过

（民国十七年七月八日）

省委：

萧县县委已于六月二十八日由全县代表大会产生了。今将产生经过、代表大会决议案及工作计划逐项作一报告。

1. 产生经过

此次省委代表来萧，决定萧县成立县委。由萧支干事会召集各分支各小组代表开会选举，不过通知发下甚晚，致除城内两小组、永堌一小组有正式代表到会外，其他各地代表均未到会，因而萧支干事会议强拉尚未返原校之各地同学，充各地代表，勉强开会，等各地代表到会的时候，县委干事已经举出，许多议案已经通过了。二十八日续开会议时，即有代表发言不承认二十七日之选举及议案。最后得省委代表罗同志及多数代表之同意，推翻二十七日会议，重新开会。各列席代表七人，萧支干事三人，省委代表一人，选举结果，除三位农民同学胡文清、胡道敏、张从（得）名外，顾（颛）孙钧以七票当选，胡玄国（圃）以六票当选，王振（树）黄以五票当选，王沛然以五票当选。顾（颛）孙钧、胡玄圃、胡文清、胡道敏、张得名五同学为正式干事，王沛然、王振（树）黄两同学为候补干事，顾（颛）孙钧、胡文清、胡玄圃三同学为常委，常委互推颛孙钧为书记，胡文清为组织干事，胡玄圃为宣传干事。县委成立经过，大约如此。

2. 萧县县委成立代表大会决议案：

A. 党的组织的发展

七月份应有下列之发展

农民分子：王寨五人，永堌四人，黄口二人，城内五人，张庄（寨）二人，共十八人。

职工分子：王寨二人，永堌二人，黄口一人，城内五人，张庄（寨）二人，共十二人。

士兵分子：王寨五人，永堌二人，黄口五人，城内五人，张庄（寨）三人，共二十人。

其他（学生及知识分子）：王寨三人，黄口三人，城内三人，张庄（寨）二人，永堌四人，共十五人。

B. 宣传及训练

（1）内部训练问题：

a. 上下级党部关系要密切；b. 注意各别训练；c. 办校刊——县委通讯；d. 多派巡视员下乡巡查。

（2）外部宣传问题：

原则——根据党的策略；方法——多发传单，多接近群众，多贴标语。

C. 农民运动

a. 原则——根据各地情形规定工作增加标准，对农民提出打倒地主的口号，但须解释清楚。

b. 指示——曹村、陶楼、杜集、赵周（庄）四地于最短期间成立农民组织。

D. **职工运动**

原则—— 对各要寨工人应竭力组织之，并领导他们作各种的斗争。

E. **士兵运动**

（1）调查工作——调查全县武装数目及其性质。

（2）工作原则——变化武装性质使其革命化，组织工农群众夺取武装。

（3）工作方法——普通（遍）宣传，个别谈话，派遣同学及工农分子入伍。

F. **青年运动**

（1）在可能范围内党应助团发展；（2）应助团组织青年群众；（3）有青年同学之处，应有团的组织。

G. **其他决议**

（1）土匪中须插入同学，一方面在其中发展组织，一方面改变其性质使之革命化。

（2）对白色恐怖应用民众红色恐怖对付，不应用手枪炸弹式的恐怖对付。

（3）建议省委组织徐特委。

（4）前书记错误甚多，请省委处分。

3. 七月份工作计划

A. **对内**

（1）县委的组织

县委
- 正式干事五人
  - 常委三人
    - 书记……秘书
    - 宣传……宣传委员会
    - 组织……训练委员会
- 候补干事二人

（2）支部问题

王寨、县城、永堌、黄口、张庄（寨）于一礼拜内成立支部。

（3）训练问题

a. 常发训练大纲及理论的或实际工作的通告；b. 出不定期校刊——县委通讯；c. 各支部党员会或小组组长联席会议县委须派人参加；d. 县委每月须派巡视员到各地巡视二次；e. 县委与支书每月须开联席会议一次；f. 设干部人才训练班。

（4）会议时间

a. 全县代表大会遇必要时，由县委召集；b. 县委每礼拜开会一次，遇必要时开临时会议或扩大会；c. 常委两礼拜开会一次；d. 训练委员会每礼拜开会一次；e. 活动分子会议临时召集。

B. 对外

（1）调查社会状况：a. 武器；b. 地方；c. 要求；d. 乡村生活状况。

（2）在本月内成立农民协会。

（3）工运：在一个月内使黄口、永堌、王寨、县城有职工组织。

（4）士兵：在这四周内成立士兵委员会，尽量使在农者加入公安团。

（5）青年：在王寨成立团小组。

—完—

在中共江苏省委领导下，萧县县委诞生，成为萧县人民在革命斗争、经济建设中的领导核心，引领萧县人民奔向光明、幸福之路。

共产党英明伟大

在新民主主义革命时期，萧县人民在中国共产党的领导下，同国内外敌人进行了英勇顽强、不屈不挠、艰苦卓绝的斗争，为推翻帝国主义、封建主义、官僚资本主义的反动统治做出了重大贡献。此间，仅参加党领导下的革命队伍者达 1.5 万人，其中 0.35 万人献出了宝贵生命。

1930 年夏至 1932 年秋两年多时间里，在李立三、王明"左"倾冒险主义错误的影响下，萧县的党组织发动并领导的"黄口武装暴动""张庄寨、洪河集暴动"均以失败告终，党在萧县的一批领导骨干被捕入狱，萧雅忱等惨遭杀害。有少数贪生怕死的人投敌叛变，充当国民党的特务，400 多名党员、团员被强制办理自首登记，多年积蓄的革命力量几乎损失殆尽。

但萧县地方党组织依然进行艰苦卓绝的斗争。1930 年冬，萧县团县委书记、"萧县行动委"委员、年仅 25 岁的女干部萧雅忱，被国民党顽区长王铁（萧县人）逮捕杀害，中共永堌党支部果断决定，处死王铁。正巧王家要出殡，党组织派党员朱继红到王铁家以帮忙名义作内部策应。朱继红去了王家，却被王家收买，叛变泄露了党组织意图。永堌党支部又作出决定，派朱继红的胞弟党员朱继宣带两名党员除掉朱继红。朱继宣服从组织决定，完成了任务。这个大义灭亲的故事至今还在流传。

1933年春，陇海铁路以北萧铜边境地区仅保存路套、朱小楼子和尚庄三个党支部，有党员20多人，由路继先、朱玉珂领导。1935年秋建立中共路套区委，书记路继先，委员朱玉林、耿兴义、王清慧。三个支部在区委领导下隐蔽地进行革命活动。另外，在陇海路南李酒店和冯瓦房一带仍保留几个农民身份的党员，如李繁洲、陈继仁、纵瑞香、沈凤鹤等，他们在失去组织领导的情况下，仍秘密从事革命活动，期待革命曙光的到来。

抗日战争全面爆发后，中共萧县地方党组织高举抗日民族统一战线大旗，前仆后继，英勇抗日。1938年8月，萧县在沦陷后不到三个月就建立了萧县抗日民主政府，成为当时华中地区新四军属地的第一个县级抗日民主政权组织。8月23日，在李忠道（李砥平）、许西连、陈怀玉等带领下，王振全、沈凤鹤、袁金玲、张庆白四名游击队员智除黄庙据点，10分钟左右一举歼灭日军一个小队，击毙日军20名，我方无一伤亡。黄庙战斗是萧县人民抗击日本侵略者的第一枪。它的胜利，鼓舞了萧县人民的抗日斗志，消除了群众的“恐日病”。1938年11月7日，延安新华社发布消息，高度评价黄庙战斗。萧县成为八路军与新四军公认的抗日模范县。

在解放战争中，中共萧县地方党组织领导人民，为争取和平民主，与反动势力进行了不懈的斗争。特别是在历时两个多月的淮海战役中，萧县人民倾其所有，舍生忘死，全力支援淮海决战。50 万人口的萧县，参战转运民工、临时民工达 10 万人，筹粮 1 095 万斤、柴草 3 133 万斤、担架 5 700 副、大小车辆 8 500 辆，还有诸多难以计数的菜、禽、蛋、油、肉等食品，以及军衣、军鞋、布匹、木料、家具、棺木等。为支援淮海战役，萧县人民无怨无悔地浴血奋战，做出了巨大贡献。

1945 年冬，解放萧城时萧县总队在黉学（今萧县博物馆）合影（自左：参谋长李拂光、县长许西连、总队副刘为敬、县委副书记朱玉林、总队副范文典）

从 1949 年 10 月至 1956 年 9 月，中共萧县地方党组织在中央、省、地委领导下，建立人民民主政权，实行土地改革和各项民主改革，恢复发展国民经济，使贫穷落后的萧县焕发勃勃生机。1954 年，随着党的过渡时期总路线的贯彻和第一个五年计划的制订与实施，萧县全县工业化开始起步，开展和完善对农业、手工业和资本主义工商业的社会主义改造，使社会主义基本制度初步建立。

从 1956 年到 1966 年 10 月，在党的领导下，萧县人民艰苦奋斗，努力工作，在林业、水利、工业、交通运输、邮电电信、文化教育卫生等方面取得显著成绩，党领导的工人队伍与党的领导队伍也得到发展。但前行的路是曲折不平的，萧县也曾出现大炼钢铁、“浮夸风”等。

“文化大革命”中，郭庄是萧县“农业学大寨”涌现的一个先进典型。1968年下半年，全县开展“学大寨，赶郭庄，誓把萧县变昔阳”的群众运动，提出“大寨能治山，萧县能治碱（盐碱地）”的口号，全县人民以“战天斗地”的精神，誓将全县三分之一的盐碱滩变成良田。整个农村开始发生变化，农业生产始有起色，社员生活逐渐改善。但是，到“文化大革命”中期，郭庄大队走入歧途，结果未能真正改变全县农村落后的困境，反而带来损失。但就是在这样艰难困苦的条件下，中共萧县地方党的各级组织仍带领全县人民坚持生产、坚持工作，在一定程度上削弱了运动的破坏作用。

1978年12月，党的十一届三中全会开辟了中国特色社会主义道路，并开启了建设中国特色社会主义的光辉起点。全县陆续推行家庭联产承包责任制，党和政府尊重农民，农民成了农业生产的主人，男女老少齐上阵，压抑已久的农业生产力尽情释放出来，短短两年时间一批贫穷的生产队一跃翻身，有的村庄一季翻身，不少农户一家生产的粮食就相当于过去一个生产小队的产量。当时流传这样的话：做梦都想吃细粮，穿“迪咔”和“的确良”，扒掉草屋盖瓦房。青年人很时尚，追求“三转”和“一响”（手表、自行车、缝纫机和收音机）。现在富了是小富，往后还要奔小康。萧县大地充满生机，发生天翻地覆的变化。

山还是那座山，梁还是那道梁，地还是那块地，庄还是那个庄，人还是那些人，但人变地变村变样。老百姓从心里感谢共产党。

从 1978 年到 2018 年的 40 年间，中共萧县第五次至十四次代表会议的报告，都把建设中国特色社会主义作为一条主线，作为萧县党组织和人民群众全部的理论基础和实践主题，当作引领全县人民砥砺前进的旗帜。40 年间，工农业总产值从 2.4 亿元发展到 290 亿元，财政收入由 1 441.4 万元增长到 28.2 亿元，增长 195 倍，城镇和农村居民人均可支配收入从几十元分别增长到 27 850 元和 11 868 元。40 年间，萧县先后获得中国书画艺术之乡、中国防腐蚀业第一县、全国农业科技入户工程样板县、全国平原绿化先进县、全国经济林建设先进县、全国体育先进县、全国辣椒制种第一县。2016 年，县域经济发展速度竞争力获评全省第一，发展活力竞争力全省第三。2018 年萧县创建国家园林县城。

40 年来，在中国共产党领导下，萧县地方党组织一任接力一任，初心不改，矢志不渝，带领全县人民历经千难万险，攻克一个又一个难关，取得了人民赞扬的巨大成就。

2012 年 10 月，党的十八大召开，标志我国进入习近平新时代中国特色社会主义。中国特色社会主义进入新时代，我国社会主要矛盾已经转化为人民日益增长的美好生活需要和不平衡不充分的发展之间的矛盾。发展的主题发生了时代转换，从“富起来”转换为“强起来”，萧县同全国一样，进入了飞速发展的新时代。萧县县委、县政府站在新的历史起点上，紧跟以习近平同志为核心的党中央，坚持以人民幸福为己任，明晰“12345”总体思路，锁定“皖北率先，徐淮当先，全省争先”

的发展目标，提出创新发展方式，创造皖北奇迹，创建五个萧县（创新、协调、绿色、开放、共享），再创一个新萧县（到2021年）的“四创”发展方向。到2020年，县域主要经济指标增幅全省靠前，地区生产总值400亿元，财政收入40亿元，双双进入全省15强，城市、农村居民人均可支配收入年均分别增长10%和11%以上，贫困人口全部脱贫，与全省同步，进入全面小康社会。

回首过去，萧县人民为挽救空前深重的民族危机和社会危机，曾进行过无数次不屈不挠的斗争，无数仁人志士不懈探索救国救民的道路。这些斗争，每一次都对推动社会走向进步产生着重要影响，但每一次结局都是以失败而告终。残酷的事实使萧县人民悟出道理，期待着新的社会力量，寻找先进理论，以开创新的革命道路。此重任落到了中国共产党身上，它能作为工人阶级先锋队登上中国政治舞台，归根结底是由它的先进性所决定的，它代表着中国先进生产力，它有着深厚的群众基础，它是任何力量都无法动摇和改变的。中国共产党好，是萧县人民依据革命历史经验得出的结论；永远跟党走，是萧县人民基于自己切身体会的最终明智选择。

第二节　萧地人民创造辉煌历史

历史是人民书写的，一切成就归功于人民。

——习近平

古往今来，许多人都在梦想自己能够成就一番大事业，好让历史记住，实现永恒。但这永恒之梦总是会让岁月老人无情唤醒，它经不住时间的磨砺。在历史的长河中，个体是微不足道的，但他（她）只要融入社会，与人民利益联系在一起，就会成为永恒。

萧县有 6 000 多年的文明史和 3 100 多年的建城史，是中原文化、东夷文化的交汇区，是汉文化、孝道文化、玉石文化、陶瓷文化、萧窑的重要发源地，诞生了宋绘、龙城画派。在历史的长河里，萧县人民创造了远古时期发达的物质文明与精神文明。在近百年的风云变幻中，萧县人民极富正义感，为保卫国家、民族利益，为反抗剥削压迫，常执干戈、冒白刃，出生入死，前仆后继，效命疆场，进行了艰苦卓绝的斗争。在中国共产党的领导下，萧县人民浴血奋战、不屈不挠、奋发图强、艰苦奋斗、开拓创新，不断推进人类文明与社会进步，创造了一个又一个辉煌业绩。

党的十九大以后，140 万萧县人民在习近平新时代中国特色社会主义思想的引领下，推动“五大建设”，实施“七大战略”，打好“三大攻坚战”，向着更高远的目标迈进。

文史厚重的古代文明

萧县是文物大县，每一件文物都是历史与文明的结晶，每一件文物的背后都有一个或精彩或厚重的历史故事。凝视这一件件珍贵的文物，穿越时空，回望那一段段荡气回肠的历史，一定会为我们的家园——萧县而自豪。到 2015 年年底，萧县博物馆馆藏文物达 5 750 件，其中经安徽省文物局专家鉴定的一级文物 12 件、二级文物 35 件、三级文物 415 件、收藏品 716 件，珍贵文物有新石器紫晶刀、玉刀型器、汉画像石等 56 件。馆藏文物反映了萧地古代发达的文明。

萧地原始人的进化。远古时代，萧县最东南部的地理环境是河流纵横、湖泊密布、沼泽连片、丘岗连绵、水草茂盛、林木参天，各种野生动物出没其间。倒流河这片富饶的土地，为原始氏族部落提供了理想的生存繁衍之地。根据对 1994 年 3 月发掘的徐楼和 1995 年 6 月发掘的祁山窝这两处新石器遗址的研究分析，萧地约在 1 万年以前就已有原始人居住。他们仅能栖身在天然山洞，打制粗糙石器用于狩猎，过着群居的原始生活。在距今 6 000 年左右的时期，萧地的先民已从山上移居到山旁平原靠近水源的地方生活，此时的先民们已逐步学会建房、种庄稼、蒸煮食物及制作石斧、石锛、石镰等。磨制石器的出现，提高了先民们的劳动效率，逐步出现原始农业、家庭手工业。先民们的生活来源已由渔猎、采集进步为种植粮食、饲养家畜，他们的生活方式发生了重大变革。

萧地原始人

中国社会科学院考古研究所所长吴加安曾指出："萧县花甲寺遗址是皖北地区最早经过发掘的大汶口文化遗址。"遗址是历史的见证，也是历史的馈赠。萧县东南部倒流河两岸发掘出的 10 处新石器时代遗址，就足以证明萧县这片土地历史之悠久，文化积淀之丰厚。

金寨玉石文化（距今约 5 000 年）。萧县金寨、花甲寺遗址先后出土的一批精美玉器，引起了考古界的高度重视。1992 年安徽省考古部门进行过一次发掘，出土石器 50 多件。考古队撤走后，地方百姓继续挖掘，令人震惊的是，又发现了非常集中的大量玉器、玉环、玉璧等，一摞一摞的，有玉琮、玉钺、玉圭等礼器；有玉玦、玉管、玉珠、玉坠、绿松石等饰品；还有玉龙、玉龟、玉鸟、玉鱼、玉蝉、玉蛙等动物形象的玉器，在目前我国同期出土文物中极为罕见。

出土石器的成型、造型研磨、抛光、打孔水平都较高。孔一般采用单面钻孔技术，双面穿孔次之。令人惊奇的是，当时既没有铜器，也没有铁器，萧地先民竟能制造出造型美观、形象生动、线条流畅的石刀，竟能在细小的玉锥形器上创作微型雕刻，细微程度需用放大镜才看得清楚。其制作之精细，雕刻之细巧，让人不可想象，体现了先民们的精神享受和艺术追求，显示了萧地在这个时期已达到较高的文明程度。

白土陶瓷文化。萧地陶瓷起源于隋，盛于唐，两宋时期发展到顶峰，衰萎于金代。由于南宋与金隔淮河对峙，河运不通，河床淤塞，民不聊生，萧窑一蹶不振，窑工大都南徙景德镇。在西安博物馆展览大厅有一幅盛唐时期全国陶瓷生产分布图，在最东部赫然标出萧县。

白土陶瓷最早可追溯至新石器时代，在白土镇附近的花甲寺新石器遗址发现的彩陶就是佐证。龙山文化时期的制陶技术又有了新的飞跃，当时竟然能制造出胎壁仅 0.5 毫米到 1 毫米的“蛋壳陶”。其色泽漆黑锃亮、光洁照人、古朴典雅，有“薄如纸，硬如瓷，明如镜，墨如漆”的美誉，是中国制陶史上巅峰时期的典型器物。这体现了萧县古代文明程度，也证明了萧地先民的聪明智慧。至汉代，萧窑已有烧制陶瓷的记录。瓷是陶发展的延续。当时白土窑号称有 72 座，烧制的产品主要有民间日常用瓷和陶瓷工艺品两大类，如碗、盏、枕、壶、瓶、罐、佛像、佛龛、佛塔饰、瓦当猫头等，以及狗、鸡、鸭、牛、马、羊、猴等瓷玩具。烧制方法上采用覆烧和砂圈叠烧。

汉画石刻艺术。汉画像石就是汉代人在石上雕刻的画，以线传神状物，是集绘画、雕刻两门艺术为一体的独特艺术形式。萧县汉画像石产生于西汉晚期，盛于东汉中晚期，随着东汉灭亡而消失。萧县已发掘 500 多座汉墓，在县博物馆存放的汉画像石有 400 多块，其价值等同于商周青铜器、南北朝石窟艺术、唐诗、宋词，为萧县的文化艺术瑰宝。

汉画像石艺术大致分为两类：一类描绘贵族王室奢侈生

活，如龙、凤、麒麟、玄鹤等；另一类描绘平民生活，如县博物馆的镇馆之宝，国家一级文物“二龙穿九壁”汉画像石。该石划分两格，上格是圆形点，形象似发芽的种子，象征人民对来年风调雨顺、五谷丰登的祈祷，其造型之精美、内容之丰富实属罕见，说明当时就有一支水平较高的绘画雕刻队伍，出现过一个绘画、雕刻的小高峰。

“文献之邦”。萧县古为“文献之邦”。文献资料最能代表一个地区对国家和民族文化所做的贡献。在《春秋左氏传》中记载萧国之兴亡过程有20余处，应该说，这是古典文献中最权威的文献记录。

孔子弟子子张在孔子逝世后为其守墓三年，期间他精心整理孔子遗著。子张早年跟随孔子周游列国，路经萧地时，他深深爱上这片土地上美丽的山川河流和淳厚的民风。后来，他举家隐居于山南堀坊聚徒办学，潜心研究整理孔子经典，著书立说，历经8年努力，形成百卷巨典。承当时儒家风习传统，子张将百卷经典著作藏于山洞，后人称为“五经洞山”，再后来称“五洞山”。

西汉末年，祖居萧县帽山下村庄的刘向、刘歆父子，成为汉代大儒和经学家、文学家、目录学家。今天我们看到的汉以前的经典，大都经过刘向、刘歆父子整理、辑校，甚至编纂、撰写。

另外，还有西汉封爵萧地“扶阳侯”的父子宰相韦贤、韦玄成的著作；东汉萧籍大将军朱浮的著作；南朝宋宗室萧籍文学家刘义庆的著作；唐代萧籍宰相朱敬则的著作；明初敕修元史的萧籍大儒、文学家高巽志的著作；等等。从中我们可以看出，萧县古为“文献之邦”是名副其实的。

龙城画派。《中国地域文化通览·安徽卷》有这样的记载：萧县文化积淀深厚，是汉文化重要发源地之一。

据清同治《萧县志》记载：出生萧县绥舆里的南朝宋开国皇帝刘裕，子孙后代多以擅书名世，萧地民间研习书画之风遂盛。明清以后，特别是“扬州八怪”崛起于乾隆、嘉庆年间，影响较广，萧县画坛涌现了一批“重传统、重笔墨、重生活”的乡土画家，他们冲破传统束缚，努力追逐时代新潮，一时间，名震徐淮。期间，有书画兼擅的吴作樟、吴柳庵，山水画家袁汝霖、刘云巢，人物画家薛铎和书画家张太平等。这一批画坛高手，多为诗礼传家的书香门第，思想艺术倾向一致，技法趣味相同，而活动中心为龙城，故又以“龙城画派”之美誉蜚声画坛。

从民国时期的3届全国美展到新中国成立后的12届全国美术作品展览，每一届都有萧县人的艺术作品参展，总共有80多人、近百件艺术作品，这在全国县级是罕见的。

“龙城画派”的形成发展脉络为：春秋“宋画”—汉画石刻—南朝刘宋书画—北宋苏轼文人画—明清“龙城画派”—现当代书画热的传承及沿袭。1993年12月，文化部命名萧县为“中国书画艺术之乡”。

英勇不屈的斗争精神

学联掀起斗争潮。1911年，孙中山领导的辛亥革命吸引了一批萧县的热血青年，他们为国家的兴亡与民族的解放而献身革命，以萧籍青年刘汉川为代表的民主主义者追随孙中山为实现民主共和而斗争。

五四运动爆发后，北京大学学生毕瑞生、郭清杰到徐州宣传五四精神，指导学生运动。萧县推选徐文雅为代表参加徐州八县学生联合会工作。1919 年 8 月，萧县学生联合会成立，一高学生徐志昌为会长，王宜周为副会长。学生联合会在萧城孔庙组织召开 500 多人的群众大会，徐文雅在大会上发表慷慨激昂、言辞犀利的演讲，痛斥帝国主义列强在巴黎和会上的分赃丑行和北洋政府的妥协卖国行径，号召全县学生联合起来，声援北京学生的爱国运动。会后，由学生联合会成员领队，举行了声势浩大的游行示威。学生们臂戴写有“救国”字样的白布袖标，贴标语、散传单，高呼“打倒帝国主义”“反对巴黎和会”“外争国权，内惩国贼”“废除 21 条不平等条约”等口号，大大激发了广大民众的爱国热情。

随着新文化运动的深入发展，马克思主义得到迅速传播，激发了萧县大批进步青年追求真理、投身革命、为民族解放斗争的热情，如李宪仲、徐文雅、刘亚民等人后来成为中共地方党组织的创始人。

农民运动蓬勃兴起。1928 年年底，第三届县委机关迁至永堌寨。县委派出一批党员分别到永堌等地小学任教。他们白天给学生上课，晚上办农民夜校，向农民宣传革命道理，动员农民参加农协会，组织起来翻身求解放。当时流传一首歌谣：“入了农协会，力量大十倍。农民一条心，定能扭乾坤。”到 1929 年年底，全县农协会组织发展会员 3 000 多人。

农协会通过说理、斗争、游行、示威等方式，清算地主的罪恶，争取民主自由，灭地主阶级嚣张气焰，兴农民阶级威风。例如，郝集农民反对劣绅刘瑞岐的斗争，黄口农民反对土豪恶霸邵世恩的斗争，朱小楼子农民反对大地主刘子瑜霸占公有集市的斗争，都取得了一定的胜利。最突出的是永堌寨农民的“罢更”斗争。永堌寨是恶霸地主刘献符的封建山寨，当时圩寨面积大于萧城。因土匪蜂起，地主刘献符为保护家产，依靠封建权势，强迫穷人无偿地为他们家打更守夜、看家护院，对此，农民群众非常愤恨。1928 年冬，打更的长工刘志木、赵凤鸣因冻得受不了，想找点柴火烤烤火。结果，被地主毒打一顿。永堌寨的群众对地主的恶毒行径义愤填膺，党组织及时组织召开 300 多人参加的大会，开始“罢更”斗争，迫使地主接受了农协会提出的要求。

黄口武装暴动。1930 年春，由于受党内“左”倾冒险主义错误的影响，中共徐海特委毅然决定，所属各县组织开展武装暴动，名曰建立苏维埃政权。随之，县党、团县委合并，成立中心支部，建立行动委员会（简称行委）。行委策划在 7 月 10 日同时在黄口、王寨、永堌三地举行武装暴动。黄口武装暴动由行委书记张圣和、行委委员李祥龄和谢广亚负责组织指挥，王寨、永堌因多种原因行动未果。

参加武装暴动的队伍由 20 多名共产党员和 200 多名农协会会员、赤卫队员组成，番号为中国工农红军第 15 军 1 师独立营。武器仅短枪 3 支，自制土炸弹 48 个，还有一些长矛、大刀等。而驻防黄口镇的国民党第 3 军 27 师一个连，约 140 人，还有区队和商务队一个班，敌驻防兵力约 200 人枪。

7 月 10 日上午 10 时，趁逢集群众拥挤之际，暴动枪声响起。事前又通过农协会会员的秘密联系，参与暴动的工农群众近 2 000 人。由于暴动突然，加之成千上万名群众混杂，条件十分有利。至下午 3 时，国民党的一个连和商务队一个班被全歼。暴动中，共缴获长短枪 180 余支，俘敌 100 多人。暴动成功后，队伍次日转移到王寨附近的宁园与郝楼村一带。7 月 13 日，暴动队伍回师马井曲里铺驻扎。由于国民党萧县警察大队的追击，加之内部流氓无产者哗变，暴动队伍瓦解，行委组织者随后决定埋藏武器，分散隐蔽。黄口武装暴动使陇海铁路徐州至商丘段中断了三天。

黄口武装暴动是萧县地方党组织发动并领导的第一次大规模农民武装斗争，对徐海蚌地区震动很大。

袭击日寇黄庙据点。1938 年夏天，日寇在萧县黄庙村设立据点，驻扎了一个 21 人的小分队，看护陇海铁路上的一座铁桥（史称联合桥）。

日本兵无恶不作，经常出来抢村民的东西，糟蹋庄稼、奸淫妇女，周围村庄群众恨之入骨。党领导的湖西人民抗日义勇队第二总队十七大队大队长李忠道（萧县赵庄镇李酒店村人）等人决心为民除害。8 月 23 日下午 1 时，李忠道挑选王振全、沈凤鹤、袁金玲、张庆白四名游击队员组成突击队，装扮成农民，挑着小鸡、鸡蛋、西瓜、桃子等物品，以给日本兵"上面子"为由进入据点。在日本兵分抢礼物时，四名游击队员一起掏枪射击。霎时，毫无防备的日本兵被打死一片。未被打死的急忙回屋取枪，四名队员堵门向屋内射击。一名日本兵一头钻到床底，然后趁机窜出掐住了一名游击队员的脖子，正厮打间，另一名游击队员扯住日本兵的耳朵扣响扳机。出外到河里洗澡的 2 个日本兵闻讯向杨楼站方向逃跑，其中 1 人被当地游击队打死，另 1 名侥幸逃窜。战斗前后仅 10 分钟左右，毙敌 20 名，缴获三八式步枪 18 支，歪把子机枪 1 挺，盒子枪 1 把，还有刺刀、子弹等。突击队无一伤亡。

萧县抗日第一枪在黄庙打响，产生了重大影响，山东《大众日报》1939 年 3 月 30 日第四版作了专题报道，并在文中告诫人们：中国人民只要组织起来，就一定能打败日本侵略者。延安新华社也于 1938 年 11 月 7 日发文，高度评价黄庙战斗。此后，萧县成为八路军、新四军公认的抗日模范县。

黄庙战斗胜利后，游击队预料到日军会报复，动员群众一起撤离附近村庄，但日军进行欺骗宣传：是良民都不跑，跑的不是良民。一些群众轻信这些鬼话，陆续回家。不过几天，日军突然包围黄庙、陈坡、孙庄 3 个村，在黄庙村残杀游击队员袁永赞等 30 多人，在陈坡、孙庄残杀无辜农民 20 多人。日寇的暴行进一步激起了萧县人民的愤慨和保家卫国的决心。

军民联手保卫萧城。1937 年年底，日军占领南京、济南后，调集华北、华中 24 万兵力，沿津浦路，南北夹击，企图一举歼灭中国主力部队于徐州地区。1938 年 5 月中旬，日军已完成对徐州的包围。萧县是徐州的西南门户，战略地位重要。为了让 60 万大军安全撤退，李宗仁决定在萧县部署一场阻击战，以滞缓日军围攻徐州的时间。

1938 年 5 月 15 日，刚从台儿庄战场上撤下来未来得及休整补充的国民党 32 军 139 师 2 000 余名官兵开进萧城。县长王雪琴带领各级官员组织民兵及百姓参加建筑工事，带领师长李兆瑛勘察地形，协助安排在老虎山、凤凰山、龙山等处部署

萧城保卫战

兵力，协助制定守城作战方案。军民严阵以待。16日凌晨，日军1 000多人，六七门重炮，10余辆战车，猛烈攻击城西南的老虎山阵地。139师一个营的主力在此设防，军民借助有利地形，迅猛反击，大量杀伤敌人，坚守阵地。下午3时，日军增至2 000兵力，同时向老虎山、凤凰山发起新的攻击，狂轰滥炸，两座山头一片火海。晚上，防御工事被摧毁，城郊阵地防线失守。防守军民遂丢弃山头阵地，进入城内坚守。17日，城东龙山阵地守军虽顽强拼杀，多次打退日军的进攻，终未能守住阵地。师长李兆瑛下令堵死并加固萧城四门，县长王雪琴组织地方力量立即配合行动，誓与萧城共存亡。日军包围萧城，居高临下，用大炮、机枪封锁城内各巷道，并用气球指挥飞机扫射。守城军民调集运用兵力困难，仅凭借城墙工事与敌人血战，战况惨烈异常。5月18日上午，日军对城内发起总攻，以密集的火炮压顶，用坦克把北城门东侧城墙打开了一个缺口，攻入城内。守城军民与敌人展开激烈巷战达两三个小时，满城血肉横飞，尸体遍地堆积。守城军民伤亡惨重，守势极为不利，师长李兆瑛下令各部突围。他带了20多人从凤凰山一条小路翻越山北冲出战场。县长王雪琴带领10余人从龙山与凤凰山之间的山坳处突围，不幸中弹牺牲，县大队长耿继贤牺牲。

萧城沦陷后，日寇为报复萧城军民的反击，先后在牛眠村、房庄村制造大屠杀惨案，惨遭屠杀的无辜百姓达 3 000 多人！萧城保卫战虽然失败了，但军民联手用血肉之躯铸就的防线，为大部队赢得了三天时间，使之顺利完成撤离任务。萧城用鲜血铸造了一座英雄之城，它的每一寸土地都是坚贞不屈的，它给后人留下不畏强暴、勇于自我牺牲、勇于抗击外来侵略者的英雄气概和爱国主义精神。

参与淮海战役。举世闻名的淮海战役从 1948 年 11 月 6 日拉开战幕，到 1949 年 1 月 10 日全面获取胜利，历时 66 天。在中共萧县县委、县政府的领导下，萧县人民倾其所有，尽其所能，冒着枪林弹雨，舍生忘死，克服千难万险，全力支援淮海战役，为战役全面胜利做出了巨大贡献。

战事一拉开，军民在萧县挖战壕折合土地 7 万亩，战场内萧县村庄 214 个，因炮火轰炸受重灾、特灾的村庄 89 个，地不见树木、房屋，天不见飞鸟。萧县人民虽饱受战争摧残，但斗志更坚。11 月中旬，华野后勤部要求萧县筹军粮 500 万斤，萧县人民积极响应，并喊出了“倾家荡产，支援淮海决战”的口号，仅用半个月时间，500 万斤军粮筹集任务完成，有力地支援了前线。据不完全统计，淮海战役中萧县动用随军转运民工、临时民工达 10 万人，筹粮 1 095 万斤、柴草 3 133 万斤、担架 5 700 副、大小车辆 8 500 多辆，还有诸多难以计数的蔬菜、禽、蛋、油、肉等食品，以及军衣、军鞋、布匹、木料、家具、牲畜等。后方群众不分男女老幼，昼夜不停地加工军粮，赶做军衣、军鞋，筹集粮草及修筑工事所需材料，照顾伤员，等等。

战役打响，华野参战兵力为36.9万人，战役中伤亡10.5万人，战时除部分兵员从地方武装升编外，大部分是战区“即失即补”，保证成建有编。就连战区的百姓也奋勇参战。国民党某部西逃路过黄口南侧的一个村庄，李老汉的一头驴被拉去驮炮弹，老汉被抓去抬子弹箱多天。一天早晨，李老汉乘机爬过保安山逃出了虎口。途中正巧碰上追赶敌人的解放军，当李老汉得知解放军是追赶国民党逃军的，立刻忘记饥饿与疲劳，说：“解放军，跟我来！”转身带领解放军翻过保安山，兴奋地指着不远处的国民党逃军对解放军说：“同志，他们就在那儿！”解放军部队很快插入国民党逃军腹地，取得了战斗的胜利。

萧县人民为淮海战役的全面胜利做出的牺牲是巨大的，也是功不可没的。

农民活捉杜聿明。在整个解放战争中，被中国人民解放军俘虏的国民党将领没有比杜聿明的官位更高的了，杜聿明为徐州“剿总”副总司令。

1949年1月9日深夜，在淮海战役的枪炮声中，徐州“剿总”副总司令杜聿明带着副官、卫士等一行四人，从国民党新五军驻地陈官庄，经萧县的夏寨向东北方向仓皇逃跑。途中，副官尹东生给杜聿明剃去小胡子，并换上解放军士兵的衣服，妄图漏网。

1月10日黎明时分，萧县四区张老庄的村民段庆香父子正在外拾粪，发现行动鬼祟的一伙人，段庆香引起警觉，当即交代他父亲回村里报告驻军。

副官尹东生跑到段庆香跟前，央求弄件便衣换上。段庆

1949年1月10日晨，杜聿明在张老庄被俘

香说："我到哪里给你弄便衣去。"尹东生问："你们村里有部队吗？"段庆香说："周围十几里上百里都驻满了解放军。"尹东生一下子紧张起来，迅速从衣袋里掏出一枚金戒指塞到段庆香手里，叫他不要声张。段庆香正焦急万分时，张老庄驻军四纵队十一师卫生处通信员范正国、崔喜云赶过来。范正国问道："你们是哪一部分的？"尹东生狡猾地回答："我是十一师的。"范正国又问道："你们师长姓什么？"尹东生答不上来，范正国把子弹推上膛对准尹东生的胸口命令道："你们全部缴枪！"这伙人交出了四支汤姆、一支卡宾、四支快慢机和四支加拿大手枪。这时，休养连的士兵闻讯赶来，一起将他们押回张老庄，后转送四纵队十一师政治部审查。

十一师政治部主任陈茂辉反复多次审问，杜聿明均自称是"国民党军十三兵团"军需高文明。在关押期间，杜聿明乘人不备，捡起一块半截砖，对着自己的额角猛地一击，顿时鲜血直流，倒在地上装死。军医赶紧为他包扎。待政治部的同志拿来敌工部门送来的杜聿明的照片和这个军需高文明对照时，发现他和杜聿明一模一样，只是少了一撮小胡子。当天晚上，从被俘的徐州"剿总司令部"副官口中证实，这个装死的军需高文明就是头等战犯——国民党徐州"剿总"副总司令杜聿明。

在电影《大决战》的结尾，应用了斯大林和美国军事家的惊叹：“淮海战役中，中国共产党怎么会用60万军队战胜国民党80万军队？”其中的奥妙可以从活捉杜聿明的经过中找到答案。

追求文明富强萧县

今日花果山。1957年12月，中华人民共和国国务院为永堌乡（今永堌镇）红光农业生产合作社颁发锦旗一面（据《萧县水利志》大事记），这是萧县有史以来获得的最高荣誉！

永堌乡红光农业生产合作社由郭庄、朱庄、石庄三个自然村组成，三个村的地理区位俗称夹山套。夹山套位于萧城东南20千米，是一个三面环山的斜行盆地，总面积15.7平方千米，其中山地面积16 507亩，可耕地面积2 511亩，总人口1 477人，人均耕地1.7亩。新中国成立前，夹山套荒山秃岭，洪涝旱灾交替，农作物产量一般只有60 ~ 70斤/亩，群众生活半年糠半年粮，常年外出逃荒人口占30%以上。当地有首民谚：吃的糠和菜，喝的糊粥汤，戴的帽子断了檐，穿的鞋子没有帮。可见群众生活极其困难。

1951年9月，根据毛泽东同志的提议，中央下发《中共中央关于农业生产互助合作的决议（草案）》。夹山套于1954年年底走上合作化之路。为响应国家“兴修水利，做好水土保持”工作的号召，彻底改变夹山套贫穷落后的面貌，夹山套农民拼死拼活干一场“革命”。1955年春天，县乡政府调拨机械10多台，增派民工百余人，夹山套农民也一改过去

“猫冬”的习惯，男女老少齐上阵，顶着寒风，冒着雪霜，拉开会战大幕。“早上出工天不亮，晚上收工看不见，中午吃饭送上山。”许多农民手上血泡磨成茧，裂开口子再长成疤。经过四年奋战，夹山套发生了巨变。

红光农业生产合作社共兴建缓水坝 1 102 道，做捻窝 734 个，挖山塘 21 面、鱼鳞坑 1 817 个，打井 5 眼，建蓄水池 15 个，挖水窖 9 个，筑蓄水坝 3 道，修小型水库 3 座，垒砌等高线 71 570 道，修梯田 300 亩，累计完成土石方 938 046 立方米。红光农业生产合作社还绿化荒山 16 507 亩，其中苹果树、杏树、柿子树等果树 67 742 棵，人均 465 棵。有了水源，养猪 270 头，白山羊 376 只，筑水库放养鱼苗 40 万尾。合作社还组织群众在山坡延岭路旁、地边种植红花草、金针菜、紫穗槐，美化了村里的环境。巨变后的夹山套层层梯田，处处塘坝，全面控制了水土流失，农业连年增产，群众生活蒸蒸日上，原来 70% 的缺粮户变成 60% 的余粮户和余钱户，成为一个丰衣足食的“富山套”。1957 年 12 月，永堌乡红光农业生产合作社，荣获国务院奖授“治坡治沟、综合治理、保持水土、发展农业”锦旗一面。1958 年 9 月，国务院水土保持委员会颁发给萧县“继续努力，开展水土保持工作，为彻底控制水土流失而奋斗”的锦旗。中国新闻纪录电影制片厂以“今

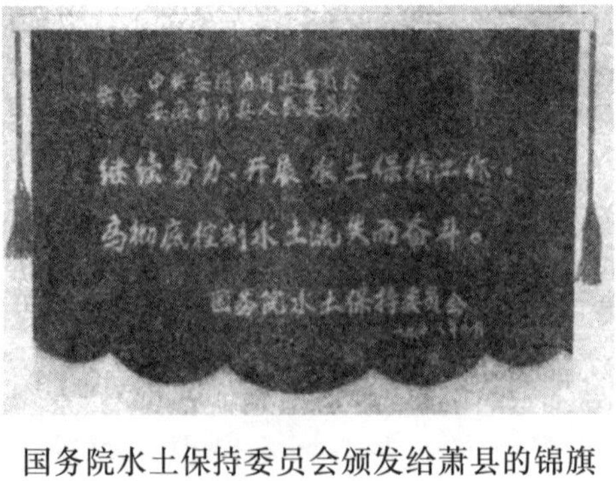

国务院水土保持委员会颁发给萧县的锦旗

日花果山”为题拍成纪录片在全国上映，对全国的水土保持工作起到很大的推动作用。是年，时任中共中央书记处书记黄克诚、时任国务院副总理谭震林先后莅临萧县视察。昔日荒山秃岭的穷山村，已是树木成林、碧水清清、风景秀丽的花果山。

从百元到百亿。1968 年 5 月，从杨楼镇黄河故道岸边走出 9 位农民，他们是刘月生、蔡加义、张其胜、常开光、郭召玉、李松迎、张传启、裴洪斌、樊世良。9 位农民自凑不足百元钱，背着行李卷，包里装着能吃五六天的地瓜面窝窝头，组成油漆队，从油漆门窗起步闯市场……

一晃 50 年过去了，在地方党委、政府的扶持下，现在的萧县防腐蚀业已有 15 万掌握科学技术的产业工人，防腐蚀业务门类扩展到 20 多种，业务范围覆盖全国除台湾、澳门外的所有区域，以及 38 个国家，防腐蚀工程项目曾获得巴拿马国际金奖、中国建设工程鲁班奖、中国土木工程詹天佑奖等，年产值超百亿元。

萧县防腐人拼搏半个世纪，成绩来之不易。在早期有数十人受到歧视、打击、坐牢等不公正待遇，但他们忍辱负重，痴心不改，悄悄地干，偷着干；有百名防腐人在工程运作过程中因资金链断裂，导致业务无法开展，有的倾家荡产，有的家破人亡；有数百名防腐人因工致伤、致残；有近百名防腐人为防腐事业献出宝贵的生命。在困难面前，萧县防腐人坚忍不拔，毫不退缩，代代接力，勇往直前。他们用血和泪打造凝聚了萧县防腐精神：敢想敢为，不畏艰难；人才为本，科技领先；诚实守信，创新创业；追求卓越，世代相传。

2005 年 10 月 25 日，中国工业防腐蚀技术协会在北京人民大会堂举行授牌仪式暨新闻发布会，授予萧县“中国防腐蚀业第一县”称号。第八届、第九届全国人大常委会副委员长布赫，中央军委委员、中国人民解放军总后勤部部长王克上将为萧县授“中国防腐蚀业第一县”匾牌。

2009 年 4 月 8 日至 10 日，第四届中国国际腐蚀控制大会暨展览在萧县隆重举行。第十届全国人大常委会副委员长顾秀莲，中国工程院院士侯保荣，国家相关部委、省、市领导，美国、德国、日本、法国、新加坡等 8 个国家及国内千名专家学者参加会议。大会期间，举办防腐蚀业新技术、新产品、新工艺、新设备成果展；征集交流国际、国内防腐论文 70 余篇；国家表彰一批防腐蚀业先进单位和先进个人；举办萧县防腐蚀业 40 周年庆典活动。4 月 9 日晚，会议盛况在中央电视台新闻频道黄金时段播出，在国内国际引起反响。

2017 年 10 月，萧县正式向中国工业防腐蚀技术协会呈送申请创建国际防腐蚀区域品牌的报告，开启创建国际防腐蚀品牌的新征程。

2018 年 6 月 28 日，萧县人民政府与中国民营科技促进会签约，协作共建中国（萧县）防腐蚀业科技创新产业园，并共同筹建中国工程院院士工作站，引领萧县防腐蚀业走进“一带一路”，辐射世界各地。

碱滩变良田。“秃子头老碱瓢，光下种不出苗，种一葫芦收半瓢。”这是 20 世纪 60 年代萧县群众描写土地种植条件恶劣的一首民谣。

萧县位于淮北平原上，但耕地却是黄河水从上游冲来大量盐碱形成的盐碱带。据 1985 年版《萧县水利志》记载：全县土类盐碱地有盐碱土、面碱土、卤碱土、臭碱土、河碱土、瓦碱土、淤碱土，遍布全县 25 个公社、125 个大队、573 个生产小队，总面积 638 385.19 亩，占全县耕地面积的 35.17%，全县三分之一的盐碱带土壤，每年粮食亩产 50 ~ 60 斤，遇到旱灾几乎绝收，相当一部分农民吃不饱、吃不上饭。

20 世纪 70 年代初，全县农民在党和政府的领导及“大寨精神”的鼓舞下，千军万马吹响了向盐碱滩进军的号角。一是开沟，挖台条田淋碱；二是深翻土地窖碱；三是利用碱爬高的规律，开沟种植避碱；四是利用种植碱青、紫穗槐等绿肥植物拔碱；五是挖淤地压碱；六是掺红土改碱。在全县改碱换土战役中，涌现了许多可歌可泣的人和事。丁里镇郭庄有位张姓的大娘，称了一斤油馓子，用篮子挎着去萧县城北山后王楼看闺女。第二天，闺女为娘拾了半篮鸡蛋，让她带回家补养身子。张大娘说啥都不要，说是鸡蛋吃了就没了，带一篮红土回家，就能改一穴碱地，长出庄稼。姑娘遂了娘的心愿，给娘装了一篮红土带回家。这件事还被县里编成一台戏在全县巡演，引起热烈反响。全县农民为改碱换土付出了巨大努力，当时还吃着国家的回销粮，每人每天只有八两，改碱换土是体力活，口粮不够吃，有的投奔亲友求助，没有门路的把小孩送到外县亲戚家，省下的口粮给大人吃饱去改碱。

一分耕耘一分收获，一把汗水一颗硕果。依靠党的组织领导，依靠“大寨精神”的激励，经过多年坚持不懈的奋斗，改碱换土取得重大成效。至 20 世纪 70 年代末，全县完成改造碱地面积 53.9 万亩，占盐碱地面积的 86.2%。盐碱地被逐步改造成片片绿洲。

转眼过去40年，萧县大地一片生机盎然，粮食亩产已达上千斤，是过去的20倍，昔日盐碱滩变成“米粮仓”，归功于人民啊！

发展速度竞争力全省第一。党的十一届三中全会鼓励个体、私营、外资经济发展，萧县民营企业快速崛起。至1986年，全县已建成民营企业372家，资产总额2 125万元，完成工业总产值3 850万元，利润、税收总额超百万元。进入20世纪90年代，一批国有和城镇集体企业改制变成民营企业，镇、村办企业进行股份制改革，或兼并、拍卖、加入民营企业。一批有资金、有技术、善于经营管理的能人合资创办私营工业企业，民营工业企业进一步壮大。到2005年年底，全县规模以上私营工业企业发展到29家，资产总额60 860万元，完成工业总产值101 989万元，产品销售收入97 271万元，上缴税金998万元，分别占全县工业企业的89.16%、89.11%、68.11%，成为萧县工业的生力军。

乡镇企业“四连先”。20世纪80年代，萧县乡镇企业由小到大，由少到多，保持良好发展趋势。到20世纪90年代，在规模和效益上超过国有企业和城镇集体企业，成为萧县工业的主力军，在安徽省处于先进位次。1996年2月17日，安徽省委、省政府授予萧县“1995年度乡镇企业先进县”称号（1996年未开展评比活动）；1998年5月28日，安徽省委、省政府授予萧县“1997年度全省发展乡镇企业先进地区”称号；1999年1月22日，安徽省委、省政府授予萧县“1998年度全省发展乡镇企业先进单位”称号；2000年7月1日，安徽省委、省政府授予萧县“1999年度全省发展乡镇企业先进单位”称号。

“十二五”以来，萧县积极贯彻“创新、协调、绿色、开放、共享”五大发展理念，更好地融入“一带一路”和长三角经济建设，县域经济发展的综合实力显著增强。2016年《安徽县域经济竞争力报告》出台，萧县发展速度竞争力位居全省县域第一位，又创造了新奇迹！

颇具特色的园林城市。园林城市是指结构合理、功能完善、景观优美、环境清新舒适、安全宜人的城市。2017年3月，安徽省住房城乡建设厅评定萧县为“安徽省园林县城”，萧县开始积极开展国家园林县城创建工作。2018年6月13日，萧县人民政府郑重上报申请国家园林县城。

当前，中国四大园林城市是南京、长春、杭州、昆明。这四座城市各具特色，都有着自己独特的美丽风景。排名第一的南京，特色是“精”。南京是四大古都之一，地势上濒江近海，精致的古典园林最为出色，其中私家园林愚园是典型代表，有“金陵狮子林”的美誉。而南京瞻园则是皇家园林的典型代表，透着奢华与皇家的尊贵，为“江南四大名园”之一，其精美的假山最为出色。排名第二的是“北国之春”的长春。若说南京的特点在于“精”，那长春的特点在于“广”。长春市的绿化分布地域广，绿化面积达到了总面积的40%以上，这在“北国”实属难得，呈现突出的特点。排名第三的是杭州，它的特点体现一个“融”字，整个杭州城就如同一个大园林。排名第四的是“南国春城”昆明。昆明是我国最宜居城市之一，灵秀而迷人，四季如春，阳光明媚，鲜花盛开。昆明最大的特色是“植物”，园林植物做得相当出色，如有兴趣查阅《昆明城市园林植物推荐名录》，会让人大开眼界。另外，昆明的老牌园林景点如金殿名胜区、大观公园、西山风景名胜区、海埂公园，都设计得可圈可点。

也许园林城市萧城无法与“中国四大园林城市”相提并论，但它与全国其他县级园林城市相比，也有着自己突出的特点。园林城市萧城的特点是一个“境”字。萧城所处的地理环境特别，坐落凤山之阳，左为龙山（龙盘），右为虎山（虎踞），背靠凤山（彩凤起舞），前为龙湖、龙河。“负阴抱阳，背山面水”，体现萧城人与环境“共生性”的格局。凤山隧道贯通南北，北城与南城相拥面积为 15 平方千米的凤凰山脉，象征着园林城市萧城的吉祥、如意和辉煌。萧城从古至今，人们认识自然、改造自然，逐渐形成了人与自然相互依赖、相互协调、相互制约的良好循环状态。目前，萧城绿地系统框架已经形成，县城建成区面积 29.1 平方千米，建成区绿地总面积 1 033.05 万平方米，建成区绿地率 35.5%（国标≥33%），绿化覆盖率 40% 以上，人均公园绿化 14 平方米，园林绿化指标及其他各项指标均已达到国家园林县城的标准。2020 年 1 月，国家住建部命名萧县为国家园林县城。

谱写全面建成小康社会新篇章。萧县坚持精准扶贫、脱贫基本方略，深入实施打赢脱贫攻坚战三年行动，高质量完成脱贫摘帽目标任务，谱写了全面建成小康社会的新篇章。

人人扶贫，全民攻坚。围绕落实“一个收入标准”，实现“吃、穿”两个不愁，强化“住房、教育、医疗”三个保障，推进“水、电、路、网”四个覆盖，聚焦产业扶贫、“双基”（基础设施、基本公共服务）建设、农村环境“三大革命”（农村垃圾、污水、厕所专项整治）、扫黑除恶、作风建设“三率一度”（漏评率、错退率、综合贫困发生率、群众满意度）等重点任务。深入开展十大脱贫攻坚工程：产业扶贫工程、就业脱贫工程、易地扶贫搬迁工程、生态脱贫工程、智力扶贫工程、社保兜底脱贫工程、健康脱贫工程、基础设施建设扶贫工程、金融扶贫工程、社会扶贫工程。在产业扶贫模式上，坚持园区龙头企业带动，农民合作社带动，能人大户带动，贫困户自种自养。在就业扶贫模式上，坚持生态友好型产业、劳动密集型产业，组织外出打工就业，开发公益性岗位就业。在点位扶贫模式上，做到村有当家产业，户有致富门路，人有一技之长，售有电商网络，实现一村一规划，一户一方案，一人一措施。在干部帮扶活动上，坚持帮扶干部每月到贫困户家中核实一遍信息，排查一遍问题，落实一套措施，打扫一次卫生，做一次政策宣传，谈一次心。

脱贫工作质量齐升。2018 年，萧县共投入脱贫攻坚资金 36.1 亿元，发放教育资助金 2 051 万元，资助贫困学生 3.1 万人次。投入健康扶贫资金 3.32 亿元，救治患病贫困群众 10 万人次，为 7 356 户四类重点人群和边缘户改造危房。为贫困家庭提供就业岗位 1.98 万个。实施产业扶贫到村项目 92 个，到户项目 2.7 万个，惠及 87 个贫困村和 3.1 万户贫困家庭。建成扶贫工厂 147 个，带动贫困人口就业 1 164 人，点位扶贫实现全覆盖，带动贫困户 2 152 户。建成光伏扶贫电站 26 个，1 700 户贫困家庭受益。发放扶贫小额信贷 3.36 亿元，助力 6 827 户贫困户脱贫。发放政策兜底资金 3.25 亿元，惠及困难户家庭 14.28 万户。投入 2.8 亿元完成农村饮水安全巩固提升工程。基层基本公共服务8大领域19项指标全部完成任务。全县30个贫困村出列，12 984户24 032人脱贫。萧县脱贫攻坚获评首批省健康脱贫工程示范县，县域结对帮扶工作全省第一。“萧县物质与精神脱贫同步推进”获评全国民生示范工程。

高质量实现脱贫摘帽目标。在2019年1月3日的萧县人民代表大会上，《政府工作报告》明确提出：确保实现高质量脱贫摘帽目标。坚持“四个不减”“四个不脱”，即工作力度不减、资金投入不减、政策支持不减、帮扶力度不减；脱贫不脱责任，脱贫不脱政策，脱贫不脱帮扶，脱贫不脱监管。誓师打赢攻坚战，确保实现13 463人脱贫，圆满实现高质量脱贫摘帽目标任务，奋力谱写全面建成小康社会新篇章。

第三节 萧国地灵 人才辈出

古往今来，萧地都是一个钟灵毓秀之地，人才层出不穷，那是什么原因呢？

萧地地近彭城（今江苏省徐州市），又不乏山峦险要，亦为兵家必争之地；萧地紧邻邹鲁，受儒家思想影响，崇尚教育，民风淳朴，人文情怀久远而厚重；萧地在地域上承接南北，融合南方人精致之情怀、北方人豪放之性格；萧地屡受黄河泛滥之灾，人民饱受苦难。萧地特殊的地理区位与自然条件，加上频繁的兵荒马乱、天灾人祸，注定了这里的人们生存条件之艰难，催化和滋生了人们求生存、求“出头”、求“成器”的志向。一批又一批的萧地子弟从山坳走出，从垄沟奋起，或苦读求学，或操枪戎马……回望萧地历史，国君公侯、文臣武将、义士孝贤层出不穷，不可胜数。

拂去滚滚红尘，甩脱那些熙熙攘攘的事件，能留下成为人类文明坐标的只有那些伟大的人物，或者虽为小人物却拥有伟大人格者。本节以人物为主线，编排了古代、近代与当代具有代表性的人物。阅读他们的故事，品味他们的人生，了解他们的业绩，感受他们的人格魅力，也许会有不小的收益。

古萧王爵[1]

据史学界考证，古萧国的封爵从夏代开始。清嘉庆《萧县志》卷十记载：萧地前后封爵的有二十五人。

夏

萧君孟亏 《路史·小昊纪》：皋陶次子孟亏作土于萧，是为萧孟亏。又《国名纪》：小昊后，嬴姓国，孟亏封徐之萧，汉故县，属沛。

周

萧叔大心 《春秋·孔疏》：萧叔大心者，宋萧邑大夫，平宋乱，立桓公，宋人以萧邑封叔，为附庸。庄公二十三年，萧叔朝公。宣公十二年，楚子灭萧。

萧伯颛孙子 《史记·仲尼弟子列传》：颛孙师，陈人，字子张。北齐天宝二年，追封萧伯，周武帝改封陈伯。宋大中祥符元年，改封宛邱侯，咸淳三年，加封陈国公。

萧伯颜辛 《史记·仲尼弟子列传》：颜辛，字子柳，少孔子四十六岁。按：唐元（玄）宗时追赠。

汉

红侯刘富 《汉书·王子侯表》：原为休侯，据《楚王传》云，休侯富免侯后，更封为红侯。

扶阳侯韦贤 《汉书·外戚恩泽侯表》：扶阳侯韦贤，

---

① 参见清嘉庆《萧县志·封爵表》。

以丞相侯。又《韦贤传》：本始二年，代蔡义为丞相，封扶阳侯。

萧乡侯萧禹 《汉书·功臣表》：王莽居摄元年，禹嗣。建国元年，更为萧乡侯。

红休侯刘歆 《汉书·刘歆传》：封红休侯。又《王莽传》：红休侯刘歆为国师、新嘉公。

光武帝初封萧王 《后汉书·光武帝纪》：更始二年，立光武为萧王。

扶阳侯韩歆 《后汉书·侯霸传》：以沛郡太守韩歆代霸为大司徒。以攻伐有功，封扶阳侯。

杼秋侯刘般 《后汉书·刘般传》：般字伯兴，宣帝之元孙。光武下诏封般为菑邱侯，后以国属楚王，徙封杼秋侯。永平元年，以国属沛，徙封居巢侯。

三国魏

萧王曹熊 《任城陈萧王传》：萧怀王熊，早薨。黄初二年，追谥萧怀公。太和三年，又追进爵为王。

唐

萧国公倖 《唐书·宗室表》：唐元（玄）宗十三子，济王环第四子也。

萧公张平高 《唐书·张平高传》：隋鹰扬校尉，戍太原，从唐公平京城，累授左领军将军，封萧国公。

萧公论惟贞 《唐书·论惟贞传》：惟贞名瑀，以字行。李光弼讨史朝义，以惟贞守徐州。封萧国公，实封百户。

萧公班宏 《唐书·班宏传》：宏卫州汲人，以使劳加吏部尚书而封宏萧国公。

萧县伯武元衡 《唐书·武元衡传》：元衡，字伯苍。由萧县伯封临淮郡公。

五代周

萧公范质 《宋史范质传》：质，字文素。恭帝嗣位，加开府仪同三司，封萧国公。

宋

萧王赵宗博 《宋史·宗室世系表》：萧王，谥“恭僖”宗博。按：太宗子商王份子孙。

金

萧王完颜秉德 《金史·完颜秉德传》：秉德本名乙辛，海陵既立，以为左丞相兼侍中、左副元帅，封萧王，赐铁券。

萧王耶律怀义 《金史·耶律怀义传》：海陵即位，封天水郡王，进封莘王。久之，进封萧王，正隆，例封景国公。

萧公完颜守贞 《金史·守贞传》：明昌四年，召拜平章政事，封萧国公。

萧公内族襄 《金史·内族襄传》：大定十三年，平章政事，封萧国公。

萧公璐 《金史·永功传》：大定二十六年，璐加奉上将军。章宗即位，加银青荣禄大夫，封萧国公。

元

萧县子王贵 《旧志》：贵仕为永固尹，迁汴梁总管路治中兼骁骑校尉，追封萧县子。

近代名人

主政西北徐树铮。徐树铮（1880—1925），1880 年 10 月 19 日出生于萧县官桥镇醴泉村。徐树铮是民国时期军界、政界最活跃的人物之一。他政治上有远识，军事上有勇有谋，文学方面才华横溢，艺术上吹拉弹唱、琴棋书画无所不能。

徐树铮资质聪颖，3 岁识字，7 岁能诗。13 岁中秀才，17 岁乡试一等第一名，补为廪生。18 岁应试南京考举人未中，21 岁只身投奔时任山东巡抚的袁世凯。后得到袁世凯手下爱将段祺瑞赏识，于 1905 年被保送去日本士官学校学习。1910 年毕业回国，任段祺瑞第一军总参谋，后任北京陆军部军学司司长、军马司司长、将军府事务厅厅长。34 岁任陆军部次长。

徐树铮（前排中间左手拄军刀者）与当时蒙古军政人士合影

1916 年 6 月袁世凯死后，黎元洪继任总统，段祺瑞为国务院总理，徐树铮兼任国务院秘书长等职。

1919 年，徐树铮被派任西北筹边使兼西北边防总司令，担当治理外蒙古的重任。他采取有效措施，化解冲突，圆满完成使命，对此，孙中山曾欣喜电贺褒奖。

1925 年 12 月 29 日晚，徐树铮乘火车离京南下，途经京津间廊坊车站，被冯玉祥部下张之江劫持，30 日凌晨被杀害，时年 45 岁，归葬于故里萧县官桥镇醴泉村。

李明扬与周恩来之交。李明扬（1891—1978），萧县石林乡人，曾用名李健。先后担任北伐军团师长、军长，国民党第五战区游击总指挥，第十战区副司令长官兼江苏淮南行署主任，国民党中央监察委员。1949 年春，应中华民国李宗仁代总统之召任总统府国策顾问，后奉李宗仁之命赴苏北与解放军商谈和平事宜。

大革命时期，李明扬就与周恩来相识定交，建立了深厚情谊。1924 年年初，周恩来从苏联回国，除担任中共两广区委书记外，还担任了黄埔军校政治部主任和苏联军事顾问加仑将军的政治秘书等职，在政坛上十分活跃。李明扬当时任驻粤赣军司令，驻军广州北郊。他多次邀请周恩来去其部队驻地演讲，宣传革命思想。

1937 年抗日战争全面爆发后，李明扬主张国共两党和谈，共同抗日，他与周恩来、陈毅、粟裕的联系从未中断，多次帮助周恩来和其他中共党员摆脱敌人的追捕。周恩来在与陈延年、萧楚女等开会讨论党的工作时，曾两次谈起李明扬，他说："李明扬这个人正派，懂军事，在军界资格老，很值得争取，至少要争取他成为我们可靠的朋友。”他俩的交往，自然激怒了蒋介石，李明扬曾两次遭国民党特务暗算，每次都死里逃生。

1939年，李明扬任苏北泰州国民政府苏鲁皖地区游击总指挥。新四军挺进苏北，在周恩来的协调下，军长陈毅带着毛泽东、朱德的问候信赴泰州拜访李明扬，他当即表示：“抗日我干，打内战我不干！”1949年年初，李明扬在徐州贾汪率部起义。

1951年，李明扬过60岁生日，上海市市长陈毅特地前往祝贺，并转达政务院总理周恩来的问候。1978年11月17日，李明扬在北京患突发脑血栓症，医治无效逝世。

王仲廉抗日三四事。王仲廉（1903—1991），萧县张庄寨镇王衍庄村人。抗日名将，国民革命军陆军中将，先后担任黄埔军校教导团排长、第85军军长、第19集团军总司令、第31集团军总司令、第4兵团司令官。

南口阻击战。南口会战时王仲廉率领的89师为13军主力师，下辖2个旅4个团，负责南口正面防御作战。1937年8月7日与日军正面交战，到8月26日奉命转移，王仲廉指挥89师在南口正面进行了20天激烈的阵地争夺战。89师6 000多名官兵血染南口居庸关。8月21日，4个团兵力剩下不足1个团，仍拼死坚守5天，萧籍阵亡官兵就有4人。该军因在此战中的出色表现被国人誉为抗日初期的“四大名团”之一。

台儿庄大战。1938年3月16日台儿庄战役打响，王仲廉率85军从商丘出发，23日晚到达台儿庄以北，24日拂晓反攻枣庄。25日至27日，85军与日军展开惨烈的枣庄争夺战。

4月4日，与增援的75军一部全力开赴枣庄前线。总攻开始后，王仲廉指挥85军炮7团向固守朱滩、大顾珊的日军发起猛烈攻击，炮7团甚至创造了劣势炮兵消灭优势炮兵的空前奇迹。4月6日，为鼓舞士气，王仲廉置生死于度外，亲临前线督战，当发现日军向南洛、北洛疏散转移时，他当即判断日军退却的迹象，遂命令炮7团向转移之敌猛攻，并电报汤恩伯，敌已溃退，建议发起总攻。

魁门关歼灭战。1945年3月21日，豫西、鄂北日军向西进犯，王仲廉率领集团军在内乡、丹水一带组织抗击，激战4日，使日军寸步难行。5日，王仲廉指挥集团军反击，在魁门关歼灭日军110师团长以下4 000人。8月，日本无条件投降。9月，王仲廉参加了郑州对日受降典礼。

教育救国。1942年年初，王仲廉为让沦陷区的失学青年就学，在太和县创办了一所中学，计划招生500人，结果来了1 900多人。王仲廉表示，凡是来的学生，一个也不拒收。他电告重庆国民党政府教育部，将中学定名为国立二十一中，学生衣、食、住、行全供应。学校月需经费百万元，但仅获拨十余万元，其余靠他自筹。在最艰难的时期，王仲廉卖掉自己乘坐的汽车，其妻郭女士卖掉结婚时陪嫁的首饰。国立二十一中在三年的时间里，一共培养了3 000多名学子。现中国工程院院士王文兴、雕塑家陈天等都曾就读于此。

传奇人物刘云昭。刘云昭（1885—1962），字汉川，萧县薛庄村人，毕业于清江江北师范学堂。1910年，刘云昭毕业后回到家乡萧县，他冒当时天下之大不韪成为徐州地区第一个剪去长辫子的人。他提倡妇女放足，号召妇女读书识字。

1911年，他约同社会名流，在萧县文昌宫、南仓等处创办男女学堂，请萧城具有新思想的刘昆南主持校政，并请他去江南聘请3位女教师来妇女学堂任教。一时间，新学大兴，铜山、砀山、丰县、沛县等地许多女学生前来就读，开启一代新风。

1912年6月，刘云昭任中华民国临时大总统参议。曹锟贿选总统，曾向刘云昭行贿5 000大洋，让其选他，刘云昭严正拒贿，坚决追随孙中山，“联俄、联共、扶助农工”。1918年年初，刘云昭任江苏省南京特别法庭庭长、徐州商会会长，赵毅斋纵火焚毁账目案落在刘云昭手中，赵买通蒋介石秘书陆复亭，用3 000元支票贿赂刘云昭。刘云昭在蒋介石召开的一次高级军政长官会上当众揭露陆复亭的行贿行为，并痛斥这种卑劣行径。蒋介石被迫下令将秘书撤职查办，赵毅斋被押进苏州陆军监狱。不久，刘云昭也被免去庭长职务。

1924年，刘云昭被推选为国民党“一大”代表，后应邀为延津县县长。他一到任就严厉打击土豪劣绅，兴修水利，筑路架桥，为民谋利。这年中秋节，他拒绝与当地土豪苟合同饮，拒收各种礼金，却在县公署广场上设宴同全城数百名乞丐聚餐，欢度节日，被传为佳话。

1937年后，李宗仁任第五战区司令长官，刘云昭应邀任第五战区抗敌总动员委员会秘书长，参与抗日救国。他曾不顾个人安危，掩护共产党人活动。抗战胜利后，他任国民党江苏省委分议员、国民政府立法委员。1949年9月，他应邀出席第一届中国人民政治协商会议。10月1日，出席开国大典，在天安门城楼观礼台观礼。1950年年底，毛泽东任命他为苏北人民行政公署委员，周恩来任命他为苏北人民行政公署救灾委员会主任等职。1962 年因病去世。

国务院参事张云川。张云川（1904—1965），原名张长浚，萧县张寿楼村人。徐州省立第七师范学校毕业，黄埔军校第六期学员。

1938 年加入“国民党临时行动委员会”。1938 年 5 月，张云川只身前往北平，大量搜集日伪罪行材料，去解放区宣传，返回途中被日军逮捕，受尽酷刑，宁死不屈，终因“罪证”不足被释放。后去重庆，在“战地党政委员会”任视察。1941 年 6 月，他去香港筹办《光明报》并任副社长。1943 年，他代表民主政团同盟，利用 5 个月时间赴苏北解放区视察，走访新四军军部和四师、二师驻地，受到陈毅、谭震林、罗炳辉、彭雪枫等将军的盛情接待，受到极大教益，更加坚定了与中国共产党密切合作的信心。1943 年 6 月，陈毅为张云川赠诗：“春风取花去，酬我以清阴。温温君子度，桓桓壮士心。海泽良饶沃，山岚足苦心。乔木莺迁候，重游锡玉音。”高度赞扬他为了全民团结抗战，不辞劳苦，不怕牺牲，共度时艰的精神。1944 年，中国民主政团同盟改名为中国民主同盟，张云川当选为中央执行委员。1947 年 1 月，中国农工民主党在上海成立，张云川当选为中央执行委员会常委。1948 年 5 月，张云川等农工党领导人与中共人士接触，他提出对策意见，获支持后亲自起草文书，由李济深抄写给阎锡山、胡宗南、傅作义、王耀武等人，劝他们认清起义的光明前程。经过张云川的细致工作，张奇于渡江战役关键时刻率 282 师 5 000 余官兵起义。张云川还对傅作义的副司令邓宝珊等七人先后做工作，又通过城工部与聂荣臻取得联系，共同促进傅作义起义，使北平和平解放。

1949 年 9 月，张云川以中国农工民主党代表的身份参加了第一届中国人民政治协商会议。新中国成立后，张云川任国务院参事室参事等职，1965 年 3 月 22 日逝世。

杜冰坡与毛泽东之交。杜冰坡（1893—1958），萧县永堌镇杜庄村人。曾先后任新党（农工党前身）中央委员、国民军委会总政治部行委委员、第六战区长官陈诚顾问、十一战区长官孙连仲顾问等职。日本投降后，他以中将顾问身份参加华北战区对日受降仪式。1949 年 10 月 1 日，他出席中华人民共和国开国大典。

1918 年暑期，杜冰坡在北京大学史学系毕业，因品学兼优，被北大留校任教并兼北大图书馆管理员。10 月，毛泽东的恩师杨昌济（杨开慧之父）给李大钊写了一封推荐信，介绍毛泽东到北大图书馆工作，李大钊接受杨昌济的推荐，安排毛泽东做图书馆助理，毛泽东愉快地接受了这个岗位。当时的毛泽东与寻常的青年一样，精力旺盛，兴趣广泛，学习、打工、交友、写作、游览、参加社团……与寻常青年不一样的是，他广泛结识各方人士，通过与他们的交往，了解、比较各种思想、主张。杜冰坡因为与毛泽东同庚，又工作在一起，他们联系密切，由于信仰、志趣相近，友情日益深厚。他们在工作、学习、生活上互助，遂结为好友。1919 年 3 月，毛泽东收到家信说他母亲病情恶化，他于 3 月 12 日离开北大图书馆返回湖南，至此与杜冰坡分别。在以后的岁月里，两人互念不忘，常有书信来往。

1939 年 2 月 28 日，毛泽东书赠杜冰坡诗一首，其内容为:

胜负兵家事有之，
包羞忍辱是男儿。
江东子弟多材俊，
卷土重来未可知。

杜牧之题项羽庙诗一首录赠杜冰坡先生　毛泽东

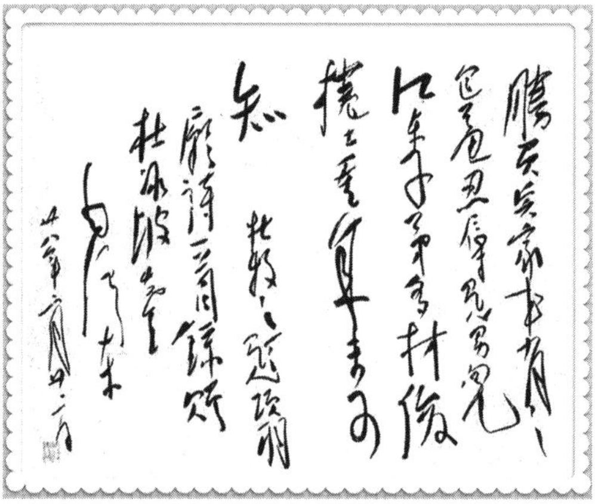

《杜牧之题项羽庙诗》毛泽东书

毛泽东显然是与杜冰坡共勉互励，要好朋友在国难当头之时，学项羽的英雄气节，以此鼓励，共同抗战到底。杜冰坡收到此信后，当作座右铭，砥砺自己，纵然身在“曹营”却一心向“汉”，坚持守节，坚持抗日反内战。他利用特殊身份，积极掩护中共地下工作人员，特别是在北平解放前夕，他的家成为各方民主人士聚议场所。他四处奔走，多方联络，为促使北平和平解放效力。1958年，杜冰坡在北京病逝。

当代英才

中央军委委员王克。王克，原名王茂法，1931年8月出生，萧县圣泉镇小李庄人。1944 年 8 月参加工作，1947 年加入中国共产党，曾任中国人民解放军总后勤部部长，上将军衔。

王克于 1944 年参加萧县武装工作队，曾任华东野战军连文化助理教员、第三野战军团教导队副指导员，参加过胶济路反击战和淮海战役。新中国成立后，任团参谋处参谋，师司令部参谋。1953 年参加抗美援朝，任中国人民志愿军炮兵团营长、副团长兼参谋长。回国后，任中国人民解放军北京炮兵学校训练部科长，武威炮兵学校训练部副部长，兰州军区守备师副师长、师政委。1980 年军事学院毕业，先后任师长、军长、新疆军区副司令员、兰州军区副司令员兼新疆军区司令员、兰州军区司令员。1992 年任沈阳军区司令员。1994 年 6 月 8 日被授予上将军衔。1995 年起任中国人民解放军总后勤部部长。当选中共第十四届中央委员、第十四届中央军事委员会委员，中共第十五届中央委员、第十五届中央军事委员会委员，第八届中华人民共和国中央军事委员会委员，第九届全国人大代表、第九届中华人民共和国中央军事委员会委员。

国家领导人张平。张平，1946 年 1 月出生，萧县赵庄镇张朴楼村人。1966 年 9 月参加工作，1979 年 8 月加入中国共产党。

张平参加工作后先后任安徽省巢县财贸办公室干事，安徽省巢县工商局副局长，安徽省政府办公厅调研处秘书，安徽省政府办公厅第二办公室副主任、主任，安徽省计委副主任、主任、党组书记，芜湖市代市长、市长、市委书记。1995 年起任安徽省省长助理、省政府秘书长、安徽省副省长、省委副书记。2005年至2018年先后任国家发展和改革委员会副主任、国务院副秘书长、国家发展和改革委员会主任、国家发展和改革委员会党组书记、中国消费者协会会长。当选中共第十六届中央候补委员，中共第十七届中央委员，第十二届全国人大常委会副委员长。

省委书记李砥平。李砥平，原名李忠道，1909年出生，萧县赵庄镇李酒店村人。1931年参加革命，1932年8月加入中国共产党，同年在萧县张庄寨暴动后被捕入狱，1937年8月出狱。1938年8月23日组织指挥了著名的黄庙战斗。1943年2月赴延安中央党校学习，任党校二部十六支部书记。“文化大革命”中受迫害关押审查。1972年下放到农场、制药厂劳动。1978年平反昭雪。

李砥平参加革命后历任中共萧县陇海路南地区工委书记、中共萧县中心县委书记、陇海路南地委书记。1948年12月后历任辽北省省委常委、组织部部长，辽西省省委常委、秘书长。新中国成立后，历任辽西省委第二副书记，中共吉林省委第一副书记，中共吉林省委书记处书记，吉林省第一届、第二届、第三届、第四届、第五届政协主席。1979年1月任中共吉林省委书记（当时设有第一书记），1981年5月任中共吉林省委书记兼中共吉林省委纪委第一书记等职，是第一届、第二届、第三届全国人大代表，第六届全国政协委员。

李砥平同志于2007年2月3日，因病在长春逝世，享年98岁。

小岗村支书沈浩。沈浩，1964年5月出生，萧县圣泉镇孙秦庄村人。原小岗村党支部第一书记、村委会主任。2009

年获“感动中国人物”奖。

沈浩1986年6月毕业于铜陵财经专科学校，1986年7月加入中国共产党，同年在安徽省财政厅工作。2004年，他以安徽省第二批选派到农村任职干部的身份来到凤阳县小岗村，任小溪河镇党委副书记、小岗村第一书记兼村委会主任。沈浩为小岗村修建公路，引进资源，集中土地，为党的事业、为“三农”做出重大贡献。

2006年年底，沈浩在小岗村任职三年届满。村民强烈要求把沈浩留下来，起草了一份言辞恳切的挽留信，用按手印的方式表达意愿。村民们派了10个代表，将按了手印的挽留信送到安徽省委组织部、财政厅，要求沈浩留在小岗村，再带领他们干三年。98个鲜红的手印，感动了组织，更感动了沈浩。

2009年，沈浩在小岗村第二个任期就要结束了。越临近这个时间，小岗村村民的心情越矛盾，想继续挽留他，但考虑到他长期远离家庭又于心不忍。为了小岗村的发展，村民们还是按下了186个红手印。在沈浩去世的三天前，“大包干”带头人严金昌对他说：“沈书记，现在三年又到期了，我们还想留你再干三年。”沈浩笑着说:“我不走了，永远在小岗干了。”

2009年11月6日，沈浩因过度疲劳导致心脏病突发，逝世于小岗村临时租住的房子内，终年45岁。

沈浩逝世后，小岗村村民第三次按下红手印，请求将沈浩同志的骨灰安葬在小岗村公墓，组织和沈浩的家人同意了这一请求。

2010年1月13日，中共中央政治局委员、中央书记处书记、中组部部长李源潮指出：“沈浩同志是深入实践科学发展观活动涌现出来的生动典型，他为我们党员干部立了一面镜子，所有的党员、干部都应该和他对照，想一想应该怎样对待群众，怎样对待组织，怎样对待责任，怎样对待人生。”

当代哲学家孙叔平。孙叔平，1905年4月生，萧县王寨镇孙小庄村人。中国当代哲学家、教育家、哲学史家。

1928年6月，孙叔平在武汉大学外文系毕业，返回家乡萧县，任中共萧县第一届委员会书记、中共徐州特委书记。

1933年7月，孙叔平因领导徐海蚌地区的农工革命武装暴动，被捕入狱。1935年出狱。抗日战争全面爆发后，参加中国共产党领导的抗日游击队。1940年3月，他到抗日军政大学第四分校任教，主讲“中国革命运动史”。他广泛阅读马列原著，开始对马克思主义哲学、政治经济学和科学社会主义理论进行系统的学习和研究。1946年，调任华中建设大学任教务处主任，并讲授“马克思主义哲学”“社会发展史”等课程。

孙叔平先后用四年的时间，阅读了从孔子到李大钊近百位哲学家的原著，并按历史顺序，将摘录出来的哲学家论点，汇编成先秦、两汉、魏晋南北朝、隋唐、宋元、明、清七个部分，共8册资料，取名为《中国哲学家论点汇编》。新中国成立后，孙叔平随军南下接管南京。1953年5月，孙叔平任南京大学党委书记兼副校长等职。1981年，他被教育部聘为首批博士生导师，在南京大学哲学系创建了国内第一批中国哲学博士点，并担任第一届国务院学位委员会哲学学科评议组成员。

孙叔平著有《历史唯物主义纲要》《辩证唯物主义纲要》

《资本主义经济规律》《中国哲学史稿》《辩证唯物主义和历史唯物主义》《中国哲学家论点汇编》等数十部著作。

1983年10月24日，孙叔平因心脏病突发去世。

著名社会学家邓伟志。邓伟志，1938年11月出生，安徽萧县人，上海大学终身教授。

邓伟志1960年毕业于上海社会科学院经济系，先后在上海社会科学院、中共中央华东局政治研究室、《自然辩证法》杂志社、中国大百科全书出版社上海分社等单位工作。曾任上海市社会学会会长，中国社会学会副会长，中国妇女理论研究会副会长，全国年鉴研究中心副秘书长；曾为上海市作家协会理事，上海市科协委员，第七届民进中央常委，第八届、第九届、第十届民进中央副主席，第九届、第十届全国政协常委。

主要著作有《家庭的明天》《市场经济中的若干社会问题》等30余部，有的著作获国家级一等奖、中国图书奖。20世纪80年代初连续发表《家庭的淡化问题》《中国的学派为什么这么少》《淡化当官心理》，被国内外称为“邓氏三论”。1983年首次提出妇女学，曾引起争议。1985年在上海人民广播电台办《邓伟志信箱》，为全国第一个以人名命名的节目。1986年在《社会科学》发表《马克思主义研究中的多样化问题》后，引发学界展开讨论达一年余。21世纪初提出“文革学”“改革学”“空间社会学”。在社会学方面，主攻家庭社会学、知识社会学、城市社会学。在文学方面，出版过《我就是我》《邓伟志杂文集》等，先后在20余家报刊设杂文专栏。其所撰杂文曾获林放杂文奖、人民日报“金台奖”。六十年来发表千余万字，出版有《邓伟志文集（6卷本）》《邓伟志全集（24卷本）》。

艺术大师王子云。王子云（1897—1990），萧县大屯镇守备庄人，著名雕塑家、美术史论家、美术教育家、龙城画派主要传承人。

王子云1916年就读于上海美术专科学校。1922年加入北京阿波罗美术学会（任干事）及红叶画会，多次组织美术展览和美术培训班，从事新美术教育和“五四”新美术活动，开启了我国现代美术先河。1927年，任国立中山大学民众教育馆艺术部主任，发起“南京美术展览会”。1928年，受聘为国立杭州西湖艺术院绘画系讲师。1930年留学法国。

1934年至1936年，王子云先后毕业于巴黎的美术艺术学校、装饰艺术学校雕塑系。在巴黎学习期间，他的油画作品《杭州之雨》《巴黎协和广场》和雕塑作品《少女》等先后参加了巴黎“春季沙龙”“秋季沙龙”“独立沙龙”等美术展览会。他是20世纪30年代载入法国《现代艺术家辞典》的唯一一位中国画家。王子云于1937年回国，先后任杭州、南京等艺术院校教授。1940年秋，在国民政府教育部支持下，率西北艺术文物考察团在陕西关中、河南南阳、甘肃敦煌、青海等地考察，历时四年，行程10万里，收集照片、拓片、文稿、实物、绘画等，为编写《中国美术史》《中国古代石刻画》《汉代陵墓》《唐代雕塑》积累了大量的珍贵资料和文物。

王子云在国内外培养了一大批享有盛誉的顶级艺术大家，如刘开渠、吴冠中、朱德群、赵无极（法兰西艺术学院终身院士）、董希文（油画《开国大典》的作者）、李可染等。

新中国成立后，王子云任国立成都美术院、西北美术院教授，在国内外报刊发表大量学术研究和美术史的论文。其出版的中国第一部雕塑史专著《中国雕塑艺术史》，填补了我国雕塑史研究的空白，该书于1988年荣获全国优秀图书奖和中国图书荣誉奖。王子云是中国现代美术运动先驱，中国新美术运动最早的提倡者和参加者，中国美术考古的拓荒者，现代美术教育学派和美术考古学派的先驱。2009年6月28日，西安美术学院设立“王子云艺术奖”。

“东方之子”朱德群。朱德群（1920—2014），萧县白土镇人。

朱德群1935年考入国立杭州艺专，1944年至1949年在南京中央大学工学院建筑系任教授，1949年在台北工专建筑系任教，1951年任台湾师范学院艺术系教授，1953年作孙中山先生中山装像以及黄花岗七十二烈士等数幅史画，1954年在台北中山堂举办首次个展，画展空前成功。

1955年3月29日，朱德群赴法国巴黎深造。初到法国，朱德群与法国雕塑家费侯成为挚友，此后多次合作办展。1956年至1957年，朱德群的《景昭肖像》获法国春季沙龙银奖。20世纪50年代末，朱德群开辟抽象派表现风格，奠定了他的艺术风格与地位。他先后在世界各地开办个展50多次，多次荣获艺术大奖。世界各地争相收藏朱德群的作品，他的名字被列入《国际传记辞典》和《欧洲名人录》。1997年12月17日，朱德群当选为法兰西学院艺术学院首位华人院士。2001年6月，他荣获法国教育部雅克·朗部长颁发的“骑士棕榈”奖章，10月14日获法国总统希拉克授予的“荣誉军国骑士”勋章。

朱德群与吴冠中、赵无极合称“旅法三剑客”。

朱德群以西方绘画理论，延续中国水墨的概念，擘画了精彩艺术的里程碑，被誉为“把东方艺术的细腻与西方绘画的浓烈融汇得最成功的画家”。2002 年夏，他开始为上海大剧院创作巨幅油画《复兴的气韵》，翌年 6 月创作告竣，在巴黎国家歌剧院首展后送往上海，并举行隆重揭幕仪式。

朱德群于 2014 年在法国巴黎病逝，享年 96 岁。

中国工程院院士王文兴。王文兴，1927 年 11 月出生于萧县，1952 年毕业于山东大学化学系，环境化学家，中国工程院院士。

王文兴 1957 年进入化工部研究院工作，任研究院主任；1980 年进入中国环境科学院工作，先后任副院长、学术委员会主任、学术顾问；1993 年当选为中国工程院院士。

王文兴主要从事环境化学研究，包括大气光化学、降水化学、大气 PM2.5 和区域霾化学。1982 年，王文兴承担国家项目“兰州西固地区光化学氧化剂污染控制对策的研究”，在三年的研究中取得 10 万多个大气污染测试数据和 1 万多个气象观测数据，1985 年该项目获中国环境领域第一个国家级奖项。1998 年，研究项目“中国酸沉降及其生态环境影响”获国家科技进步一等奖。王文兴于 2011 年获得首届环境科学终身成就奖，2014 年获得第十届光华工程科技奖。

王文兴是中国大气环境科学的开创者之一，中国大气化学的奠基人之一，他对中国大气环境立法、大气光化学污染规律和防治、煤烟型大气污染与控制、大气酸沉降化学做出了重要贡献。

中国科学院院士丁林。丁林，1965 年生于安徽省萧县酒店乡丁庄村，1984 年毕业于萧县中学，地质学家，2017 年当选中国科学院院士。

丁林1988年于北京大学获构造与地质力学专业学士学位，1991 年于中科院地质所获构造地质学专业硕士学位，1995 年在中科院地质所任副研究员，1999 年于中科院地质所获构造地质学专业博士学位，从 2003 年起任中科院青藏高原研究所研究员、中国科学院大学教授、中国科学院青藏高原研究所学位委员会副主任、中国科学院大陆碰撞与高原隆升重点实验室主任及西藏大学、美国亚利桑那大学兼职教授。

丁林从事构造地质学研究，在青藏高原研究、大陆碰撞、大陆俯冲、高原隆升领域做出了系统的创新成果。人们普遍认为印度与欧亚大陆的碰撞时间是 5 000 万年前，但一直没有发现周缘前陆盆地这一关键碰撞证据。丁林通过 20 年的综合研究，率先发现了雅鲁藏布江缝合带大型碰撞周缘前陆盆地的存在，确定了欧亚大陆物质搬运到印度大陆之上及碰撞构造变形的最早时间为 6 300 万 ~ 6 500 万年前。他通过巴基斯坦及东侧印缅地区碰撞时间的横向对比研究，提出了印度与欧亚大陆于 6 500 万年前首先在中部发生初始碰撞，随后新特提斯洋向两侧逐渐封闭，于 5 000 万年前全面碰撞的新模式。丁林及其团队还形成了自己新的“碰撞”理论，他们提出碰撞后高原下部发生了从大洋岩石圈到大陆岩石圈俯冲的转换，藏南钾质火山岩是印度大陆岩石圈俯冲相关产物，而不是国际上普遍认为的与大陆岩石圈俯冲无关，是古老富集岩石圈拆沉后熔融的产物；提出高原核心地带发育一个同时期钠质钙碱性火山岩带，分隔上述南北 2 个钾质火山岩带，它没有受到大陆岩石圈俯冲的影响，由此建立了印度与欧亚大陆岩石圈在高原南北双向俯冲的岩石大地构造模型。

青藏高原隆升历史是国际地学界关注的热点和难题。丁林及其团队提出介形虫原位氧同位素检验成岩作用的新技术方案，揭示了冈底斯山于 5 600 万年前已隆升到 4 500m 以上，而不是前人认为的 1 500 万年前。喜马拉雅山地区在 6 500 万年前还处于海平面之下，此后缓慢隆升，5 600 万年前高度不超过 1 000m，2 200 万 ~ 2 400 万年前高度为 2 300m，此后快速抬升，于 1 500 万年前超过 5 000m。

丁林于 1995 年获青藏高原青年科技奖，2006 年获国家杰出青年科学基金，2007 年入选百千万人才工程国家级专家，2009 年享受政府特殊津贴，2010 年获国土资源部科学技术一等奖，2012 年获国土资源部“青藏高原地质理论创新与找矿重大突破先进个人”称号，中科院“百人工程”获得者。截至 2017 年发表相关论文 190 篇，SCI 他引 5 500 次。丁林曾经承担了国家 973、863、国家重点研发计划、国家自然科学基金重大项目（2015 年）及中科院战略性先导科技专项（B 类）等多项科研项目。

企坛风云人物刘磅。刘磅，萧县永堌镇人，教授，高级工程师。现任深圳达实智能股份有限公司董事长，中国自动化学会常务理事，中国节能学会会员，深圳市科技评价专家，深圳市政府投资项目咨询专家，深圳市第六届人大代表，萧县知名企业家联合会常务副会长。2018 年中国国际徽商大会“改革开放 40 周年百名风云人物”评选结果发布，刘磅获“百名风云徽商”新锐徽商人物。

刘磅的颁奖词为：你是新时代的弄潮儿，是推动变革的先锋势力，在变化中追梦未来；你锐意创新，与时俱进，抢占时代先机，开创经济新模式；你在“互联网 +”的新风口上玩转跨界，融合传统与现代，引领创业新热潮；你是新一代的徽商开拓者，在新技术、新产品、新业态、新模式、新经济领域开拓出一片新天地。

刘磅对公司的发展历程有一个形象的比喻。达实智能公司创业初期的 5 年，相当于一个学龄前儿童，无忧无虑，自然成长；2000 年引入风险投资好比上小学，有人盯着要业绩、要成长，历时 10 年完成小学、初中、高中的“学业”；2010 年成功上市，登上资本市场，好比是考上大学，相当于读完了本科、读完了硕士，应该走向社会，为人民创造更大的价值。

2014 年，达实智能公司获评《福布斯》杂志“中国上市公司潜力百强企业”，2016 年 6 月 2 日市值 103.3 亿元。2017 年快速布置雄安新区发展项目，其全资子公司成为第一批获批注册企业。截至 2018 年 6 月，刘磅的达实智能公司办公大楼是中国首栋最高等级绿色智慧大厦。

刘磅对达实智能公司未来的发展寄予厚望，他表示将秉承“达则兼善天下，实则恒心如一”的核心理念，继续坚持“让城市更智慧，让建筑更节能”的经营宗旨，加大“技术+金融”的创新力度，抓住“新型城镇化和健康中国”的历史性机遇，全力以赴使公司经营再上新台阶，市场拓展和品牌影响力以深圳为源头辐射全国并起步走向世界。

萧籍大西商张勇敢。张勇敢，20 世纪 60 年代生于萧县。

工学硕士，高级工程师，民进会员，陕西省第十一届政协委员，西安市工商联第十四届副主席。

1988 年，张勇敢研究生毕业了，他学的是计算机专业，就业于广东一家国防工业研究所。仅两年时间，因工作努力、业绩突出，他被外派到香港康拓电脑公司从事研发工作。1994 年，张勇敢毅然辞去研究所的工作，下海经商，踏上寻梦之路。创业之初的艰辛是必然的，他跑客户，找资源，耐心向合作伙伴介绍山利的产品、技术和服务，争取与国际、国内知名公司合作，积累资金，积累技术。尽管奋力拼搏，但事与愿违，他一次次失败，创业伙伴先后离开了他。在挫折与困难面前，张勇敢信奉“剩（胜）者为王”，有志者事竟成。

随着改革开放的不断深入，张勇敢坚信“科学技术是第一生产力”，坚持走科技之路。他从 UPS 代理做起，开启新的人生路。UPS 是个创新技术，再加上他独特的商业模式，仅两年多时间，张勇敢的山利科技公司“火”了。他应邀在日本富电、美国山特等厂家的全国经销大会上推广介绍经验，推动了 UPS 产品在全国范围的应用，也为公司的发展奠定了坚实基础。

俗话说：慧眼识宝驹。张勇敢又把目光集聚在计算机网络系统集成的推广应用和普及上，特别是大型应用软件开发及技术服务上。经过市场分析调研，他将目标锁定在西北的证券市场，由于当时采用的是总线结构，数据信息一旦增大，整个系统就会瘫痪，安全系数极低。张勇敢带领团队苦心研究出“证券双乾隆显示系统”，解决了证券营业部的顽疾。该系统大获成功，被列入中国证监会的技术白皮书，很快占领西北五省证券领域信息化市场 95% 以上的份额。

一花独放不是春，百花齐放春满园。近几年来，张勇敢成功开拓教育、能源、安监领域、军工领域信息化市场。如今的山利科技公司已成为集 IT 咨询、研发、集成、运维为一体，基于物联网技术的全方位顾问式解决方案提供商，拥有多项自主知识产权的软件产品，成功承担多项国家及省市科研项目，连续被评为西安市“九五”“十五”优秀高新技术企业，被《互联网周刊》评为全国成长最快的 100 家中小 IT 企业。

残奥会冠军任桂香。任桂香，女，1981 年出生，萧县张庄寨人，因患小儿麻痹症致残。

任桂香从 1994 年开始练习打轮椅乒乓球。轮椅乒乓球运动员身体不能灵活转动，任桂香在一只手打球的同时，另一只手要不停转动轮椅来调整角度、姿势。凭着艰辛的付出，任桂香成为 TT5 级残疾人乒乓球运动员，并获得 2004 年雅典残奥会、2008 年北京残奥会冠军。她在职业生涯中共获国家级金牌 6 枚、银牌 3 枚，亚洲和国际残奥会金牌 34 枚、银牌 2 枚，被授予“全国五一劳动奖章”“全国三八红旗手”“中国五四青年突出贡献奖”等。

著名表演艺术家刘世龙。刘世龙（1930—2017），萧县石台镇石台村人。他 9 岁（1939 年 9 月）随父当兵成为小八路，在抗日战争时期送过信，解放战争中参加过剿匪，击毙过多名敌人。他在电影《英雄儿女》中扮演英雄王成，引起社会轰动，影响了几代人。

刘世龙为扮演好英雄王成这一角色，打起背包下连当兵，站岗、放哨、射击、投弹、刺杀、大比武等项目，他一项不漏地参加训练。3 个月下来，他身上增添了英雄气质与血性。在拍摄现场，他吃尽苦头，要在不断爆炸、遍地燃烧的火海里奔跑、冲刺，反复数十遍，眉毛烧光了，鬓发也被燎去一片，胳膊上烧起多处水泡，但他强忍疼痛，一遍又一遍。化装需要重新粘上眉毛，贴鬓角，胳膊上的多处水泡破了，他全然不顾，咬牙再次冲进火海中拼命冲杀，终于成功塑造了英雄形象。

1963 年，电影《战洪图》开拍，刘世龙扮演片中二号男主角丁胜河。为表现丁胜河决堤放水的效果，需要刘世龙纵身跳下闸门，火速提闸，洪水倾泻，汹涌的波涛将刘世龙翻卷到浪尖。闸门的立壁和地面都是水泥建造，十分粗糙，人跳下去，湍急的水流冲撞力大，身体会被擦伤；又因为是夜景，危险性极大，摄制组十分担心。刘世龙却信心十足，开拍时，他纵身一跳，身上被擦出条条血迹。该场景连续拍摄了 3 个多小时，却还不理想，时间已至午夜，刘世龙毫不厌倦，喝上几口“老白干”，再一次跳下。直到东方微白，才算拍得一个合格的镜头。全组人员无不赞叹他的敬业精神。1974 年春节，《战洪图》在全国上映，受到广大观众称赞！

刘世龙凭着艺术灵性与勇往直前的精神，一生拍摄数十部经典影片。2017 年，他获得第 31 届中国电影金鸡奖终身成就奖。

2017 年 9 月 27 日，刘世龙因病在长春逝世，享年 87 岁。

围棋世界第一宝座人芈昱廷。芈昱廷，1996 年出生，祖籍萧县官桥镇白杨村，就读于徐州市第二中学，效力于江苏队，同时在国少队接受培训。

芈昱廷年少成名。他 12 岁即获世少赛青年组亚军。2009 年 1 月，芈昱廷荣获第三届理光杯新秀赛冠军，同年 11 月在成都夺得首届全国智力运动大会围棋青少年组冠军。2010 年 2 月，他以 11 轮全胜的骄人战绩摘走第 9 届徐州市“铸本杯”围棋名人赛桂冠，同一年代表江苏队勇夺全国围棋团体锦标赛冠军。2011 年 11 月 17 日，在第二届全国智力运动大会上，芈昱廷夺得围棋青少年组冠军，成为首位卫冕智运会围棋个人赛的棋手。

2018 年 10 月 17 日，GoRatings 公布的最新一期围棋世界排名，中国棋手芈昱廷超过朴廷桓（韩国人，登顶过世界第一）登顶世界第一宝座，成为中国职业围棋的第 4 位（前 3 位为谢赫、时越、柯洁）登上世界头把交椅的人。

附录

附录一：

历史经典名言解读

“名言”一词出自萧籍历史文化名人刘义庆所著《世说新语·言语》，意思是指超常的说法、著名的话，一般指名人的话。经典名言是具有典型性、代表性的名言，它提出了一个影响中华民族政治文明、人格行为的准则，且符合艺术规律，达到美的要求，成为颠扑不破的思想和范例。这些名言广为流传，或成为座右铭，或载入词典。总之，它们经得起历史考验，常会被人想起，不会轻易被忘记。

纵观五千年历史，我们从浩瀚的名人名言中选取了部分经典名言，标准是：它达到了空前绝后的高度，并上升到了理性层面；它有着极其丰富的内涵，每当我们重复一次，都能从中生发出新的能量；它的指导意义特别久远以至永恒。

亲爱的读者，这些经典名言影响了萧县，影响着中国，也将影响世界，我们时时想起、品味。研究经典名言的目的，就是深刻理解其内涵并借鉴运用它，以便创造我们自己新的未来。

经典名言之一

仁义不施，而攻守之势异也

——贾　谊

贾谊（前200—前168年），洛阳（今属河南）人，西汉初年著名的政治家、文学家。由于战争结束，封建经济复苏，贾谊处于安定的生活、学习环境中。贾谊少有博学能文之誉。公元前180年，在老师河南郡守吴廷尉的力荐下，他被汉文帝刘恒召为博士。不到一年又被破格提为太中大夫，跻身于最高的政治集团之中。汉文帝后又欲将他升擢为公卿时，遭到一些官僚、王族忌恨，他们纷纷站出来反对，污蔑贾谊“年少初学，专欲擅权，纷乱诸事”。汉文帝开始有意疏远他，贾谊满腹惆怅离开京城，去做长沙王太傅。后又被召回长安，为梁怀王太傅。梁怀王从马上摔下致死，贾谊内疚未尽到老师的职责，抑郁而亡，年仅33岁。

“仁义不施，而攻守之势异也”这句名言出自贾谊的《过秦论》。《过秦论》的主旨在于分析“秦之过”。它描写了秦国世世代代的野心和秦国势力的强大，尤其记述了秦朝暴政。秦始皇用严酷的刑法统治天下，镇压百姓。统一全国后，他毁弃了以儒家为主的传统文化，焚烧了记载有先秦、诸子百家学说的书籍，对老百姓实行愚民政策；毁坏了各诸侯国都城，杀掉那些豪门大族；收缴兵器集中于秦国都城咸阳，并销毁这些兵器，将其铸成十二个铜人，以使天下的百姓没有反抗的武器。贾谊从陈涉写起，形成鲜明对比。陈涉是贫苦人家子弟，种田的农民，其才能不及中等的平常人，他只是奔赴于行伍之间，转而攻击秦国，斩木作为兵器，揭竿而起，却得天下云集响应，百姓挑着粮食追随在他身后，各地的豪杰之士纷纷起义，秦王朝就此土崩瓦解，国君身死人手，被天下人耻笑。“仁义不施，而攻守之势异也”一语道破天机。任何政权，仁义不施，人心向背，必然灭亡。

经典名言之二

人固有一死，或重于泰山，或轻于鸿毛

——司马迁

司马迁（约公元前 145 或前 135—？），夏阳（今陕西省韩城市）人，西汉伟大的史学家、思想家、文学家，被后人美称为“史圣”。他的《史记》记载了上自中国古传说中的黄帝，下至汉武帝，共 3 000 年左右的历史。

“人固有一死，或重于泰山，或轻于鸿毛。”这是一句为人们所熟知，传颂 2 000 多年，至今仍十分鲜活的至理名言。其意为：人都难免一死，而有的人死得比泰山还重，有的人死得比鸿毛还轻。它出自司马迁的一封私人书信《报任安书》，此名言出炉的背景复杂曲折，令人动情！

公元前 99 年，皇帝命李陵带领 5 000 兵卒抗击匈奴，李陵平时与将士同甘共苦，换得士兵们拼死效命，此次向数倍于己的匈奴军队挑战，浴血奋战十多天，杀死、致伤的敌人超过自己军队人数。匈奴王调集各路部将，共同围堵李陵。李陵转战千里，终因弹尽粮绝，士兵死伤大半，进退之路断绝，兵败被俘。朝中有人挑拨是非，歪曲事实，陷害李陵。司马迁坚持正义，大述李陵的功劳，抨击陷害李陵的言论。但皇帝混淆是非，认为司马迁在为李陵辩解，应治罪交付大理寺处罚。司马迁被关押大牢，名曰智虑穷尽，罪大恶极，而面临死刑之路。此时，司马迁写出了《报任安书》。文中说，我与李陵并无亲故，观察其为人，确实是个自守节操的出众人物，侍奉父母讲孝道，同朋友交往守信用，对待钱财很廉洁，或取或予都合乎礼义，能分辨长幼尊卑，谦识有礼，恭敬谦卑，自甘人下，总是考虑着奋不顾身来赴国家的急难。就是与匈奴兵战至即要全军覆没之时，李陵还振臂高呼，鼓舞士气。兵士没有不奋起反抗的，他们一个个满脸是血，强忍悲泣，拉开空的弓弦，迎着白光闪闪的刀锋，向北拼死杀敌，确有国士风度。他又说，按人之常情，没有谁不贪生怕死的，顾念父母，顾念妻室儿女。至于那些为正义和公理所激奋的人则不是这样，那是因为有着自己的理想与追求。人总有一死，但有的人死得比泰山还重，有的人却比鸿毛还轻。我被囚禁于粪土般的牢狱中而不肯死的原因，是因为我的《史记》没有完成，如果在屈辱中离开人世，我的《史记》就不能公之于世了。

司马迁的这句名言涉及人生观、价值观、生死观。他认为，善于加强自我修养，智慧就聚集于一身；乐于助人，是行仁德的起点；正当的取予，是遵守道义的依据；懂得耻辱，是勇敢的标志；树立美好的名声，是品行的终极目标。一个士人具备这五种品德，就足以立足于社会，进入君子的行列了。当然，这是古代"三观"的浅释，而当今的"三观"又有新时代的内涵了。人的一生只有短短几十年，如何度过，每个人都不会相同。那些把自己的生命奉献给社会、奉献给他人的人，他们积极生活，充分燃烧自己的生命，为创造永存于世的物质和精神之美贡献自己，他们的生命有价值、有意义，所以其死重于泰山；那些消极生活、闲置生命，心中只装着自己的人，做的事除了图谋私利还是图谋私利，所以其死轻于鸿毛。

历史是一位公正的裁判。一个人在生活中扮演着什么角色，能给社会留下什么，会有多重的分量，都会被历史评判。

经典名言之三

鞠躬尽瘁，死而后已

——诸葛亮

本句名言出自诸葛亮的《后出师表》一文，指为国家、民族或社会献出自己的全部，即使牺牲自己也不畏惧。

诸葛亮（181—234），字孔明，被称为卧龙，徐州琅琊阳都（今山东省临沂市沂南县）人，三国时期蜀汉丞相，杰出的政治家、军事家、散文家、书法家。诸葛亮为匡扶蜀汉政权，呕心沥血，鞠躬尽瘁，死而后已。公元234年，他在进行一生中的最后一次对魏作战时病死于前线军帐中。

《后出师表》的写作背景是，诸葛亮在第一次北伐遭遇街亭之败后，向蜀汉朝廷上此表。在《后出师表》中，他说：我接受遣命后，每天睡不安稳，吃饭不香。想到为了征伐北方的敌人，应该先去南方平定各郡，所以我五月派兵渡过泸水，深入草木五谷都不长的地区作战，两天才能吃上一餐。不是我自己不爱惜自己，只不过是想到蜀汉的王业绝不能偏安在蜀都，所以我冒着艰难危险来奉行先帝的遗愿。在《后出师表》中，诸葛亮对北伐的前途是这样说的：“凡事如是，难可逆见。臣鞠躬尽瘁，死而后已。”诸葛亮殚精竭虑，呕心沥血，他上表蜀后主刘禅，绝非是“表表忠心，善言匡主”。事实上，他已经把保证北伐胜利所采取的措施、战略决策言于表中，并已付诸行动。从古到今的评论家每每评论《后出师表》，无不盛赞诸葛亮忠贞报国，高瞻远瞩，深谋熟虑，以及所表现出的卓越政治家才能。

1 700 多年前，诸葛亮虽未完成心愿，但却赢得后人的崇敬。千百年来，武侯祠香火不绝。一走进武侯祠，就不禁生出无限的崇敬、无尽的追思和深深的遗憾，人们为他的凛然正气所感召，为他的忠义之举所激励，为他的淡泊名利所净化，为他的聪明才智所倾倒。当然也有学者争鸣，认为诸葛亮的“鞠躬尽瘁，死而后已”不是为国为民，而是为实现自己的理想和抱负，本书作者不持这个观点。

古往今来，世上有两种人：一种人为现在而活，拼死享受，死而后已；另一种人为理想而活，鞠躬尽瘁，死而后已。我们崇拜后者，追随后者。

经典名言之四

吾不能为五斗米折腰

——陶渊明

陶渊明，晋代柴桑人，即现在江西九江县一带人。因卒于乱世，其墓地无可考。元代时大水在九江县附近冲出一块记载陶渊明的石碑，官民喜而存之，因碑起墓，代代飨祭。

陶渊明一生为官，四隐四出。他最后一次出任为彭泽县令，80多天便弃职而去。当时东晋实行“口税法”，即按人口收税，每人年缴米三斛。但该县一个姓何的地主，因家中有人在郡里做官，就隐瞒人口，何家有成年男丁200人，每年却只缴20人口的税，历任县令都不敢触碰。陶渊明心中难平，他要求何家补缴人口税。陶渊明的举动，激怒了何家。当年郡里派人考察干部，何家买通考核官，无中生有，恶意整治陶渊明。部下劝陶渊明向考核官行贿，陶渊明拍案大怒：“吾不能为五斗米折腰。”随后摔帽弃官连夜而去。

陶渊明返乡，耕种农田，与日月为伴。他不把自己的沉浮放在心上，但脑子里却陷入深思。他憎恨官府，对这个制度绝望。作为一个知识分子，陶渊明骨子里心忧国家，要踏破不平救黎民、治天下。他把万般忧伤压于心底，总结一生之跌宕，积一生之情恩，写出了320字的《桃花源记》，绘制了一幅理想社会的蓝图。陶渊明心中的理想社会：土地平旷，屋舍俨然，良田美地，往来耕种，鸡犬相闻，黄发垂髫，怡然自乐。这是一个自由自在的社会，在这里没有阶级、没有欺诈、没有剥削，人与人之间平等，人与自然和谐。

陶渊明生活在一个不幸的时代，官也做过，民也当过，富也富过，穷也穷过，也曾顺利，也遇坎坷，但在他的心灵深处开发出的一块恬静的心田，永是阳光。不是说逆境不存在，而是他化烦躁为平和，将怨苦从心头轻轻拂去，让苦难不再发酵放大，或干脆就转而发酵为一坛美酒。人生在世有三样东西绕不过去：一是总会有坎坷；二是任你有多少辉煌成绩总要消失；三是总要死去，离开人间。与这三样东西对应的心境是灰心、失落与恐惧。陶渊明却给出了人生另一种智慧，设计了一种更好的心态，不为权、财、名、苦、死所累，永葆一颗平常心，克服精神上的消极面，让自己每一天都过得更快活一些，即“怡然自乐”。陶渊明不仅在政治上怀有鸿鹄之志，他还从思想到实践都完美地回答了人生修养这个难题。

让我们每一个人的心里都埋下一粒桃花源的种子，设计出每一个人心理的最佳状态，让它生根发芽，让它以不变应万变，让我们的心灵永是平和自然、桃花芬芳。

经典名言之五

居安思危，戒奢以俭

——魏 征

魏征（580—643），魏州郡内黄（今河南内黄县）人，唐朝政治家、思想家、文学家和史学家。其父母早亡，家境贫寒，但年少时喜爱读书，后参加反隋义军，起义失败后转入唐高祖李渊部下，逐渐成为李世民的重要文臣。因直言进谏，辅佐唐太宗共同创建“贞观之治”大业，被后人称为“一代名相”。643 年 2 月 11 日病死于长安。

“居安思危，戒奢以俭”出自《谏太宗十思疏》一文。该文是谏议大夫魏征写给唐太宗的一篇奏疏。“我听说，要想使树木长得茂盛，必须稳固它的根部，因为根深方能叶茂；要想水流潺潺，经久不息，必须疏通它的源头，因为源远才能流长。同样的道理，如果想使国家安定，统治稳固，就必须积聚道德和仁义，缓和与百姓间的矛盾。作为统治天下的国君，如果不居安思危，戒奢以俭，从长远利益出发，那就等于是刨了树根希望树木茂盛，堵了源泉还要流水通畅，害了百姓还要江山稳固啊！”魏征开宗明义，用树木、河流、江山作比，说明“居安思危，戒奢以俭”是保证国家长治久安的根本，并从总结历史经验教训、创业守成、人心向背等方面论述了“居安思危”的道理。

魏征提出要恪守“居安思危，戒奢以俭”的理念，要做到戒奢安民、思危反满、宽容仁慈、慎始善终、虚心纳言、拒邪黜奸、刑赏以法。魏征提出“居安思危，戒奢以俭”的核心内容是正己安人，劝统治者不要过分喜好器物美色，大兴土木，劳民伤财；劝统治者要恪守职分，不骄不躁，虚怀若谷；劝统治者不要放纵自己的欲望，要持之有度；劝统治者要勤勉政事，处置谨慎，不要怠惰；劝统治者要兼听，放低身段，多听取臣下的意见；劝统治者不要偏听，要倾向直臣，罢黜小人；劝统治者要赏罚分明，按国家尺度实行，不因喜怒行事。魏征的“用人”“纳谏”“赏罚”策略，实际上成为初唐的治国方略，创造了历史上有名的“贞观之治”。

魏征巧妙借用“舟”与“水”的关系：统治者像是一条舟，而广大百姓犹如河水，水既可以把舟载负起来，也可以将舟淹没。民心向背决定生死存亡。他的这一思想为统治阶级所接受，对历代统治者重民意起到了积极作用。

经典名言之六

先天下之忧而忧，后天下之乐而乐

——范仲淹

范仲淹于宋太宗端拱二年（989 年）生于徐州。他出生第二年父亲就去世了，其母亲无所依托，带着他来到山东淄州（今山东省邹平县）改嫁朱家。1011 年，23 岁的范仲淹出外游学，来到应天书院（今河南省商丘市）苦读。1015 年中进士，被任命为广德军司理参军，即审理案件的助理。他把母亲接到身边赡养，并正式恢复范姓。

庆历六年（1046 年），范仲淹因病从西北前线调至邓州（今河南省南阳市），这年他已 58 岁。自 27 岁中进士为官，四处奔波，四起四落，此时的他没有重返京城的打算，只想静静地回顾自己一生的阅历，思考为官为人的哲理。

一天，他的朋友滕子京从岳阳送来一图与一信，画图是新落成的岳阳楼，希望他能为之作一篇记。滕子京与范仲淹同年中进士，他在西北前线与范仲淹共事时，遭人陷害，亏得范仲淹力保，虽没入狱但被贬岳阳。滕子京到岳阳才两年时间就政绩显著，又重修名楼。范仲淹看完信，眼望着挂图，只见一楼高耸，洞庭湖万顷碧波，勾起他对往事的回忆，心中不由得翻江倒海：那西域的风沙，东海的波涛，朝中的争斗，饥民的泪花，金戈铁马，前线冲杀，皇帝召见，挥袖出京，妻子含泪相劝……种种往事，都一一浮现在他的眼前。他按捺不住激动，喊一声："研墨！"挑灯对图，凝神静思，笔走龙蛇，片刻工夫一篇 368 字的《岳阳楼记》便问世了。范仲淹把自己的做人标准和政治思想提炼为"不以物喜，不以己悲""先天下之忧而忧，后天下之乐而乐"。

范仲淹的勤勉治事激励着多少志士仁人，匡正了多少仕人官宦。更重要的是，"先天下之忧而忧，后天下之乐而乐"这句名言，展现出一种胸怀天下，把国家、民族的利益放在首位的远大政治抱负和伟大的胸襟胆魄，震大千而醒人智，承千古而启后人。《岳阳楼记》历经朝代变迁、社会制度更迭，从《古文观止》到新中国成立以后的中学课本，常选不衰；从政界要人、学者教授到中小学生，无人不读、不背，真是无与伦比。

范仲淹的人格思想还有：独立精神——无奴气，有志气；理性精神——实事求是，按原则待事；牺牲精神——为官不滑，为人不私；不以物喜——抛弃个人利益，勇于牺牲，不患得患失；忧国精神——忧民、忧君、忧政。

范仲淹的"忧乐观"是他的思想结晶，为后人留下了宝贵财富，千年过后依然光鲜，值得我们永远去传承，去实践……

经典名言之七

天地有正气，杂然赋流形

——文天祥

“天地有正气”意思是说天地之间有一种正气，“杂然赋流形”是指万物都由气变化而来，靠这种正气，万物生生不息，生长流传。

文天祥（1236—1283），江西吉州庐陵（今江西省吉安市青原区）人，宋末政治家、文学家、诗人，抗元名将。

德祐元年（1275 年），元兵东下，文天祥于家乡江西起兵抗元，转战于江浙、福建等地。1277 年 5 月进兵江西，终因势孤力单，败退广东。1278 年 12 月在五坡岭（今广东海丰北）被俘，后被押解至元大都（北京）囚于土牢。土牢低矮狭窄、幽暗闷气，有七种邪气侵害着他：水气——雨天四处水坑，连床架、小几之类的东西都浸泡在其中；土气——地面泥泞，墙壁潮湿，雾气霉臭；日气——四面不通风，天一晴就暴热；火气——上有屋檐遮住，烟熏火燎，热气不散；米气——仓库里的食物，藏的器物，腐味阵阵逼人；人气——囚禁的人多，腥臊臭气浓重；秽气——清理粪便、死尸、腐烂死鼠等，恶气杂出。文天祥是读书人出身，身体柔弱，七种秽气叠加在一起，闻到的人很少有不生病的，死亡者常见，但文天祥以羸弱的身体，整日生活在这种环境里，竟然在两年多时间里没有生病。文天祥信奉：天地间存在着刚正元气，构成各种变化形式，在下的是黄河和五岳，在上的是太阳和星体，在人就名之为“正气”，浩荡无际，充塞苍天大地。1281 年夏天，文天祥在囚牢中写下了名垂千古的《正气歌》。

文天祥凭着“天地有正气”的信念，在狱中，受到各种威逼利诱，甚至元世祖忽必烈亲自出面劝降，并以宰相一职相许，他都大义凛然、宁死不屈。1283 年 1 月 9 日，文天祥在刑场向南拜祭，从容就义。

文天祥用生命的最后一搏，为我们留下了不朽名言“天地有正气，杂然赋流形”。这是中华民族之所以能屹立于世的浩然正气的总结，也成了后世的民族精神的支柱，这种气节观鼓舞了历代仁人志士，成为中国人的做人标准。

文天祥祠位于北京市东城区府学胡同，这里曾是关押文天祥的地方，《正气歌》亦创作于此处。文天祥祠为前后两进院落，前院东墙上嵌有诗碑，镌刻着文天祥当年所做的著名诗篇《正气歌》；后殿庭中，有一株向南方倾斜 45°的古老枣树，就是相传代表文天祥“不指南方不肯休”不屈精神的“指南树”，如有机会，不妨敬畏一览。

经典名言之八

顺之则昌，逆之则亡

——孙中山

孙中山，1866 年出生于广东香山县，中国近代伟大的民主革命家，三民主义倡导者，高举彻底反封建的旗帜，“起共和而终帝制”。辛亥革命后被推举为中华民国临时大总统。1925 年 3 月病逝于北京。1929 年 6 月，根据其生前遗愿，其陵墓永久迁葬于南京紫金山中山陵。

孙中山的这句名言，是他在资产阶级救国道路行不通后的困境中陷入极度苦闷和绝望而发出的感慨。

孙中山出生于贫苦农民家庭，哥哥孙眉到夏威夷群岛谋生渐成当地首富。孙中山于 1879 年随母亲投奔哥哥来到夏威夷群岛。在 4 年的求学生涯中，他的眼界、知识、观念发生了重大变化，他认为应当对中国进行改造，而改造的蓝本就是近代西方国家制度。少年孙中山树立了“改良祖国，拯救同群”的伟大志愿。1894 年 11 月底，孙中山萌生“推翻清廷，创建民国”的志向，创立了中国近代史上第一个资产阶级革命团体檀香山兴中会，但他领导的广州起义、惠州起义相继失败。1905 年在日本东京成立资产阶级革命政党同盟会，孙中山被推举为总理。孙中山又先后领导发动了多次起义，结果都失败了。这些失败使孙中山认识到，推翻清王朝统治，仅靠会党武装不够，于是他又策划了广州新军起义和黄花岗起义。虽然这两次起义也失败了，但在孙中山组织起义精神感召下，1911年10月10日晚，武昌城内新军工程营熊秉坤、金兆龙率领部队起义。次日占领湖广总督衙门，占据武昌、汉阳、汉口三镇，并宣告中华民国湖北军政府成立。武昌起义成功后仅1个月的时间，全国24个省区中有14个省宣布独立，全国各省反清斗争进入高潮，清政府的反动统治顿时陷入土崩瓦解的局面。但是，孙中山立志建立的统一的资产阶级民主共和国却遭夭折。正如毛泽东同志在《新民主主义论》中论述的那样：要在中国建立资产阶级专政的资本主义社会，首先是国际资本主义即帝国主义不允许，“帝国主义侵略中国，反对中国独立，反对中国发展资本主义的历史，就是中国的近代史”。孙中山从无数次血的教训中梦醒过来……

1916年9月15日，农历八月十八观潮节。孙中山携夫人宋庆龄乘火车来到浙江海宁盐官，观看钱塘江大潮，陪同的有蒋介石、张静江等人。在“观潮亭”前，孙中山与前来欢迎的海宁社会各界人士合影后观潮。孙中山观此时钱塘大潮，犹如革命洪流，一浪高过一浪，他回首追求救国的血泪之路，顿时心潮澎湃，随之叹曰：“世界潮流，浩浩荡荡，顺之者昌，逆之者亡。”

俄国“十月革命”使孙中山重新燃起革命之火，五四运动对孙中山的革命观起到了强烈的助推作用，他开始把目光转向发动群众和支持工人运动上，决定接受中国共产党和国际代表的建议，联俄联共，改组国民党，使之成为国共合作的统一战线组织。1924年1月20日至30日，国民党第一次全国代表大会在广州举行，它标志着孙中山改组国民党工作的完成和第一次国共合作统一战线的正式建立。

1925 年 3 月，孙中山临终遗言：“革命尚未成功，同志仍须努力。”

中国共产党继承了孙中山的民主思想和革命斗志，在民主革命中总结出武装斗争、统一战线和党的建设这一战胜敌人的三大法宝，经过 28 年的浴血奋战，终于取得了新民主主义革命的胜利，并建立了工人阶级领导的、以工农联盟为基础的人民民主专政的中华人民共和国。

经典名言之九

为人民而死，就是死得其所

——毛泽东

毛泽东（1893—1976），湖南湘潭人。1893 年 12 月 26 日出生于一个农民家庭，1976 年 9 月 9 日逝世于北京。伟大的马克思主义者，无产阶级革命家、战略家和理论家，中国共产党、中国人民解放军和中华人民共和国的主要缔造者和领导人。

《为人民服务》一文是毛泽东在中共中央警备团追悼张思德的会上的讲稿。中共中央警备团战士张思德（四川省仪陇县人），1933 年参加红军，经历长征负过伤，是一名忠实为人民服务的中国共产党党员。1944 年 9 月，在陕北安塞山中烧炭，因炭窑崩塌而牺牲。1944 年，抗日战争即将取得胜利，以毛泽东为首的中国共产党人，在与人民同生死、共患难，为人民求解放的伟大斗争中，切实感知只有人民才是历史前进的动力。毛泽东在演讲中入情入理，哀而不伤，叙事用典，平中见奇。

正文节录如下：

“我们的共产党和共产党所领导的八路军、新四军，是革命的队伍。我们这个队伍完全是为着解放人民的，是彻底地为人民的利益工作的。张思德同志就是我们这个队伍中的一个同志。

“人总是要死的，但死的意义有不同，中国古时候有个文学家叫司马迁的说过：‘人固有一死，或重于泰山，或轻于鸿毛。’为人民利益而死，就比泰山还重；替法西斯卖力，替剥削阶级和压迫人民的人去死，就比鸿毛还轻。张思德同志是为人民利益而死的，他的死是比泰山还要重的。

…………

“……中国人民正在受难，我们有责任解救他们，我们要努力奋斗。要奋斗就会有牺牲，死人的事是经常发生的。但是我们想到人民的利益，想到大多数人民的痛苦，我们为人民而死，就是死得其所。不过，我们应当尽量地减少那些不必要的牺牲。……”

毛泽东曾说过一句幽默的话，政治的实质就是要把我们的人搞得多多的。回望中国历史，从秦统一六国，历经兴替，无数政治家上下求索，直到中国共产党才终于悟到了政治就是为人民服务。这是中国共产党人立党、立国、兴国的宗旨，也为以后中国所有的政治家确立了一条立党为公的实践检验标准。

附录二：

萧县党政领导人更迭名录

中共萧县县委（工委）书记一览表

姓　名	组织名称	职　务	任职时间
孙叔平	中共萧县县委	书记	1928年6月—1928年9月
贺云涛	中共萧县县委	书记	1928年9月—1928年11月
许西林	中共萧县县委	书记	1928年11月—1930年初
彭　瑞	中共萧县县委	书记	1930年初—1930年5月
张圣和	萧县行动委员会	书记	1930年6月—1930年10月
纵翰民	中共萧县县委	书记	1930年11月—1931年3月
冷启英	中共萧县县委	书记	1931年3月—1932年夏
朱大同	中共萧县县委	书记	1932年夏—1932年9月
冷启英	中共萧县县委	书记	1932年9月—1933年春
路少堂	中共陇海路北萧铜工委	书记	1937年10月—1938年3月
周　峰	中共陇海路北萧铜工委	书记	1938年3月—1939年5月
路少堂	中共陇海路北萧铜工委	书记	1939年5月—1941年5月
李砥平	中共萧县工委	书记	1938年7月—1938年10月
戴晓东	中共萧县中心县委	书记	1938年10月—1939年6月
李砥平	中共萧县中心县委	书记	1939年6月—1940年9月
辛　程	中共萧县县委	书记	1940年9月—1941年5月
戴世雅	中共萧西秘密县委	书记	1941年5月—1942年春
朱玉林	中共萧东临时县委	书记	1941年8月—1942年春

续前表

姓　名	组织名称	职　务	任职时间
朱玉林	中共萧铜县委	书记	1942年春—1942年10月
曹　介	中共萧宿铜县委	书记	1942年11月—1943年3月
王学文	中共萧宿铜县委	书记	1943年3月—1943年夏
寿松涛	中共萧宿铜灵县委	书记	1943年夏—1944年9月
纵翰民	中共萧县县委	书记	1944年9月—1944年11月
孙明远	中共萧县县委	书记	1944年12月—1946年3月
胡天禧	中共萧县县委	书记	1946年3月—1946年10月
朱玉林	中共萧县县委	书记	1946年12月—1947年1月
李华农	中共萧宿永工委	书记	1947年2月—1947年4月
田启松	中共萧宿永县委	书记	1947年5月—1947年10月
王尚三	中共萧宿县县委	书记	1948年3月—1949年3月
朱玉林	中共萧县县委	书记	1947年10月—1950年5月
戴世雅	中共萧县县委	书记	1950年5月—1951年8月
单劲之	中共萧县县委	书记	1951年8月—1952年6月
李建华	中共萧县县委	书记	1952年6月—1954年8月
陈海楼	中共萧县县委	第一书记	1954年8月—1955年9月
巩本廉	中共萧县县委	第一书记	1955年9月—1957年1月
戴尔珍	中共萧县县委	第一书记	1957年1月—1957年3月
余　健	中共萧县县委	第一书记	1957年3月—1959年2月
巩本廉	中共萧县县委	书记	1959年2月—1959年4月
丁明道	中共萧县县委	第一书记	1959年4月—1960年2月
巩本廉	中共萧县县委	第一书记	1960年2月—1963年4月
韩九如	中共萧县县委	书记	1963年4月—1968年7月
郭宏杰	中共萧县县委	第一书记	1971年3月—1977年10月
李少英	中共萧县县委	书记	1977年10月—1980年7月
李少英	中共萧县县委	第一书记	1980年7月—1982年9月
王积安	中共萧县县委	书记	1982年9月—1984年2月
马新广	中共萧县县委	书记	1984年2月—1987年4月
朱德琛	中共萧县县委	书记	1987年4月—1992年9月

续前表

姓　名	组织名称	职　务	任职时间
赵永生	中共萧县县委	书记	1992年9月—1996年11月
胡兴超	中共萧县县委	书记	1996年11月—2001年3月
贺建华	中共萧县县委	书记	2001年3月—2002年8月
时侠联	中共萧县县委	书记	2002年11月—2003年11月
孟宪会	中共萧县县委	书记	2003年11月—2009年5月
毋保良	中共萧县县委	书记	2009年5月—2013年3月
龙道金	中共萧县县委	书记	2013年3月—2015年7月
王共伟	中共萧县县委	书记	2015年7月—2019年10月
黄　韡	中共萧县县委	书记	2019年11月—2022年2月
陶广宏	中共萧县县委	书记	2022年3月—

萧县人民政府县长（主任）一览表

姓　名	组织名称	职　务	任职时间
彭笑千	萧县抗日民主政府	县长	1938年8月—1940年2月
许西连	萧县抗日民主政府	代理县长	1940年2月—1940年3月
纵翰民	萧县抗日民主政府	县长	1940年4月—1941年4月
许西连	萧东办事处	主任	1941年5月—1942年1月
许西连	萧铜办事处	主任	1942年2月—1943年春
许西连	萧宿铜办事处	主任	1943年春—1943年夏
许西连	萧宿铜灵办事处	主任	1943年夏—1944年4月
许西连	萧宿铜灵抗日民主政府	县长	1944年4月—1944年9月
彭笑千	萧县抗日民主政府	县长	1944年9月—1944年11月
许西连	萧县抗日民主政府 萧县民主政府	县长	1944年12月—1946年10月
张舒民	萧县县政府	县长	1946年12月—1947年1月
李品立	萧宿永县政府	县长	1947年5月—1947年10月
朱玉林	萧县民主政府	县长	1947年10月—1949年10月

续前表

姓　名	组织名称	职　务	任职时间
张　岸	萧宿县县政府	县长	1948年3月—1948年9月
张绍烈	萧宿县县政府	县长	1948年9月—1949年3月
朱玉林	萧县人民政府	县长	1949年10月—1950年6月
单劲之	萧县人民政府	县长	1950年6月—1952年6月
吴武周	萧县人民政府	县长	1952年6月—1954年4月
邵曙光	萧县人民政府	县长	1954年6月—1956年1月
闵　凯	萧县人民委员会	县长	1956年1月—1956年7月
曲健民	萧县人民委员会	县长	1956年10月—1957年1月
闵　凯	萧县人民委员会	县长	1957年1月—1958年3月
巩本廉	萧县人民委员会	县长	1958年3月—1960年5月
蔡　兵	萧县人民委员会	县长	1960年5月—1961年9月
曲健民	萧县人民委员会	县长	1961年9月—1968年7月
张立贵	萧县革委会	主任	1968年7月—1969年10月
马文杰	萧县革委会	主任	1969年11月—1970年10月
郭宏杰	萧县革委会	主任	1970年10月—1973年4月
韩九如	萧县革委会	主任	1973年4月—1975年2月
曲健民	萧县革委会	主任	1975年4月—1975年11月
武洪顺	萧县革委会	主任	1975年11月—1978年3月
李第凯	萧县革委会	主任	1978年3月—1978年8月
王积安	萧县革委会	主任	1978年8月—1980年7月
马新广	萧县革委会	主任	1980年7月—1981年12月
马新广	萧县人民政府	县长	1981年12月—1984年2月
张　铎	萧县人民政府	县长	1984年2月—1990年1月
曾广田	萧县人民政府	县长	1990年5月—1992年9月
张立柱	萧县人民政府	代理县长	1992年9月—1992年12月
张立柱	萧县人民政府	县长	1992年12月—1996年11月
贺建华	萧县人民政府	代理县长	1996年11月—1997年12月
贺建华	萧县人民政府	县长	1997年12月—2001年3月
时侠联	萧县人民政府	代理县长	2001年3月—2002年1月

续前表

姓　名	组织名称	职　务	任职时间
王宗元	萧县人民政府	代理县长	2002年11月—2002年12月
王宗元	萧县人民政府	县长	2002年12月—2007年1月
毋保良	萧县人民政府	代理县长	2007年1月—2007年3月
毋保良	萧县人民政府	县长	2007年3月—2009年5月
韩维礼	萧县人民政府	代理县长	2009年5月—2009年6月
韩维礼	萧县人民政府	县长	2009年6月—2012年12月
王共伟	萧县人民政府	代理县长	2012年12月—2013年3月
王共伟	萧县人民政府	县长	2013年3月—2015年7月
武　戈	萧县人民政府	代理县长	2015年7月—2015年8月
武　戈	萧县人民政府	县长	2015年8月—2021年4月
朱新华	萧县人民政府	代理县长	2021年4月—2021年6月
朱新华	萧县人民政府	县长	2021年6月—

后记

为萧县立传　为祖国增光

党的十九大报告提出的“坚定文化自信，推动社会主义文化繁荣兴盛”的战略思想，成为全党全国人民向文化进军的进军令！萧县县委、县政府先后出台相应的政策，以鼓励科技文化创新。古萧国城市有着深厚的文化积淀，它的一楼一寺、一泉一石、一街一坊均有故事，都有讲究，点滴的城市文化现象，文脉根深，尽得历史风流。有鉴于此，我们受到鼓舞，我们有了激情，我们欲把沉寂在萧县城市 3 000 年来的历史文化遗产激活并传承下去。它的意义是现实的，长远的，也是极为重要的。

2017 年 10 月，我们乘着十九大的劲风，怀着对城市历史的敬慕之情，怀着对城建的高度责任心，开启了策划十年的这一复杂而浩繁的工程。先后走遍国家图书馆及天津、南京、合肥、徐州、商丘、淮北等地十二家图书馆、档案馆查阅资料；订购《左传》《中国上下五千年》《中国通史》等 60 多套（本）专著（书）作为参考；走访记录了萧县内外 20 多名 80 岁以上老同志的口述史料；搜索下载互联网有关参考资料 120 多份；参考吴孝桐主编的《萧县史话》、李明升主编的《萧县年鉴》，苏肇平、黄世华、刘怀德等编著的《萧县文献》，以及王智科、欧阳磊编著的《萧国故事杂记》等资料。在编写过程中，得到了史学名家纪健生的指导。我们在此对上述单位和个人给予的支持与帮助诚致谢忱。

著书是门大学问。对千百年来积累的资料，对浩瀚历史长河中打捞出来的“金针”，如何进行筛选取舍，怎么分门别类编著，它要求编者必须站在历史的高度，有沙里淘金的眼光，有对现实深刻透辟的理解，这样才能透过那一段段的历史，打开一条认知萧县今天与明天的通道。经过两年时间的奋斗，书出版了，但我们依然没有感到轻松，反而在心头缭绕着难以消失的负疚。由于我们对历史知识研究探索太浅，文学修养水平有限，加之历史资料的缺失，想要将萧县城市的变迁写得清楚、真实、鲜活，实在难上加难。而萧县城市发展迅速，提升很快，要如实摄录这些变化，恰当表述这些变化，不跨越时空，站在建设的前沿，就很难准确，更不用说恰如其分了。这本书就算抛砖引玉吧，聊以自慰“抛了”要比“不抛”好。如此，我们的心情也能略微平静一点。

千军易得，一将难求。千年易过，好文难得。生活中还有许多东西等着我们去挖掘，去体悟。今朝抚卷追思，更需不懈努力，相邀共同“打捞”。衷心恳请读者诸君不吝赐教，给予指导帮助，给予批评纠正。